위스키 마스터 클래스

WHISKEY MASTER CLASS

위스키 마스터 클래스

루 브라이슨 지음 ㅣ 김노경 옮김 ㅣ 유성운 감수

시그마북스
Sigma Books

위스키 마스터 클래스

발행일 2021년 11월 10일 초판 1쇄 발행
2022년 7월 8일 초판 2쇄 발행

지은이 루 브라이슨

옮긴이 김노경

감수자 유성운

발행인 강학경

발행처 시그마북스

마케팅 정제용

에디터 최윤정, 최연정

디자인 김문배, 강경희

등록번호 제10-965호

주소 서울특별시 영등포구 양평로 22길 21 선유도코오롱디지털타워 A402호

전자우편 sigmabooks@spress.co.kr

홈페이지 http://www.sigmabooks.co.kr

전화 (02) 2062-5288~9

팩시밀리 (02) 323-4197

ISBN 979-11-91307-86-3 (13590)

추천사

"적어도 나에겐 저자가 집필하는 모든 글이 마스터 클래스다. 저자의 글은 지식에 깊이가 있고, 증류기에서 바로 뽑아낸 화이트 독 위스키처럼 투명하며, 릭하우스 숙성창고 지붕에 내리쬐는 8월의 햇빛처럼 환하게 밝혀준다. 저자가 가르치는 마스터 클래스는, 위스키 입문자이든 가장 노련한 전문가이든 누구라도 새롭게 깊이 이해할 수 있는 훌륭한 책이다."

- 데이비드 원드리치, 『Imbibe!』와 『Punch』의 저자

"저자의 아늑하고 대화하는 듯한 문체는 마치 오래된 친구와 함께 조용히 불을 피우고 앉아 완벽한 위스키 한 잔을 즐기고 있는 듯한 느낌을 준다. 수십 년 동안 맥주와 위스키에 관한 수많은 주제로 글을 써온 사람임을 잊어버릴 정도다. 저자의 기술적인 설명은 캄캄한 과학의 안개보다는 환영의 각주처럼 느껴진다. 위스키를 더욱 깊이 즐기고 싶은 사람이라면 누구에게나 꼭 필요한 책이다."

- 토드 레오폴드, 레오폴드 브라더스 증류소 & 몰트하우스

"모든 위대한 교육자가 그렇듯, 저자는 박식하지만 겸손하고, 깊은 지혜를 조심스럽고 친근하게 전수한다. 위스키 업계에서 가장 훌륭한 목소리다. 들어보기 바란다."

- 데이브 브룸, 『The World Atlas of Whisky』의 저자

"저자는 진정한 위스키 마니아다. 증류의 마법의 세계에 관한 지식을 늘리고 싶은 사람에게 내 친구 루 브라이슨의 책은 완벽한 출발점이다. 수년간의 위스키 업계 경험과 끝없는 지식을 향한 갈망 덕분에 팬들과 독자들은 계속해서 저자를 통해 큰 통찰력과 이해를 얻을 수 있다. 저자는 훌륭한 위스키를 완벽하게 만들어준다."

- 콜럼 이건, 부시밀즈 아이리시 위스키 마스터 디스틸러

서문

지난 수년간 위스키에 관한 수많은 책이 출간되었다. 이들 중 상당수가 매우 훌륭한 입문서이고 특히 위스키를 처음 접하는 초보자들이 위스키에 대해 배우기에 탁월하다. 실제로 나도 에든버러 헤리엇와트대학교 재학 시절에 이러한 책들을 여럿 빌렸고 몇 권 구매하기도 했다. 위스키 증류 방법이나 증류소 위치에 대한 자세한 설명과, 글의 이해를 돕고 활력을 불어넣는 아름다운 사진과 삽화는 많은 이들의 사랑을 받아왔다.

위스키 업계에 종사하게 되거나, 수많은 시음, 마스터 클래스, 세미나, 심층 연구를 통해 위스키에 대한 지식이 깊어지면, 언젠가는 이제 더 나아갈 선택지가 둘밖에 없는 시점에 이르게 된다. 위스키를 직접 제조하는 데 수년을 보내거나, 세세한 과학적 원리를 설명해주는 문서나 책을 찾아다니는 것이다. 나는 지금까지 후자에 가까운 것은 본 적이 없었다.

나는 수년 동안 저자를 알고 지내며 교류해왔고, 때로는 머리가 아프지만 언제나 깊이 생각하게 만드는 그와의 토론을 즐겨왔다. 생명수라 불리는 위스키의 다양한 형태에 대한 저자의 백과사전 같은 지식과 유머 감각 덕분에 우리는 즐겁게 함께 일하고 친해질 수 있었다. 그렇기에 짧게나마 이 서문을 쓰게 되어 매우 기쁘다. 이 책이 취미로든 일로든 위스키를 공부하는 모든 사람에게 필독서가 될 거라고 확신한다. 처음 초안을 읽었을 때 나는 진심으로, "그래, 바로 이거야!"라고 생각했다. 모두에게 즐거운 배움의 여정이 되기를.

빌 럼스덴 박사

글렌모렌지 & 아드벡
위스키 생산·재고 부문
증류 디렉터

contents

제 1 장

강의 계획서

누군가에게 위스키 한 모금을 마시고 그 맛과 향을 표현해달라고 하면 어떻게 설명할까? 스카치 위스키라면 타르나 말린 과일이나 마멀레이드 맛이 난다고 말할 것이다. 버번은 메이플, 블랙베리, 혹은 코코넛 향이 난다고 할 수 있겠다. 아이리시 위스키는 무성한 과일과 산뜻한 풀이 느껴질 것이다. 캐나디안 위스키는 캐러멜과 볶은 견과류와 알싸한 스파이시를 느낄 수 있다. 재패니즈 위스키는 훈제 자두 향이나 풀 향이 느껴질 것이다. 소규모 증류소의 위스키라면 바비큐, 뜨거운 타이어, 딸기, 땅콩, 페퍼민트 등 훨씬 다양하고 무궁무진한 표현을 들을 수 있을 것이다.

위스키의 풍미는 제각각 다르고, 위스키 종류마다 특색이 있어 맛과 향만으로 무엇인지 맞힐 수 있는 경우가 많다. 반면 모든 위스키의 맛과 향에는 공통점이 있다. 그중 어느 것도 위스키의 원재료가 아니라는 것이다. 블랙베리, 땅콩, 마멀레이드, 타이어 중 어느 것도 위스키를 만드는 재료로 들어가지 않는다.

그렇다면 이러한 맛과 향은 어디에서 오는 것일까? 이에 대한 해답을 찾으려면 또 다른 질문에 먼저 답해야 한다. 대체 위스키란 무엇이며 어떻게 만들어질까? 위스키가 만들어지는 단계마다 맛과 향이 형성되거나 제거된다. 모든 단계가 그 위스키의 맛을 완성하는 데 필수적이다.

위스키에 대해 집필하는 작가의 일 중 하나는 위스키를 맛보고 독자에게 설명해주는 것이다. 위스키 안에 무엇이 들어갔는지, 어떻게 만들어졌는지 알아내는 과정을 '향을 분해한다'라고 표현하기도 한다.

이것이 바로 이 책에서 다룰 내용이다. 이 책은 위스키 제조자가 위스키의 풍미를 만들고 다지고 합치는 방법을 알아보는 시간이 될 것이다.

위스키의 스펠링, 무엇이 맞을까?

위스키에 대해 가장 크게 논쟁이 되는 쟁점 중에 영문 철자법이 있다. 대체로 미국과 아일랜드에서는 'whiskey'로 표기하고 스코틀랜드, 캐나다, 일본에서는 'whisky'로 표기한다. —예외로 메이커스 마크, 올드 포레스터, 조지 디켈은 미국 위스키 브랜드이지만 'whisky'로 표기하고 있다.— Ireland(아일랜드)와 America(미국)의 영어 철자에는 'e'가 있고, Scotland(스코틀랜드), Canada(캐나다), Japan(일본)에는 'e'가 없다는 것을 연상하면 기억하기 쉽다. 그 밖에 다른 나라의 소규모 제조업체들은 제각각 선호하는 철자를 사용하는데, 'whisky'가 조금 더 자주 보이는 것 같다.

이것은 특별한 논쟁거리가 아니다. 어떤 철자를 쓰든 발음이나 뜻이 변하는 것도 아니다. 같은 알루미늄을 미국에서는 'aluminum'이라 쓰고 캐나다에서는 'aluminium'이라고 쓰는 것과 마찬가지다. 말 그대로 글자 하나 차이일 뿐이다. 진짜 주목해야 할 차이는 그 술이 만들어지는 과정에 있다. 이 부분은 2장에서 소개하겠다. 이 책에서는 스카치·캐나디안·재패니즈 위스키를 설명하는 경우를 제외하고는 'whiskey' 철자를 사용했다. 필자가 미국에서 글을 쓰고 있기 때문일 뿐 다른 이유는 없다. 다시 말하지만, 그저 철자의 차이일 뿐이다.

책의 내용 중에는 독자 여러분이 이미 알고 있는 내용도 있을 것이다. 30년 전까지만 해도 위스키를 좀 안다는 사람들조차 블렌디드 스카치와 싱글 몰트가 다르다는 것은 알아도, '몰트'가 정확히 무엇인지 모르는 경우가 많았다. 위스키가 오크통에서 숙성되었다는 건 알지만, 어떤 종류의 오크통을 사용하는지, 그 이유는 무엇인지, 오크통의 종류가 위스키에 어떤 영향을 주는지는 모르는 사람이 많았다.

위스키가 증류기로 만들어진다는 것은 알아도, 단식 증류기의 작동 원리에 대해서는 아마 막연하게만 알고 있었을 것이다. 증류소를 직접 방문하는 사람도 많지 않았고, 투어를 제공하는 증류소도 거의 없었다.

반면 오늘날의 위스키 애호가들은 훨씬 박식하고 참여도가 높다. 그들은 자신이 마시는 술에 대해 최대한 모든 정보를 알고 싶어 한다. '투명성'은 그들의 표어가 되었다. 그들은 자신이 마시는 위스키가 어디에서 만들어지는지 궁금해하고, 만들어지는 것을 보기 위해 직접 찾아가고 싶어 한다. 어떤 곡물을 사용하는지, 그 곡물은 어디에서 왔으며, 어떤 비율로 들어가는지 알려달라고 요구한다. 여기서 끝나지 않는다. 무슨 효모를 사용하는지,

매시*는 어떻게 만들었는지, 어떤 종류의 발효 용기를 사용하는지도 궁금해한다. 증류기에 대해서도 자세히 알아야 한다. 어떤 증류기인지, 어떤 모양인지, 증류는 어떻게 이루어지는지 알아야 하고, 작업장에 직접 찾아가 두 눈으로 오크통을 보고 싶어 한다. 숙성 창고에 가서 창고가 어떻게 생겼는지, 어디에 있는지도 확인해야 한다.

하지만 당신이 업계 종사자이든, 필자처럼 위스키 전문 작가이든, 아니면 독서와 여행을 유난히 많이 즐기는 박식한 애호가이든, 이 책에서 지금까지 몰랐던 새로운 지식을 얻을 수 있을 거라 확신한다.

물화학의 어떤 요소가 될 수도 있고, 발효 과정의 열 경로, 사워 매시**의 역사와 화학적 원리, 아니면 스코틀랜드 증류기 설계의 정교한 디테일이 될 수도 있다. 숙성창고의 디자인과 위치, 오크통의 크기와 모양, 위스키 숙성 중 기후가 위스키에 미치는 영향일 수도 있다. 아니면 '블렌디드 위스키'라는 개념처럼 간단하지만 쉽게 오해할 수 있는 것에 대한 정보가 될 수도 있겠다.

혹 누군가에게는 나무가 아닌 숲을 보여줄 책이 필요할 수도 있다. 이것이 내가 이 책을 집필하게 된 주된 이유 중 하나다. 많은 취미 활동이 그렇겠지만, 특히 위스키 애호가들은 자신이 관심 가는 부분이나 이해하기 쉬운 한두 요소에 몰두하는 경향이 있다.

버번 애호가들은 대체로 위스키의 배합을 구성하는 다양한 곡물의 비율인 매시빌에 집착하고, 스카치를 좋아하는 사람들은 훈연 함량을 측정하는 수치인 페놀 농도에 관심이 많다. 아이리시 위스키를 즐기는 사람들은 단식 증류기에서 만들어진 위스키인지, 어떤 종류의 배럴(오크통)을 사용했는지를 알고 싶어 하고, 캐나디안 위스키는 호밀 함량이 얼마인지, 병 속에 위스키가 아닌 다른 무엇이 첨가되었는지 궁금해한다. 일본의 위스키 애주가들은 안타깝게도 넘치는 수요와 이를 겨우 따라잡고 있는 시장 공급 환경 속에 그저 한 병이라도 더 구하기 위해 애쓰고 있다. 크래프트 위스키(수제 위스키)를 즐기는 사람들은 대체로 입지, 입지, 그리고 또 입지에만 몰두한다.

이 모든 것이 중요한 요소이기는 하다. 그러나 이들 중 어느 하나도 단독으로 위스키의 맛을 좌우하지는 않는다. 우리는 큰 그림, 즉 전체 과정에 주목해야 한다. 유명한 스카치 위스키 블렌더 빌 럼스덴 박사가 말했듯, "배럴이 위스키의 풍미의 50%를 좌우한다면, 나머지 50%는 배럴이 아닌 다른 데서 나온다는 뜻이다." 위스키를 진정으로 이해하려면 풍미의 100%가 어디에서 오는지, 다른 위스키와 다른 점은 무엇인지 이해할 수 있어야 한다.

---

* mash; 곡물, 물, 효모를 섞은 위스키의 재료. - 옮긴이
** sour mash: 기존 발효된 맥아 혼합물을 스타터로 일부 사용해 새로 발효시킨 혼합물을 발효시키는 공정. - 옮긴이

위스키란 무엇인가

이것을 이해하기 위해 먼저 무엇이 위스키이고 무엇이 위스키가 아닌지에 대해 간략히 알아보자.

간단히 말해서 위스키는 발효된 곡물로 만든 술을 증류하고 나무통에 넣어 숙성한 것이다. 그러나 이 간단한 개념이 우리를 곤경에 빠뜨릴 수 있으니 주의해야 한다. 예를 들어, 미국은 위스키의 최소 숙성 기간에 관한 규정이 없다. 반면 캐나다, 아일랜드, 스코틀랜드에서는 증류주가 나무통 안에 들어간 뒤 적어도 3년이 지나야 '위스키'라고 부를 수 있다. 최종 증류과정을 통해 나온 증류주의 도수를 제한하기도 하는데 경우에 따라 80도만큼 낮게, 때로는 95도만큼 높게 제한을 둔다.

위스키와 위스키가 아닌 것의 경계는 기초적인 정의에서 비롯한다. 남아시아 등 일부 다른 지역에서 '위스키'라 부르는 증류주가 있는데, 곡물이 아닌 발효성 물질(주로 사탕수수)이 들어가기 때문에 자국을 제외한 다른 나라에서는 위스키로 인정하지 않는다. 도수가 매우 높지만 숙성하지 않은 곡물 증류주도 있다. 이것은 '보드카'라고 한다. 그 누가 뭐라 주장하든, '감자 위스키'나 '사탕수수 위스키'는 존재하지 않는다. 그러나 100% 곡물로 증류하고 나무통에서 숙성했다면 그것은 위스키가 맞다.

이런 술은 어떻게 위스키로 알려지게 되었을까? 중세 후기 무렵, 증류 과학에 관한 아랍어 문헌과 이것을 읽을 수 있는 유럽의 학구적인

수도자들이 만났을 때, 아일랜드의 ―혹은 스코틀랜드일 수도 있다고 한다.― 기후가 추웠기 때문일 것이다. 그 당시 증류할 수 있는 가장 흔한 알코올 공급원은 북유럽의 주류인 맥주였다. 원래 게일어로 usquebaugh라 ―대략 '우스게바흐 혹은 이스카바흐' 정도로 발음한다.― 불렸던 위스키는 아일랜드와 스코틀랜드의 수도자들 사이에서 자리 잡았고 나중에 소규모 농부들에게로 퍼졌다.

로우랜드 지방을 비롯한 스코틀랜드와 아일랜드의 여러 마을에서 증류 기술이 발전했지만, 스코틀랜드 농부들은 계속해서 작은 구리 솥 증류기를 사용했다. 증류한 술을 재활용 오크통에 넣고 숙성하기 시작하면서 이것이 싱글 몰트 스카치 위스키의 기초가 되었다. 엄밀히 말하면 합법은 아니었지만, 곡물을 팔기보다는 쉬웠다. 노새 여덟 마리가 운반해야 하는 양의 곡물로 위스키를 만들면 노새 한 마리로 운반할 수 있었고, 이렇게 만든 위스키가 가치도 더 높았다. 합법적인 증류가 가능해지자 산업이 탄생했다.

신대륙에 증류업이 뿌리를 내린 것은 스코틀랜드·아일랜드·독일의 증류업자들이 이민을 한 후다. 독일인들은 주로 호밀로 만든 곡물주를 마시는 전통이 있었다. 펜실베이니아에서 라이 위스키를 만든 사람들과 훗날 켄터키에서 버번 위스키를 개발한 증류업자들은 대부분 독일인이었다. 반면, 조지 워싱턴이 혁명전쟁 후 마운트 버넌에서 라이 위스키 증류소를 운영하기 위해 고용한 사람은 스코틀랜드 사람이었다. 캐나다의 증류업자들은 주로 스코틀랜드인과 영국인이었다.

위스키는 맥주나 와인과 달리 부패하지 않는 우수한 음료로 인식되며 자리 잡게 되었다. 위스키는 진보다 우수한 평판을 얻었다. 필록세라로 인해 프랑스 코냑 산업이 큰 타격을 입게 되자, 목마른 영국인들은 토종 음료인 위스키로 눈을 돌렸고 만족했다. 120년 전, 위스키는 서양 세계에서 지배적인 위치를 점한 증류주였다. 1800년대 후반에 쇄국 정책을 버리고 국제 사회에 나온 일본 사람들은 스카치 위스키를 발견했고, 아주 마음에 든 나머지 그들만의 독특한 몰트 위스키와 블렌디드 위스키를 개발했다.

보드카와 라이트 럼이 등장한 1960년대 이후 위스키 판매량이 감소했고, 1980년대에는 스카치 위스키 과잉 공급으로 증류소가 하나둘 문을 닫기 시작했다. 위스키 제조업체는 남는 위스키를 싱글 몰트로 판매했는데, 풍미가 우수하고 값비싼 위스키가 알맞은 고객을 만나면 상당히 인기가 있다는 것을 발견했다. 버번과 아이리시 위스키의 증류업자들은 이 프리미엄 전략을 따라해 21세기의 첫 10년 동안 성공을 거두었다.

위스키가 다시 영광을 되찾았음을 알린 가장 큰 신호는 신생 소규모 증류소가 위스키를 생산하기 시작한 것이다. 크래프트 증류소 1,800곳 이상이 2018년에 미국에서 문을 열었으며 전 세계에 수백 곳이 더 있다. 그들 중 절반 이상이 다양한 종류의 위스키를 만들고 있다. 어떤 곳은 100년 이상 만들어지지 않은 잊힌 스타일의 위스키를 만드는가 하면, 지금까지 없었던 전혀 새로운 방식으로 위스키를 만들기도 한다.

위스키 이야기는 언제나 매우 흥미롭다. 지금부터는 위스키가 만들어지는 과정을 살펴보겠다.

위스키는 어떻게 만들어질까

위스키 제조는 풍미를 만들고 조절하는 과정이다. 평범한 위스키도 예외가 아니다. 풍미를 만드는 방법은 다양하다. 흔히 '5대 위스키 생산지'라 불리는 지역들도 제각각 다른 방법으로 양질의 위스키를 만들고 있다. 신생 크래프트 증류소들은 더욱 다양한 방법을 사용한다. 이러한 모든 방법은 네 가지 범주의 다양한 요소를 조합하는 것을 기본으로 한다.

(20페이지에 계속)

문샤인

문샤인에 대해 한 번쯤 들어본 적이 있을 것이다. 불법으로 만들어진 —따라서 세금을 내지 않은— 밀주를 가리킨다. 대체로 숙성 과정이 생략되고 곡물이 아닌 원료가 들어가는데, 옥수수 녹말당이 흔히 사용된다. 문샤인도 종류에 따라 품질이 그나마 나은 것도 있다. 어쩌면 누군가에게서 '상점에서 산 위스키보다 훨씬 훌륭한' 문샤인을 맛보았다는 전설 같은 이야기를 들어봤을 수도 있겠다.

진짜 문샤인
Real Moonshine

숙성되지 않은, 이름도 없는, 세금을 피해, 불법으로 만들어진, 펜실베이니아 중부의 진짜 문샤인. 투명한 색에 알코올과 설탕 냄새가 코를 찌른다. 뜨겁고, 약간 거칠고, 옥수숫가루의 달콤한 맛이 난다. 짧고 뜨거운 끝맛이 있다. 의외로 깨끗하다.

거칠게 말해서 미안하지만, 말도 안 되는 헛소리다. 문샤인 제조자가 본인이 만든 제품에 자부심을 가질 수는 있겠지만, 그래 봐야 그 동네 다른 밀주보다 약간 더 낫게 만드는 정도의 노력을 들였을 뿐이다. 훌륭한 위스키를 만들기 위해 밀주를 만드는 사람은 없다. 그저 비교적 손쉽게 돈을 벌기 위해 하는 것이다. 여러 국가에서 증류주에 높은 세금을 매기기 때문에 불법 증류는 들키지만 않는다면 수익성이 좋은 부업이 될 수 있다.

물론 걸리면 많은 벌금을 내고 감옥에도 가야 하므로 잘 숨겨야 한다. "친한 사람에게 주려고 만들었다"라는 변명도 소용없다. 면허나 허가 없이 증류주를 만드는 행위는 미국 등 대부분 국가(뉴질랜드 제외)에서 범죄 행위다.

그렇다면 가게 진열대에서 볼 수 있는, 보통 과일이나 향신료(또는 인공 향료)로 맛을 더한, '문샤인'이라 쓰인 병은 무엇일까? 그건 캐치-22* 같은 것이다. 제조 허가를 받고 만들었으니 합법적이지만, 합법적으로 만들었기 때문에 진정한 문샤인이라 할 수 없다. 문샤인의 뜻 자체가 그렇기 때문이다. '문샤인'은 달빛 아래 어둠 속에서 만들어졌다고 해서 붙여진 이름이다. 걸리면 즉시 감옥행이기 때문이다. '합법적 문샤인'은 '고막이 터질 것 같은 침묵'처럼 서로 양립할 수 없는 모순적인 개념이다.

흥미롭게도 문샤인을 만들 때 이렇게 향을 넣는 방식은 증류주가 처음 등장했던 시대에 위스키를 만들던 방식과 흡사하다. 당시만 해도

---

* catch-22: 동명의 미국 소설에서 설정으로 등장하는 규칙으로, 이러지도 저러지도 못하는 모순적 상황을 비유적으로 가리키는 말. - 옮긴이

증류 공정은 신비하고 비밀스러운 과정이었다. 그래서 향료를 첨가해야만 마실 만한 수준이 되었기 때문이다.

하나 조언하자면, 위스키는 정식 유통 제품을 마시기를 권한다.

작고 투박한 문사인 증류기

네 가지 범주는 바로 **재료, 공정, 환경, 사람**을 말한다.

재료는 곡물, 물, 효모(와 박테리아), 효모의 먹잇감, 구리, 배럴, 그리고 때로는 약간의 캐러멜 등 위스키를 만드는 데 사용되는 물질을 가리킨다.

공정은 재료에 가해지는 작용을 말한다. 곡물을 물에 담가 불리고 싹을 틔운 후 가열해 싹을 죽인 다음, 이를 분쇄해 가루로 만들고 물과 섞어 조리한다. 이것을 발아malting와 당화mashing 과정이라고 한다. 그리고 곡물가루에서 즙을 걸러내는 여과lautering 과정이 이루어진다. —미국에서는 이 과정이 생략되기도 한다.— 그다음 발효 과정을 거쳐 바로 증류한다. 이렇게 얻은 증류액을 통입 도수에 맞추기 위해 희석한 후 배럴에 넣고 몇 달 또는 몇 년의 숙성 기간을 보낸다. 중간에 다른 통으로 옮겨서 숙성을 완료하기도 한다. 숙성이 완료되면 통에서 비워내고, 여과 후 병입 도수에 맞추어 물을 더한 후 병에 담는다.

환경은 더 미묘하다. 환경은 처음부터 끝까지 위스키 주변에 있다. 나무와 곡식이 자라난 주변 기후, 맥아를 만든 곳에서 불렸던 바람결에 묻어 있는 날씨, 그리고 숙성창고의 열기와 냉기 같은 것이다. 산중에 위치한 증류소가 하나둘 생겨나면서 고도 역시 점점 중요해지고 있다. 증류소와 숙성창고의 위치와 떼루아 등이 모두 해당한다.

마지막으로 위스키는 **사람**이 만들고, 그 사람의 경험과 관심이 들어간다. 그 과정을 자세히 살펴보자.

위스키는 농산물이다. 모든 위스키는 논밭에서 출발한다. 곡물을 재배하고 수확한 다음 평가한다. 증류에 적합하려면 최고 품질의 곡물이어야 한다. 보리, 옥수수, 밀, 호밀 등 모두 마찬가지다. 썩은 부분이 없어야 하고, 적정량의 단백질, 질소, 수분 함량은 물론, 냄새도 깨끗하고 적당해야 한다.

적합한 곡물을 골랐으면 씻고 가공해야 한다. 보리의 경우에는 싹을 틔운 다음 열을 가해서 싹을 죽여 맥아(엿기름, 몰트)를 만드는데, 이것이 발아(몰팅) 과정이다. 이때 생성되는 효소는 곡물이 조심스럽게 조리되는 동안 녹말을 당으로 만들어준다. 이 과정을 당화 또는 매싱이라 한다. 열이 가해지면 곡물의 녹말이 분해되어 효소가 화학적인 변화 작용을 일으킬 수 있게 되는 것이다. 효소 작용이 가장 잘 일어나는 적정 온도 범위에 맞추어 섬세하게 조절해야 한다.

이렇게 하면 매시라고 부르는, 당으로 가득 찬 묽은 곡물죽이 만들어진다. 매시를 식히고 바로 발효 탱크로 퍼올릴 수도 있고 —아메리칸 위스키는 이렇게 만든다.— 그전에 고체 건더기들을 먼저 걸러내기도 한다. 이제 효모를 추가하면 발효가 시작된다. 효모는 당을 분해해 알코올, 이산화탄소, 그리고 다양한 풍미와 향 화합물을 만들어낸다.

이렇게 해서 만들어진 원액을 증류기에 넣는다. 이 원액은 아직 곡물 건더기가 들어 있으면 디스틸러스 비어distiller's beer라고 하고, 앞서 건더기를 걸러내어 액체로만 되어 있으면 워시wash라고 부른다.

단식 증류기의 경우에는 워시를 넣고 알코올이 끓어 기체가 되기 시작할 때까지 가열한다.

알코올은 물보다 낮은 온도에서 기화한다. 이 원리를 통해 증류주가 만들어진다. 1차 증류는 워시 스틸wash still로 하고, 물이 많이 제거된다. 2차 증류는 스피릿 스틸spirit still에서 이루어진다. 이 과정은 우리가 원하는 알코올 중류heart를 다른 것들과 분리하는 과정이다.

디스틸러스 비어나 워시에는 불필요한 화합물들이 섞여 있다. 이 중 알코올보다 낮은 온도에서 기화하는 물질들을 초류heads, foreshots라고 한다. 초류가 끓어 날아가고 나면 이를 분리하고, 그다음에 나오는 깨끗한 알코올 증기와 방향족 물질(즉, 중류)을 사용 가능한 양만큼 모은다. 계속해서 증기를 모으다가, 시간이 지나면 다시 바람직하지 않은 화합물이 증류기에 올라오는데, 이걸 후류tails, feints라고 한다. 이때 두 번째로 분리를 하고 이것도 옆으로 치워둔다. 이렇게 분리해둔 초류와 후류는 그중 일부를 나중에 재증류해서 남은 알코올을 마저 회수하기도 한다. 그리고 나머지는 폐기한다. ―주로 태워서 열로 사용한다.― 증류주를 더 '깨끗하게' 하기 위해 추가 증류를 하기도 한다. ―아이리시 위스키를 만들 때 흔히 이렇게 한다.

비어 스틸beer still은 ―스트리퍼 스틸stripper still이라고도 한다.― '비어'가 연속적으로 증류기 기둥으로 흘러 들어가서 천공판을 통과해 아래로 떨어지고, 동시에 이 천공판을 통해 증기가 위로 올라간다.

열이 가해지면 비어에서 알코올이 제거되어 올라가고 위쪽에서 모인 알코올은 냉각기(응축기)로 보내진다. 알코올은 날아가고 곡물 고형분과 죽은 효모만 남은 비어 잔여물은 바닥으로 빠진다. 버번 위스키나 미국의 라이 위스키를 만들 때는 이 잔여물의 일부를 사워 매시로 쓰기도 하는데, 이런 경우 발효조로 다시 보내져서 효모의 먹잇감이 되고 매시의 최적 pH를 맞추는 역할을 한다.

코피 스틸Coffey still이라고 하는 또 다른 유형의 연속식 증류기는 워시를 넣어 사용하며 기둥이 두 개 있다. 코피 스틸은 훨씬 높은 알코올 도수로 증류할 수 있다. 원리가 좀 더 복잡하므로 나중에 8장에서 설명하겠다. 지금은 대체로 블렌디드 위스키가 될 곡물 위스키를 만들 때 사용한다는 것만 기억해도 좋다.

이런 과정으로 방금 증류를 마치고 나온 증류주(스피릿)를 뉴 메이크new make라고 한다. 물처럼 투명하고 곡물의 달곰한 향이 알코올의 달곰한 향 때문에 더욱 드러나는 특징이 있다. 이제 여기에 물을 천천히 첨가해 통입 조건에 맞는 프루프(알코올 도수)로 희석하고, 이것을 배럴에 부어 넣으면 된다. 배럴은 하얀 새 오크통을 굽고 태워 사용하기도 하고 ―주로 미국에서 이렇게 하지만 다른 지역도 간혹 이 방식을 쓴다.― 다른 위스키나 와인, 또는 셰리나 포트 같은 주정 강화 와인을 담았던 오크통을 재활용하기도 한다. 나무나 플라스틱 마개bung로 오크통을 닫고 숙성창고에 넣어 숙성한다.

앞으로 몇 년 동안 배럴 안의 위스키는 여름철 더위로 인해 팽창해 오크통의 참나무 안으로 들어갔다가, 겨울의 추위로 인해 수축하면서 빠져나오기를 반복하게 된다. 이 효과를 더 빠르고 일정하게 내기 위해 숙성창고를 인위적으로 덥혔다 식혔다 할 수도 있다. 이 과정에서 위스키가 참나무의 색과 풍미와 향을 빨아들인다. 그리고 배럴 표면에 있는 숯 층을 통해 불순물과 불필요한 맛과 향이 걸러진다. 블렌더와 창고 관리자와 디스틸러가 배럴을 계속 확인하고 수년 동안 시음하며 위스키가 어떻게 변하고 있는지 확인한다.

위스키가 준비되고 적절하게 숙성되어 스타일에 적합한 풍미를 내면, 배럴을 창고에서 꺼내 내용물을 통 밖으로 쏟아낸다. 이 과정은 덤핑dumping이라고 한다. 숯을 제거하기 위해 가볍게 여과하기도 하고, 병이나 잔에서 단백질 혼탁 현상이 일어나지 않도록 냉각한 후 더 철저히 여과하기도 한다. 생산지에 따라 캐러멜색소를 첨가할 수도 있고, 위스키에 캐러멜색소를 넣을 수 없는 지역도 있다. 색소는 그 위스키의 재료와 같은 곡물로 만들고, 위스키의 시각적 일관성을 위해 넣는다.

이 시점에서 위스키를 다른 오크통의 위스키와 블렌딩(혼합)할 수도 있고, 싱글 캐스크 상품* 으로 병에 담을 수도 있다. 블렌더(혼합 전문가)나 디스틸러(증류 전문가)가 만족하는 수준의 풍미와 특징이 완성되면 병입 도수에 맞추어 물을 더한다. 캐스크 스트렝스cask strength 위스키는 희석하지 않고 배럴에서 나온 그대로 병에 담는다. 위스키를 담은 병에 라벨을 붙이고 상자에 담아 배송·판매한다.

이것이 위스키가 만들어지는 과정이다. 위스키는 곡물과 물과 같은 천연 재료, 발효와 증류 같은 공정과 수년에 걸쳐 일어나는 참나무와 알코올의 화학작용과 물리작용, 그리고 인간의 의사결정이 함께 만들어낸 결과물이다.

위스키의 풍미는 어느 한 곳에서 나오지 않는다. 물론, 다른 것보다 좀 더 크게 영향을 미치는 요소가 없는 것은 아니다. 예를 들어, 배럴이나 곡물이나 효모가 그렇다. 하지만 위스키 한 병 한 병의 전체적인 특성에 영향을 미치는 요소는 매우 많다.

선반 아래 구석에서 꺼낸 12달러짜리 위스키든, 자물쇠 달린 디스플레이 진열장에 든 12,000달러짜리 위스키든 마찬가지다. 모든 위스키는 재료와 공정과 환경과 인간의 합작이다. 위스키의 풍미에 있어 물은 어느 정도 중요할까? 물은 위스키의 상당 부분을 차지하는 주요 요소이고, 물 없이는 당화도 발효도 할 수 없다. 오크통을 보관한 창고의 위치가 바닷가인지 내륙 20마일(32.2km)에 있는 지역이었는지가 중요할까? 증발 속도에 관한 과학에 따르면 영향이 있다. 맥아 처리에 사용된 피트를 어디에서 가져왔는지가 위스키에 영향을 미칠까? 스펙트럼 분석을 해보면 그렇다는 것을 알 수 있다.

이렇게 풍미를 만들어내는 여러 요소를 이해하는 것이 위스키를 이해하는 열쇠다. 이것들을 이해하면 위스키에 대해 좀 더 유식한 대화를 나누고 깊은 관점에서 질문할 수 있다. 그리고 상대방의 답변을 이해할 가능성도 더 크다.

---

* single cask: 한 배럴에서 나온 위스키로만 만들어진 상품. - 옮긴이

풍미를 구성하는 여러 요소의 중요성이 모두 같은 것은 아니며, 절대적이지도 않다. 만들고자 하는 위스키에 따라 중요한 요소가 다를 수 있기 때문이다. 효모는 모든 위스키에 있어 중요한 요소이지만, 특히 호밀이 들어가는 위스키는 사용되는 효모의 종류에 따라 호밀의 스파이시한 정도가 다를 수 있다. 버번 위스키를 만들 때는 까맣게 태운 새 오크통의 균일성이 중요하지만, 스카치(또는 아이리쉬, 캐나디안, 재패니즈) 위스키는 재사용 배럴을 사용하기 때문에 배럴의 종류에 따라 더욱 다양한 풍미를 만들어낼 수 있다. 크래프트 위스키는 곡물의 선택이 중요한 차별점과 경쟁력이 될 수 있다.

위스키를 만들 때 중요하지 않거나 신경 쓰지 않아도 되는 재료나 공정은 없다. 배럴의 종류와 그 안에서 보낸 시간, 발효 온도와 증류기의 모양, 배럴을 만든 참나무가 자란 장소, 곡물을 수확한 날의 날씨에 이르기까지, 위스키는 나비 효과의 확실한 증거다. 그렇기에 위스키가 아름다운 것이다. 언제든 새로운 위스키가 무궁무진하게 탄생할 수 있으니까.

이제 준비가 되었으면 여러 요소를 하나씩 분해해서 살펴보자. 세계 5대 위스키 생산지를 구성하는 규칙과 규정과 전통과 기대 사항, 그리고 새로운 크래프트 증류소의 과감한 혁신을 소개하겠다. 그 후에는 위스키를 만들어 볼 예정이다.

미국 켄터키주 댄빌 소재 와일더니스 트레일 증류소의 냉동 효모 샘플

제 2 장

위스키

세계 5대 위스키 생산지는 스코틀랜드, 아일랜드, 캐나다, 미국, 일본이다. 오랜 전통을 자랑하는 증류소들과 이름이 익숙한 위스키를 만날 수 있는 지역이다. 최근 위스키 매출량이 활발히 증가하면서 규모가 커진 증류소들이 많으며, 소규모 신생 증류소들도 많이 생겨났다. 캐나다, 아일랜드, 일본의 증류소 수는 손에 꼽을 수 있지만, 스코틀랜드에는 100곳이 넘는다. 미국의 경우 그 수가 폭발적으로 증가해 1,000곳이 넘는 증류소가 있으며 이 중 상당수가 위스키를 제조하고 있다.

다른 나라들은 어떨까? 호주에도 여러 위스키 증류소가 있고, 그 규모와 숫자가 근래 증가하고 있다. 최근 20년 동안 유럽, 남아프리카 공화국, 인도, 대만 등지에 여러 신생 위스키 제조업체가 생겨났다. 이들 중 다수가 몰트 위스키를 만들고 있는데, 대체로 스카치 위스키를 모델로 만들지만 각자 독자적 개성을 지니고 있다.

물론 모든 위스키는 근본적으로는 서로 매우 비슷하다는 점을 잊지 말자. 공통적으로 모든 위스키는 곡물을 발효시킨 후 증류해 나무통 속에서 숙성시켜 만든다. 사용되는 곡물의 종류와 당화, 발효, 증류, 숙성 과정의 디테일, 그리고 배럴의 종류에 차이점이 있는 것이다.

앞서 말한 5대 위스키 생산지의 위스키는 오랜 전통으로 생겨난 정체성, 즉 그 지역 위스키만의 특색을 가지고 있다. 세상 모든 위스키는 제각각 다르지만, 같은 지역에서 생산된 위스키는 다른 지역보다 좀 더 비슷한 경향이 있다. 이 장에서 다루게 될 위스키 풍미의 구성 요소는 주로 전통과 규제에서 온다. 지역마다 위스키 제조 방법에 대한 지침과 규칙이 정해져 있으며, 지역마다 약간의 —혹은 매우 큰— 차이가 있다. 이러한 지침을 따르는 과정은 위스키의 풍미에 영향을 준다.

이 책의 나머지는 차이점에 대해서 다룰 예정이다. 이 장에서는 지역적 유사성에 대해 알아보자.

스카치 위스키

스코틀랜드의 위스키(스카치 위스키)의 세계적 인기와 위력은 아무리 강조해도 지나치지 않다. 2018년에 전 세계에서 팔린 아메리칸, 캐나디안, 아이리시 위스키를 합친 것보다 스카치 위스키가 더 많이 팔렸다고 한다.

스카치 위스키 매출의 대부분은 유명 블렌디드 스카치 브랜드가 차지한다. 조니 워커, 발렌타인, 그란츠, 시바스 리갈, 제이앤비, 듀어스 등이 여기에 해당한다. ―미국에서의 인지도는 조금 낮지만 라벨5, 윌리엄 로슨, 윌리엄 필도 있다.― 이러한 현상은 영국의 제국주의에 직접적 원인이 있다. 드높았던 대영제국의 위상과 함께 스카치 위스키는 전 세계를 여행했다. 영국 국적의 선박들은 ―아마 그중 상당수는 스코틀랜드 출신 엔지니어들이 만들고 조작했을 것이다.― 스카치를 한가득 싣고 온 세계를 누비며 영국의 관료들과 군인들의 갈증을 해소해주었다.

비록 대영제국은 역사 속으로 사라졌지만, 스카치 위스키는 살아남아 여전히 새로운 영토를 정복하고 있다. 프랑스는 매우 큰 스카치 시장 중 하나다. 인도 역시 높은 수입 관세에도 불구하고 거대한 스카치 시장이 형성되어 있다. 미국도 마찬가지다. 자국 내에도 훌륭한 위스키가 있지만, 지구상의 어느 나라보다도 더 많은 돈을 스카치에 쓰고 있다.

위스키 작가 데이브 브룸은 이렇게 말했다. "스카치는 세계가 위스키를 부르는 이름이다."

그렇다면 스카치 위스키는 대체 무엇일까? '2009년도 스카치 위스키 규정'에 따르면, 스카치 위스키가 되기 위해서는 아래의 기준을 따라야 한다.

1. 당화, 발효, 증류, 숙성 과정 전체가 온전히 스코틀랜드에서 이루어져야 한다

즉, 위스키가 병에 담기기 직전까지 모든 과정이 스코틀랜드에서 이루어져야 한다. 과거에는 숙성 과정의 일부만을 다른 나라에서 하는 것은 예외로 허용했지만, 지금은 그렇지 않다. 다만, 위스키를 다른 국가에 배송해 해당 국가에서 병입하는 건 여전히 가능하다.*

2. 물과 보리 맥아로 만들어져야 한다 — 오직 통곡물만 첨가할 수 있다

요점은 두 가지다. 뒷부분은 보리 맥아와 다른 통곡물(주로 밀)을 혼합해 만드는 스카치 그레인 위스키에 관한 것이다. 맥아 워시를 끓여서 진한 시럽으로 만든 캐러멜색소도 여기에 해당해 사용이 허용된다. 색소에 관한 내용은 아래에서 좀 더 자세히 소개하겠다.

3. 곡물의 효소만으로 전환 작용이 일어나야 한다

매우 전통적인 방식으로, 곡물의 녹말이 당으로 전환되는 것을 돕기 위해 다른 효소를 첨가할 수 없다는 규정이다. 이 기준에 맞추기 위해서는 그레인 위스키에 일정량 이상의 맥아가 들어가야 한다. 순수 몰트 위스키는 굳이 효소를 추가할 필요가 없다. 맥아 자체에 이미 효소가 충분히 들어 있기 때문이다.

4. 발효를 위해 효모 이외 다른 물질을 첨가할 수 없다

박테리아나 다른 미생물은 사용할 수 없다. 이는 생각보다 제한적인 규정이다. 미국과 일본의 증류소는 박테리아 발효를 통해 더 많은 풍미를 낼 수 있다.

5. 알코올 도수 94.8% 이하로 증류해야 한다

이 한도는 그레인 위스키에 적용된다. 몰트 위스키는 63% 정도로 증류되고, 연속식 증류기가 아닌 단식 증류기로 증류해야 한다.

6. 오크통(최대 700리터[185갤런])에서 3년 이상 보세 창고 또는 허용된 장소에서 숙성되어야 한다

"창고 또는 허용된 장소" 부분은 세금에 관한 것이다. 정부는 최대한 세금을 많이 거두기 위해서 모든 위스키가 어디에 보관되고 있는지 알고 싶어 한다. 오크(참나무)를 사용하는 것은 전통이고 맛의 공통성을 보장하기 위한 것이다. 버번 위스키를 숙성했던 오크통을 사용하기도 하고, 셰리 와인이나 포트 와인을 숙성시켰던 오크통을 사용하기도 한다. "최대 700리터"는 가장 큰 전통 오크통(마데이라** 드럼통과 포트 파이프통)의 크기다. 이보다 더 큰

---

* 싱글 몰트 스카치 위스키의 경우 2012년부터 스코틀랜드에서 병입해야 한다. - 감수자

** Madeira: 포트 와인, 셰리 와인과 함께 세계 3대 주정 강화 요인으로 꼽히며, 45도 이상의 온도에서 숙성된 와인이다. - 옮긴이

통을 사용하면 아마 생산 비용이 줄겠지만, 위스키의 나무 향이 상당히 적어질 것이다.

---

7. 원재료와 공정·숙성 과정에서 만들어진 색과 향과 맛을 유지해야 한다

쉽게 말하면, 아무것도 바꾸지 말라는 뜻이다. 냉각 여과는 할 수 있다. 냉각 여과란 위스키를 차갑게 해서 단백질을 침전시키고 걸러내는 과정으로, 위스키가 유통되는 과정에서 온도가 낮아질 경우 색이 탁해지는 것을 방지하는 조치다. 이 과정은 위스키의 외관에는 영향을 미치지 않는다. "원료, 공정, 숙성에서 유래된 맛"에 실제로 변화가 없는지는 업계에서 대부분 무시하기로 선택한 문제다.

---

8. 물과 "플레인 캐러멜색소" 이외에는 아무것도 첨가할 수 없다

앞서 말한 것처럼, 위스키와 같은 '원재료'로 만든 캐러멜색소를 말한다. 위스키의 색은 사용된 통에 따라 조금씩 다를 수 있으므로, 같은 증류소에서 제조된 여러 배치의 위스키 색을 통일해서 맞출 수 있도록 소량의 캐러멜색소를 첨가하는 것을 허용하고 있다. 추가되는 색소의 양은 위스키 애호가들 사이에서 의문점 혹은 종종 조롱의 요소가 되기도 한다. 어떤 위스키는 색소를 너무 많이 첨가해서 맛이 변했다고 의심하기도 한다. 오래된 위스키는 색이 진한 경향이 있어서, 캐러멜색소를 너무 많이 추가하면 실제보다 더 오래 숙성된 것처럼 보일 수 있다.

---

9. 알코올 도수는 40% 이상이어야 한다

이 규정은 유럽과 영국의 표준 병 크기가 700밀리리터로 정해진 것과 마찬가지로 가치문제다. 소비자들은 위스키는 알코올 도수가 40% 이상이고 표준 용량 병에 담겨 있는지를 알고 싶어 한다.

이것이 스카치 위스키를 정의하는 모든 요소일까? 그렇기도 하고 아니기도 하다. 스카치에는 다섯 유형이 있다. 이들은 두 가지 기본 유형인 '몰트'와 '그레인'의 조합으로 이루어진다.

싱글 몰트 스카치 위스키
하나의 증류소에서 나온 몰트 위스키다.

싱글 그레인 스카치 위스키
하나의 증류소에서 나온 그레인 위스키다.

블렌디드 스카치 위스키
하나 이상의 싱글 몰트 위스키와 하나 이상의 싱글 그레인 위스키를 혼합한 위스키다.

블렌디드 몰트 스카치 위스키
여러 증류소에서 나온 둘 이상의 싱글 몰트 위스키를 혼합한 위스키다.

블렌디드 그레인 스카치 위스키
여러 증류소에서 나온 둘 이상의 싱글 그레인 위스키를 혼합한 것이다.

헤이그 클럽
싱글 그레인 위스키로, 쉽게 마실 수 있도록 만들어졌다. 구운 마시멜로와 살짝 구운 과일 향이 돈다. 혀에 닿는 느낌은 크림 같고, 가벼운 참나무 향이 크고 달콤한 따뜻한 마시멜로 베개를 감싸고 있다. 블렌디드 스카치 위스키의 반대면이다.

다섯 종류 중에 블렌디드 스카치 위스키와 싱글 몰트 스카치 위스키가 브랜드 수와 판매량이 단연코 가장 많다.

자, 이제 여러분은 스카치 위스키에 대한 모든 것을 알게 되었다고 할 수도 있고, 아무것도 모른다고 할 수도 있다. 위스키를 이해하려고 규정을 해석하는 것은 마치 〈모나리자〉 그림을 '나무 패널에 유채 물감으로 그린 여성의 초상화'라고 설명하는 꼴이다. 아직 피트에 관한 이야기는 꺼내지도 않았지 않나.

위스키 관련 법과 규정은 체스 규칙과 비교할 수 있다. 체스 규칙은 그리 복잡하지 않다. 어린아이도 일주일만 주면 완벽히 배울 수 있다. 그 아이는 아마 몇 달만 지나면 어른을 상대로 체스를 둘 수도 있을 것이다. 이기지는 못할 수 있겠지만 적어도 규칙을 어기지 않고 경기는 할 수 있다. 그 간단한 규칙과 거의 무한한 기회와 의사결정이 만나면 그랜드 마스터와 최첨단 컴퓨터가 도전하는 멋진 게임의 무대가 만들어진다.

'스카치 위스키 규정'은 수 세기 동안 사용되어온 잘 알려진 공정을 따르는 업계에 대한 매우 간단한 변수의 집합이다. 그 규칙의 엄격한 제한과 이것이 위스키 산업에 미치는 영향에 대해서는 수많은 글이 쓰여 있다. 하지만 이러한 규칙 속에서 합리적인 가격으로 매일 부담 없이 마실 수 있는 저렴한 위스키도,

평범함을 완전히 능가하는 천재의 영감을 받은 걸작도 탄생하는 것이다. 그 규칙 안에서 어떻게 하느냐에 따라 그 위스키의 차별점이 생기는 것이다.

그렇지만 이 규정에 따라 만들어진 위스키의 어떤 면이 스카치 위스키를 특별하게 만드는 것일까? 여러분 중에 누군가가 "맥아와 단식 증류기요!"라고 외치기 전에, 블렌디드 스카치 위스키에는 연속식 증류기로 만들어지는 그레인 위스키도 있다는 점과 시중의 스카치 위스키 10병 중 9병은 블렌디드 위스키라는 것을 기억하자. —매출액으로 따지면 4분의 3 정도다. 싱글 몰트 위스키 가격이 비싸기 때문이다.— 피트 연기도 답이 될 수 없다. 피트 근처에도 가지 않고 만들어지는 스카치 위스키도 많다. 그렇다면 재사용 오크통일까? 그것도 아니다. 재사용 오크통을 쓰는 것이 전통적인 방식이기는 하지만, 규정에 따라 반드시 해야 하는 것은 아니다. 그리고 새 오크통에서 부분적 또는 전체적으로 숙성된 싱글 몰트 스카치와 블렌디드 스카치도 여럿 있다. 스코틀랜드에서 100마일(160.9km)이 안 되는 거리에 있는 아일랜드 부시밀즈에서 스카치와 같은 종류의 재사용 오크통으로 3회 증류시킨 싱글 몰트 위스키를 만들고 있다. 일본의 위스키 산업은 그 직접적 뿌리가 스코틀랜드에 있으며, 유의미하긴 하지만 아주 미묘한 차이만 있을 뿐이다.

그렇다면 스카치 위스키는 정확히 무엇일까? 스튜어트 대법관*의 표현을 빌리자면, "맛을

---

* 미국 연방 대법원의 대법관으로, Jacobellis v. Ohio 사건 관련 의견에 "나는 보면 알 수 있다"라는 표현을 쓴 것이 유명해져 지금까지 종종 인용되고 있다. - 옮긴이

보면 알 수 있다"라고 할 수 있겠지만, 그보다는 좀 더 설명이 필요할 것 같다.

뻔하고 쉬운 답을 택하자면 스카치 위스키는 처음부터 끝까지 스코틀랜드에서 만들어진 위스키라고 답하면 되겠지만, 이건 조금 비겁한 답변이다. 좀 더 정확하게는 스카치 위스키란, 스카치 위스키 업계가 그 업계의 전통 안에서 만든 위스키라 할 수 있다. 전통의 제약에서 벗어나야 한다는 끊임없는 요구에도 불구하고 스카치 위스키에는 지속적이고 일관된 성격의 정신이 담겨 있다. 스카치 위스키의 DNA는 과거 하이랜드 밀주업자들이 작은 증류기를 사용해 강한 피티한 위스키를 만들어 시장에 가져다 팔 때 운반수단으로 사용된 오크통에서 숙성시켰던 것과 로우랜드 지역의 대량 생산 증류소에서 더 효율적인 큰 단식 증류기를 혹은 새로운 연속식 증류기를 사용해 만든 그레인 위스키의 조합으로 구성된다. 이 두 가지 모두가 함께 공존했기 때문에 더 많은 사람들이 사랑하는 블렌디드 위스키가 만들어졌다.

'스카치 위스키 규정'의 핵심이자 스카치 위스키의 핵심은 바로 아주 오래전부터 진화해온 원료와 공정과 숙성에서 나오는 색과 향과 맛을 유지하려는 노력이 아닐까. 스카치의 핵심은 만족스러움의 경지에 도달하는 것이다.

피트 몬스터*와 셰리 밤** 싱글 몰트이든, 가장 부드럽고 공격적이지 않은 블렌디드 위스키이든, 스카치 위스키에는 균형이 있다. 강렬하고 엄청난 피트 향의 위스키에도 몰트의 단맛과 풍미가 있다. 반면 대중적인 블렌디드 위스키에는 가벼운 훈연 향, 살짝 느껴지는

셰리 향 그리고 아주 미세하게 몰트의 질감이 느껴지는데, 이러한 요소들이 서로 충돌을 일으키지 않고 은은한 균형을 이루고 있다.

스카치 위스키 디스틸러들 사이에는 이런 말이 있다. "경주로마다 맞는 말이 있다." 장거리 장애물 경주에 단거리 경주마를 쓰지 않는 것처럼, 훌륭한 싱글 몰트 위스키에는 얼음을 넣거나 탄산음료를 넣지 않는다. 하지만 블렌디드 위스키라면 그렇게 해도 아무 문제도 없고 당연한 것으로 여겨진다.

규정이 너무 제한적이고 규범적으로 보일 수 있지만, 사실 제한적이라기보다는 업계 현황을 반영한다고 보는 것이 맞다. 이미 업계에서 오랫동안 이런 방식으로 위스키를 만들고 있었고, 지금도 그렇게 하고 있다. 이 규정의 범위 안에서 폭풍우가 치는 거인 같은 아일라 싱글 몰트 위스키, 가볍고 즐거운 댄서 같은 싱글 그레인 위스키, 견고히 담백하고 충성스러운 영혼 같은 블렌디드 위스키까지 다양하게 존재하는 것이다. 각 위스키를 다르게 만드는 것은 재료, 과정, 그리고 인간의 방향이다.

조니 워커 블랙라벨

Johnnie Walker Black

바에 갔는데 위스키 메뉴가 여의치 않으면 주로 이 위스키를 주문한다. 가벼운 훈연향과 향신료와 시트러스 향이 단단한 나무 훈연향과 달콤한 맥아로 미끄러져 들어간다. 가볍지만 하이볼 얼음을 단번에 발로 차버릴 만한 힘을 가지고 있다.

인도 위스키?

'전 세계에서 가장 잘 팔리는 위스키'에 대해 이야기할 때는 항상 '전통적인' 위스키 생산지에서 만들어진 위스키와 '전통적으로' 위스키를 마시는 지역에서 판매되는 위스키를 말한다. 사실상 유럽과 북미, 그리고 일본 정도로 범위를 한정하는 것이다. 조니 워커, 짐 빔, 제임슨, 크라운 로열, 잭 다니엘스 같은 것들이다.

판매량이 훨씬 더 많은 인도 위스키는 왜 언급되지 않을까? 맥도웰, 임페리얼 블루, 로열 스태그 모두 매출액이 조니 워커와 비슷하거나 더 높고, 오피서즈 초이스는 세계에서 가장 많이 판매되는 위스키인데도 불구하고 말이다. 혹시 이건 아주 악질적인 서구중심주의적 사상인 것일까?

만약 이것을 서구중심주의라 한다면, '곡물을 증류하고 나무통에 넣어 숙성한 음료'라는 위스키의 정의 자체가 유럽 중심적이기 때문일 것이다. 인도 사람들은 위스키를 많이 마신다. 지금도 영어가 인도의 제2 언어인 것처럼, 영국 식민 지배 시대의 문화적 흔적이다. 그러나 인도에서 생산되고 판매되는 증류주는 주로 당밀로 만들어지기 때문에 세계 대부분 위스키 시장에서는 위스키가 아닌 럼에 더 가까운 것으로 분류한다. 예를 들어, 유럽연합은 이러한 술은 '증류주'로 표시해서 판매하도록 규정하고 있다.

조니 워커보다 1.5배 더 잘 팔리는 오피서즈 초이스는 곡물로 만들었지만, 숙성하지 않은 증류주를 혼합해서 만든다. 우리가 다룰 위스키에는 이러한 술은 포함하지 않도록 하겠다. 인도에도 훌륭한 몰트 위스키가 있다. 암룻, 폴 존, 그리고 신생 브랜드인 람푸르는 모두 매우 훌륭하고 스카치 위스키 스타일과 유사하면서도, 빠른 숙성 과정과 높은 증발 손실(기후 특성 때문에)로 인해 생기는 독특한 특색이 있다. 아직 맛을 보지 못했다면 기회가 왔을 때 마셔보기 바란다.

폴 존 피티드 셀렉트 캐스크

Paul John Peated Select Cask

고온 지방에서 세심하게 처리된 숙성 과정으로 가벼운 피트 연기를 뚫고 나오는 달콤한 맥아 향이 느껴진다. 미각적으로는 훈연 향이 달콤한 갈색 설탕과 토피 층을 강조시켜주면서도 압도하지는 않는다. 건조 코코아 맛이 살짝 더해져 있다.

---

* 훈연 향이 강한 위스키의 별칭. - 감수자
** 셰리 와인의 풍미가 강한 위스키의 별칭. - 감수자

아이리시 위스키

아이리시 위스키는 20세기에 사라질 뻔했다. 1970년도 아이리시 위스키 판매량은 최저 수준을 기록했다. 나는 그 시절을 기억한다. 내가 술을 배우기 시작한 시기이기 때문이다.

당시 나는 아이리시 위스키가 몰락하고 있다는 사실을 믿을 수 없었다. 내가 다니던 거의 모든 바마다 항상 아이리시 위스키가 있었는데, 그렇게나 어려운 형편일 리가 없었다. 당시 내가 깨닫지 못했던 건 내가 바에서 본 그 아이리시 위스키병은 대부분 3월 18일부터 이듬해 3월 15일까지 그 자리를 그대로 지키고 있었다는 사실이었다. 아이리시 위스키는 적어도 대다수의 미국인에게는 1년에 한 번 마시는 이벤트 음료였다.*

그러던 아이리시 위스키가 새롭게 다시 태어났다. 목재 관리에 관한 선구적인 연구 덕분에 위스키의 풍미와 품질이 차별화되었다. 증류소 관리자와 블렌더는 배럴을 추적하고, 사용·재사용 과정 중에 샘플링하고, 첫 번째와 두 번째 사용에 대한 새로운 매개변수를 설정했다. 마케팅 책임자는 아이리시 위스키를 사용한 칵테일 레시피를 홍보했다. 아일랜드 테마 술집의 세계적인 인기 상승도 도움이 되었다.

그 결과 아이리시 위스키는 눈부시게 성장했다. 매출 상당 부분이 제임슨이기는 했지만, 제임슨의 힘으로 생긴 파도에 아이리시 위스키 함대 전체가 같이 올라탔다. 툴라모어 듀는 수십 년 동안 위스키를 사더니 대규모 증류소를 새로 지었다.

틸링 가문의 아버지와 아들은 각각 새로운 증류소를 지었다. 빔 산토리는 오래된 킬베간 증류소를 부활시켰다. 그리고 수십 개의 완전히 새로운 증류소와 회사가 아일랜드 공화국 전역에 문을 열었다. 북아일랜드 국경 너머에 있는 부시밀즈는 부진했던 기간 후 선두 자리를 되찾으려는 열망을 보이고 있다. 스카치 위스키의 거물인 디아지오가 새로운 브랜드 로앤코로 아이리시 위스키 시장에 다시 진입했다.

레드브레스트 12년
Redbreast 12 Year Old

발아하지 않은 생보리를 상당히 많이 사용해 만든다. 갓 벤 참나무와 설탕을 입힌 생과일: 멜론, 배, 사과. 매끄럽고 미끄러운 맥아에 떠다니는 아름다운 과일 향이 미각에 닿는다. 끝맛은 부드러운 여운이 남는다.

아이리시 위스키의 공통점과 정체성은 무엇일까? 이번에도 마찬가지로, 아이리시 위스키는 워낙 다양하기 때문에, '아일랜드에서

---

* 매년 3월 17일은 '성 패트릭의 날'로, 아일랜드 문화와 전통을 기념하는 각종 행사가 열린다. - 옮긴이

만들어진 위스키'라는 원론적인 정의를 내릴 수밖에 없다. 하지만 이런 답으로는 충분하지 않다. 먼저 공식 규정에 나와 있는 정의부터 살펴보자.

아이리시 위스키의 법적 정의는 아일랜드 공화국에서 정한다. 그리고 북아일랜드에서 제조된 위스키에도 같은 정의가 적용되도록 합의가 이루어졌다. 가장 최신 규정은 '테크니컬 파일Technical File'이라는 이름으로 2014년에 발표되었는데, 대체로 스카치 위스키의 정의와 비슷하지만 몇 가지 예외가 있다. 그중 하나는 당연하지만 아일랜드 섬에서 증류되고 숙성된 위스키여야 한다는 점이다. 스카치 위스키와 달리 '천연 효소'를 추가할 수 있으며, '용량 700리터(184.9갤런)를 초과하지 않는 참나무 등으로 만들어진 목재 통' 안에서 숙성해야 한다. 이 문구는 오크통을 꼭 사용하지 않아도 된다는 여지를 주고, 일부 증류소들은 이를 활용하고 있다. 부시밀즈는 아카시아 나무통에서 숙성을 마무리한 위스키를 만들고, 미들턴은 밤나무통으로 마무리한 위스키를 만들기도 했다.

테크니컬 파일에는 세 가지 유형의 아이리시 위스키가 나와 있다. 몰트 아이리시 위스키와 그레인 아이리시 위스키는 스카치 위스키와 매우 유사하다. 하지만 세 번째 유형인 포트 스틸 아이리시 위스키는 아일랜드 증류업계가 위스키에 기여한 독특한 유형의 위스키다. 맥아(발아한 보리)와 발아하지 않은 '생'보리와 기타 곡물을 혼합해 만든 것이다. 과거에는 퓨어 포트 스틸pure pot still로 불렸으나, 2011년에 싱글 포트 스틸single pot still 아이리시 위스키라는 이름으로 변경되었고, 이것을 미국 규

제 당국이 승인해 지금까지도 라벨에 이렇게 표기하고 있다. 이 책에서는 혼란을 피하고자 '싱글 포트 스틸'로 통일하겠다.

싱글 포트 스틸은 아이리시 블렌디드 위스키의 근본이다. 블렌디드 스카치와 마찬가지로, 아이리시 위스키 총생산량 중 블렌디드 위스키가 가장 큰 비중을 차지한다. 블렌디드 위스키의 풍미 대부분이 싱글 포트 스틸 위스키와 아이리시 몰트 위스키에서 나온다.

그러나 싱글 포트 스틸 위스키는 그 자체로도 훌륭하다. 신선하고 생생한 위스키에 뛰어난 과일 향을 가지고 있다. 아이리시 디스틸러스와 그들의 레거시 브랜드 '레드브레스트'와 '그린스팟' 덕분에 싱글 포트 스틸 위스키는 어려운 시기에 살아남을 수 있었다. 그린스팟은 더블린의 와인 상점인 미첼앤선이 배럴을 선정하고 직접 병에 담아 판매했다. 그래서 소위 '중개된 위스키'라고 할 수 있다. 미첼

앤선은 이후 아이리시 디스틸러스(프랑스 거대 회사인 페르노리카의 자회사)와 공식적인 합작 투자를 시작했고 그린스팟은 더 널리 퍼지게 되었다. 그리고 은퇴했던 다른 '스팟' 위스키인 옐로스팟과 레드스팟이 합류했다. 아이리시 디스틸러스는 파워스 존스 레인, 배리 크로켓 레거시와 같은 다른 싱글 포트 스틸 위스키를 매우 적극적으로 병입하고 있다.

테크니컬 파일의 정의가 적어도 하나 이상을 헷갈리게 했지만, 다른 증류소들도 싱글 포트 스틸 위스키를 만들고 있다. 킬베간은 최근 맥아와 생보리를 모두 포함하고 호밀을 30% 포함하는 위스키인 '스몰 배치 라이'를 출시했다.

테크니컬 파일에서 '기타 곡물'을 총량의 최대 5%로 제한해, 킬베간은 위스키 라벨링에 '싱글 포트 스틸'을 사용할 수 없게 되었다. 일부 증류소는 '다른 곡물'의 양이 역사적으로 종종 상당히 높았다는 역사적 증거를 지적하면서 5% 제한에 항의하고 있다.

위스키의 정의는 변하기도 한다. 그러나 아이리시, 스카치, 버번과 같은 국가적인 위스키의 특성은 훨씬 더 느리게 변한다. 아이리시 위스키의 특성은 '아이리시 위스키'라는 그룹의 공통적 특징에서 나오는 것이 아니다. 그 어떤 공통적 특징을 떠올리더라도 곧바로 예외를 찾을 수 있다. 세 번에 걸친 증류 과정일까? 모두가 그런 것은 아니다. 피트를 사용하지 않는다는 특징? 몇몇 예외가 있다. 발아하지 않은 보리를 사용한다는 점? 아이리시 싱글 몰트 위스키는 절대 그러지 않는다. 또 다른 아이리시 위스키의 특징으로 블렌디드 위스키라는 점이 자주 거론되지만, 마찬가지로 아이리시 싱글 몰트 위스키라는 예외가 있다.

아이리시 위스키는 아일랜드에 관한 것이다. 나는 아이리시 디스틸러스의 위스키 과학 책임자이자 아이리시 증류업계 베테랑인 데이비드 퀸과 아이리시 위스키의 정체성에 관해 대화를 나누었다. 위에서 언급한 아이리시 위스키의 정체성에 대해 집중해서 그에게 질문했고, 그는 잠시 멈추고 생각하더니 '발효를 통해 만들어지는 향을 보전하기 위해서 대형 단식 증류기를 천천히 가동시키고, 일정한 기온과 기후에서 숙성시키며, 아이리시 위스키는 누구에게나 접근하기 쉽고 친근하게 만들어야 한다는 블렌딩 철학, 이 3가지의 요소가 만들어내는 온화함이다'라며 중얼거렸다.

바로 핵심은 이것 같다. 생각해보면 크고 독단적이거나 위협적이라 할 만한 아이리시 위스키는 극히 적다. 반면 스카치 위스키나 버번 위스키 중에는 이런 표현이 어울리는 것들을 찾는 데 아무런 어려움이 없다. 이게 바로 지난 30년 동안 아이리시 위스키가 급격히 성장한 이유가 아닐까? 아이리시 위스키는 다정한 매력으로 전 세계에서 친구를 사귀고 있다.

제임슨
Jameson

가장 잘 팔리는 아이리시 위스키다. 그레인 위스키와 싱글 포트 스틸 위스키를 조합했다. 제임슨의 상징인 신선한 사과와 캐러멜, 참나무 맛과 약간의 후추 노트, 그리고 더 많은 사과와 캐러멜이 느껴진다. 진정하게 하는, 친근한 느낌이다.

캐나디안 위스키

스카치 위스키와 아이리시 위스키를 정의하려고 애썼던 것에 비교하면 캐나디안 위스키는 상쾌하게 단순해 보인다.

캐나다의 여러 증류소마다 조금씩(혹은 상당히) 다르긴 하지만 그들의 철학에는 훌륭한 공통점이 있다. 규칙에는 몇 가지 예외가 있기 마련이지만, 대체로 캐나디안 위스키는 블렌디드 위스키다.

물론 블렌디드 위스키가 그렇게 특이하진 않다. 스카치 위스키 대다수가 지금도 블렌디드 위스키이고, 아이리시 위스키와 재패니즈 위스키를 대표하는 유명한 브랜드도 블렌디드 위스키다. 하지만 캐나디안 블렌디드 위스키는 독특한 방식으로 만들어진다.

캐나다의 블렌딩은 스카치 블렌딩의 전형적인 패턴을 따른다. 단식 증류기로 증류한 위스키와 연속식 증류기로 높은 도수로 증류한 위스키를 혼합한다. 스코틀랜드 증류소들이 두 가지 이상의 곡물을 사용한 도수 높은 곡물 위스키를 만드는 전통적인 접근 방식은 혼합 매시빌, 즉 곡물을 함께 조리하고, 그것으로 만든 증류액을 숙성시키는 것이다. 반면, 캐나디안 위스키는 '블렌딩용 위스키'로 사용하기 위해 싱글 그레인 위스키를 연속식 증류기로 만들고 각각 숙성시킨 다음, 이렇게 숙성된 위스키를 단식 증류기로 만든 '풍미용 위스키'와 혼합하는 방식을 사용한다.

캐나다의 위스키 디스틸러들은 이 방식이 더 많은 선택지를 —그들의 표현으로 더 많은 '증류액 흐름'을— 낳는다는 걸 알고 있다. 콘 위스키를 버번을 숙성시킨 통에서 3년 동안 숙성시킨 다음, 휘트 위스키를 이 재사용 버번 배럴에 넣고 8년 동안 숙성시킬 수 있다. 셰리를 담았던 통에 라이 위스키를 숙성시키고, 버번을 담았던 통에 숙성시킨 콘 위스키와 혼합할 수 있다.

그런데 캐나다 증류소들은 선택지가 하나 더 있다. 캐나다의 위스키 규정은 최대 9.09%의 다른 주류를 포함할 수 있다고 되어 있다. 따라서 캐나다에서는 셰리의 특성이 강조된 위스키를 만들고 싶다면 소량의 셰리를 실제로 추가할 수 있다. 이렇게 하면 셰리를 담은 통에 위스키를 숙성시켜서 얻을 수 있는 정도보다 더 강한 향을 낼 수 있다.

이미 알고 있었던 독자도 있겠지만, 혹시 위 문장을 읽고 지금 충격에 빠졌다면, 잠시 멈추고 다시 생각해보자. 위스키 애호가들은 대체로 이를 알게 되면 반사적으로 "그건 위스키에 대한 모독이라고!"라고 외치거나, 그저 비용을 절감하려는 술수일 거라는 냉소적인 반응을 보인다.

두 번째 판단에 대해 살펴보자. 위스키를 만드는 데 관련된 많은 것들과 마찬가지로 어느 쪽이든 갈 수 있다. 대용량 셰리는 비교적 값싸게 구할 수 있다. 셰리의 인기 하락과 위스키 제조사들의 셰리 통에 대한 긴급한 수요가 맞물린 덕분이다. 셰리 오크통 숙성이라는 비용이 많이 드는 과정은 생략하고, 대신 저렴하고 풍미 있는 셰리를 섞어 과일 향을 다양하게 조절해 원하는 효과를 낼 수 있다. 그렇게 하는 사람도 분명히 있다. 특히 미국의 블렌딩 위스키를 더해서 만든 제품을 미국에서 판매하면 상당한 세금 혜택이 있으니 더욱 그렇다.

하지만 매우 비싼 고품질의 셰리를 소량 추가해서 전통적인 방식으로는 낼 수 없는 과일 향의 톱 노트*를 만들어낸 캐나디안 위스키도 있다. 돈 리버모어 박사는 코비의 블렌더로 J. P. 와이저, 로트 넘버 40, 파이크 크릭 등을 만들었다. 그의 말에 따르면, 그가 새로운 고급 위스키를 개발하고 있다는 소식이 회사 내에 퍼지면 회계 부서 동료들이 몸서리친다고 한다. 무언가 아주 맛있는(그리고 비싼) 재료를 사용할 것임을 다들 알기 때문이다.

이제 다른 흔한 반응에 대해 생각해보자. "그건 위스키에 대한 모독이라고!" 나는 이렇게 반응하는 사람은 단지 캐나디안 위스키에 대한 이해가 부족해서 그렇다고 생각한다. 그것이 캐나디안 위스키의 규칙이고 그들의 전통이다. 그렇다면 이건 모독이라기보단 오히려 성서를 철저히 따르는 일이다.

이것을 내가 진정으로 이해하기 시작한 순간을 기억한다. 캘거리의 앨버타 디스틸러스 증류소에서 훌륭한 25년 제품을 포함한 앨버타 프리미엄 라인 일부를 시음하고 있을 때였다. 지금은 은퇴했지만 당시 마스터 디스틸러였던 릭 머피에게 물었다. 휘슬피그 같은 미국 회사들이 캐나다에서 아주 훌륭하게 숙성된 풍미용 위스키를 사서 더 비싸게 판매하고 있는데, 재고로 있는 그 훌륭한 풍미용 위스키로 새로운 브랜드를 만들어 직접 팔아도 되지 않겠냐고 말이다. 내가 생각해도 꽤 똑똑한 아이디어라고 생각했다.

머피는 그렇게 생각하지 않았다. "그건 우리가 위스키를 만드는 방식이 아닙니다." 그는 인내심 가득한 표정으로 나에게 말했다. 나는 그 표정을 아직도 기억한다. "여기서는 블렌더의 자세를 배워야 합니다. 이곳의 독특한 방식이죠."

캐나디안 위스키를 이해하고 싶다면, 여러분의 위스키 루틴에 독특하고 상당한 즐거움을 더하고 싶다면, 이를 이해하고 받아들여야 한다. 받아들일 수 없다면, 새로 구운 오크통에 숙성하지 않았다는 이유로 스카치 위스키를 거부하거나, 맥아 대신 생보리를 사용한다는 이유로 아이리시 싱글 포트 위스키를 거부하거나, 세계에서 가장 흔하고 저렴한 곡물을 기반으로 만든다는 이유로 버번 위스키를 거부하는 것이나 마찬가지다.

---

* note: 향에 대한 후각적인 느낌을 표현한 말로 휘발되는 속도와 향의 특성에 따라 톱 노트, 미들 노트, 베이스 노트 3단계로 분류한다. - 옮긴이

캐나다에서도 규칙에는 예외가 있다

모든 캐나디안 위스키가 블렌딩 패러다임을 따르는 것은 아니다. 노바스코샤 지방에 있는 글레노라에서는 구리 단식 증류기로 몰트 위스키를 만든다.

글레노라의 글렌 브레튼 몰트 위스키는 스코틀랜드에서 만들어지지 않았고 스카치 위스키가 아님을 확실히 드러낸다. 캐나다에서 만들어졌고, 캐나디안 위스키의 비교적 자유분방한 규칙을 모두 지켜 곡물로 매싱하고 나무통에 넣어 최소 3년 동안 숙성하고 최소 40% 도수로 병에 담았으니 분명 캐나디안 위스키다.

많은 캐나다의 소규모 디스틸러들이 드넓은 규칙의 범위 안에서 자유로이 자신의 영감을 따르고 있다. 그들은 크래프트 위스키의 영역에 가까운 활약을 하고 있다.

여러분이 마음을 열고 캐나디안 위스키를 있는 그대로, 그 무궁무진한 가능성을 즐겨보기 바란다. 리버모어는 캐나디안 위스키는 '세상에서 가장 혁신적이고 적응력이 좋은 위스키'라고 말했다. "매시빌을 어떻게 사용해야 하는지에 대한 규정도 없고, 어떻게 증류해야 하는지, 어떤 배럴에 숙성해야 하는지 제약이 없습니다. 블렌더의 창의력을 충분히 발휘할 수 있죠. 블렌더로서 다른 어디에서도 일하고 싶지 않습니다."

사과하지 않는 당당한 캐나다인의 말을 들으니 조금 상쾌하지 않은가? 부끄럼 한 점 없이 떳떳한 블렌디드 위스키다.

크라운 로열
Crown Royal

가장 잘 팔리는 캐나디안 위스키다. 시그램 방식으로 혼합되었다. 캐러멜, 토피, 풍부한 바닐라 향이 코로 느껴진다. 진한 바닐라와 토피, 참나무와 백향목의 맛이 약간 혀에 닿는다. 의외로 길고 따뜻한 여운이 남는다.

아메리칸 버번과
라이 위스키

미국의 라이 위스키는 버번보다 더 오래되었다. 라이 위스키는 유럽 정착민과 함께 미국으로 들어왔으며 미국 독립전쟁 이전부터 만들어졌다.

당시엔 아마 향신료나 과일로 맛을 낸 숙성하지 않은 증류주의 모습이었을 것이다.

내가 어릴 때 살던 펜실베이니아 더치 컨트리* 지역에 이런 종류의 '위스키'가 흔했을 것이다. 그리고 그 전통은 내가 자주 다녔던 몇몇 시골 여관의 바 아래에 보관된 '체리 바운스'의 모습으로 남아 있었다. 체리가 든 병에 갈색 설탕과 라이 위스키를 얹은 음료다. 그곳의 바텐더는 때때로 단골손님들에게 샷을 따라주었다. 라이 위스키에 담근 체리는 특히 재치 있는 이야기나 어려운 작업에 대한 특별한 보상이었다.

호밀은 위스키에 잘 어울리는 곡물이다. 농작물이 잘 자라지 않는 한계 토양에서도 잘 자라고 ─심지어 대부분의 잡초를 질식시킬 정도로 강력하게 자란다.─ 매콤하면서 약간 쓴 맛이 있어 숙성 전에도 ─그리고 라이 위스키는 상대적으로 짧게 숙성해도 맛이 좋다.─ 상대적으로 적은 양만 첨가해도 아주 맛있는 위스키를 만들어준다. 무려 조지 워싱턴 대통

령이 은퇴한 후 마운트 버논에서 라이 위스키를 만들었는데 미국인으로서 라이 위스키를 반대하기는 어렵다.

라이 위스키는 펜실베이니아 남서부의 머논가힐라 강 계곡에 정착한 정착민들과 함께 서쪽으로 이주했다. 정착민들은 암석 토양에서 호밀을 재배하고, 수확하고, 오랜 전통에 따라 쉽게 운반할 수 있도록 으깨고 증류했다. 머논가힐라의 라이 위스키는 이 신생 국가에서 처음으로 지리적으로 유명해진 위스키로, 거의 전적으로 호밀 또는 발아한 호밀로 만들었다. 보리 맥아는 녹말을 당으로 분해해주는 효소가 더 많지만, 당시에 그곳에는 보리가 흔하지 않았다.

그리고 물론 돈도 흔하지 않기 때문에, 신생 국가가 증류주에 세금을 부과하기로 하자 문제가 일어났다. 그 결과는 위스키 반란이었다. 반란은 상대적으로 평화롭게 끝났지만, 불만족스러웠던 일부 농부들은 오하이오에서 래프팅해서 내려가 켄터키의 몇몇 사람들

---

* Pennsylvania Dutch Country: 18~19세기에 독일에서 미국 펜실베이니아주로 이주한 이민자들이 모여 살았던 펜실베이니아 중남부·남동부 지역의 마을들을 일컫는 말. - 옮긴이

켄터키주 로렌스버그 근처에 있는 와일드 터키 증류소는 켄터키 강 위에 자리잡고 있다.

과 합류했다. 켄터키 사람들은 당시 신세계의 새로운 곡물인 옥수수로 새로운 위스키를 만들고 있었다.

하나 확실히 짚고 넘어갈 것이 있다. '버번'이라는 이름이 어디에서 왔는지, 누가 까맣게 태운 참나무통에 넣어 숙성시키기로 했는지, 심지어 누가 옥수수로 만들기로 한 건지도 아무도 모른다. 나도 굳이 추측하려 하지 않겠다. 우리는 버번이 어떤 맛이고 왜 그런 맛이 나는지에 대해 이야기하겠다. 그것은 켄터키와 버지니아와 뉴올리언스에 50년가량 동안 모인 여러 요소를 조합한 결과다.

농부들은 풍부한 바닥 토양에서 메이즈(미국 옥수수)가 풍성하게 자라는 걸 발견했고, 옥수수를 담그고 증류하는 방법을 신속하게 알아냈다. ―그 당시에는 농부들이 술을 만들었다.― 호밀이나 밀을 한두 숟갈 넣으면 옥수

수로만 만든 달기만 한 술보다 훨씬 흥미로운 위스키가 되었다. 마지막으로 0.6cm 정도 목재 그을림이 있는 배럴에 넣어 숙성시키면 거친 맛은 어느 정도 줄어들고 대신 기분 좋은 바닐라와 캐러멜 향과 보기 좋은 붉은색이 더해졌다. 1840년대가 되자 이 모든 요소가 한 자리에 모였고 위스키가 탄생했다.

불행히도 1880년대에 우리는 그것을 망쳐놓았다. 블렌더들은 자신들을 '수정자rectifiers'라 부르며 값싼 위스키에 다양한 레시피를 사용해 향과 설탕을 첨가하고 '오래된 버번'이라고 라벨을 붙였다. 버번 증류업자들은 겁에 질려 제품의 본래 상태를 보전하기 위해 뭔가를 해야 한다는 걸 깨달았다. 한 디스틸러 단체가 정부에 산업 규제를 청원했다.

초기 결과는 1897년 보틀드 인 본드 법Bottled in Bond Act이었다. 이 법은 '보틀드 인 본드' 증

류주의 정의를 지정했다. 버번이 대표적인 보틀드 인 본드가 되었는데, '보틀드 인 본드'로 표시하려면 하나의 증류소에서 만들어야 하고, 한 증류 '시즌(6개월)' 안에 같은 마스터 디스틸러의 감독 아래 증류되어야 하며, 미국 재무부의 대리인이 감시하는 보세 창고 안에서 숙성해야 한다. 그리고 적어도 4년 동안 숙성해야 하고, 병입 도수는 50%(100° 프루프) 이상이어야 했다. 보틀드 인 본드 인증은 버번이 순수하고 오염되지 않았으며 충분히 숙성되었다는 정부(와 업계)의 보증을 나타냈다.

일부 증류업자들은 조건이 너무 제한적이라고 생각해서 또 다른 규정을 요청했다. 초기 결과는 1906년 순수 식품의약법Pure Food and Drug Act이었지만, 그 누구도 만족시키지 못한 절충안이었다. 1909년에 태프트 대통령은 위스키에 대한 규제적 정의를 만들기 시작했다. 1909년 12월 27일에 발표된 태프트 결정은 오늘날 아메리칸 위스키의 정의인 '정체성의 표준standard of identity'의 근간이 되었다.

간단히 정리하면, 태프트는 이렇게 말했다.
- 위스키는 곡물로 만들어야 한다.
- 숙성된 곡물 증류주만으로 구성된 제품은 '스트레이트 위스키'라고 라벨에 표기한다.
- 도수가 높고 숙성하지 않은 곡물 증류액('중성 증류주')에 위스키를 더해 풍미를 낸 경우, '블렌디드'로 표시해야 한다.

1938년에 까맣게 그을린 새 참나무통에 숙성해야 한다는 중요한 요건이 추가되었다. 놀랍게도 아메리칸 위스키라고 표기하려면 미국에서 만들어져야 한다는 요건은 1964년에나 되어서야 추가되었다.

이를 현대의 규정, 연방 규정집 제27편에 나와 있는 '정체성의 표준'과 비교해보자. —놀랍게도 이 상징적인 미국 규정에는 전체적으로 위스키가 e가 없는 'whisky'로 표기되어 있다. 최근에 두 철자법 모두를 명시하는 개정안이 발의되었다.— 여기에서는 아메리칸 위스키(버번, 호밀 등)를 이렇게 정의하고 있다.

- 버번은 옥수수 51% 이상의 —라이 위스키는 호밀 51% 이상, 휘트 위스키는 밀 51% 이상 등— 발효된 곡물 매시를 증류해야 한다.
- 160° 프루프(80%) 이하 도수로 증류되어야 한다.
- 숙성 시작 도수는 125° 프루프 이하여야 하며, 새로 그을린 새 참나무통에서 숙성되어야 한다. —최소 숙성 기간은 명시되어 있지 않다.
- 색소나 향료가 첨가되지 않은 상태에서 80° 프루프(40%) 이상의 도수로 병입되어야 한다.
- 오크통 안에서 2년 넘게 숙성되면 '스트레이트 위스키'다. 4년 미만으로 숙성된 경우 라벨에 숙성 연수를 표기해야 한다.

나는 이러한 규정이 다른 국가 위스키 규정보다 버번 위스키와 라이 위스키의 풍미와 특성에 더 직접적인 영향을 미친다고 생각한다. 일반적으로 버번의 향과 풍미의 50% 이상이 그을린 새 오크통에서 나온다고 한다. 업계 사람들 일부는 80%에 가깝다고 주장한다. 무색소·무향료라는 것은 말 그대로 색소나 향료를 전혀 넣지 않는 것을 의미한다. —참고로 라이 위스키에 그러한 재료를 허용하는 작은 허점이 있긴 하지만, 위스키가 '스

옥수수와 재사용 배럴

콘 위스키는 아메리칸 위스키 세계에서 약간 독특한 존재다.

매시빌의 80% 이상이 옥수수여야 하는 등 구성에 매우 집착한다. 콘 위스키는 재사용 오크통이나 타지 않은 새 오크통에서 숙성되어야 한다. 까맣게 탄 목재와 접촉해서는 안 된다. 아마 콘 위스키가 처음 탄생했던 시절은 내부를 태운 통이 흔히 사용되기 전이었기 때문에, 콘 위스키의 초기 기원에 대한 예의로 이런 제한을 두는 것 같다. 그 덕분에 콘 위스키는 옥수수 풍미가 풍부하고 목재의 영향이 거의 없는 위스키가 된다. 일종의 발가벗은 버번 같다고나 할까. 아직 콘 위스키를 마셔본 적이 없다면 언젠가 맛보기 바란다. 지

멜로 콘 보틀드 인 본드
Mellow Corn Bottled in Bond

콘 위스키는 버번이 아니다. 멜로 콘은 옥수수 요리의 느낌과 후추의 매운 향이 난다. 반면 오크통의 영향은 거의 찾아볼 수 없다.

난 약 10년 전쯤 시장에 등장한 미숙성 뉴 메이크 증류주와 마찬가지로, 콘 위스키는 200년 전 산업 시대의 새벽에 사람들이 마시던 그 위스키의 맛을 경험할 기회다.

트레이트 위스키'로 표시된 경우에는 그렇지 않다.

색소나 향료가 들어가지 않았다는 것은 아메리칸 스트레이트 위스키는 풍미가 서로 겹치는 부분이 많다는 뜻이기도 하다. 게다가 새 배럴을 써야 하고 첨가제를 넣을 수도 없기에 미국의 여러 위스키의 주된 차이점은 주재료 곡물에서 비롯되고, 그 차이가 비교적 크지 않다.

앞서 우리는 스카치 위스키에 적용되는 규정을 체스의 규정과 비교해 규제 안에서 허용되는 무한한 다양성에 관해 설명했다. 아메리칸 위스키의 규정은 아마도 미국 시골에서 인기 있는 게임인 체커와 —영국에서는 '드래프

트'라고 부른다.— 더 비슷할 것 같다. 이 게임은 규칙이 좀 더 직접적이어서 변수가 더 적다. 하지만 체커 게임이 그렇듯, 미국의 위스키 생산자들은 새로운 전략, 새로운 묘수, 혹은 아주 오래전 게임의 재창조를 시도해서 소비자들에게 끝없는 즐거움을 줄 수 있다.

베리 올드 바톤 보틀드 인 본드
Very Old Barton Bottled in Bond

다른 버번보다는 덜 익숙할 수 있다. 코에는 열과 정향과 참나무 향이 강하게 느껴진다. 날카롭다. 부드럽고 달콤한 버번이 아니다. 맵고, 뜨겁고, 더 얇고 날카롭다. 든든하면서도 짜릿한 말에 타는 것 같은 느낌을 준다.

재패니즈 위스키

일본은 세계 5대 위스키 생산지 중에서는 위스키 역사가 가장 짧다. 이제 곧 위스키 산업 100주년을 맞이한다. 일본 최초의 상업적 위스키 증류는 1924년 12월에 시작되었다.

그 주인공은 재패니즈 위스키의 전설적인 디스틸러이자, 증류소 설계자인 타케츠루 마사타카다. 그는 스코틀랜드 글래스고 대학교에서 화학을 전공하고 여러 스카치 위스키 증류소에서 견습생으로 일했다. 귀국 후에는 코토부키야(훗날 산토리)에 입사해 야마자키 증류소 설립을 도왔다. 이후 1930년대 초에는 산토리를 떠나 훗카이도 북부 섬에 자신의 회사 닛카를 설립했다. 현재 일본의 위스키 시장은 소규모 증류소들이 있긴 하지만 여전히 이 두 회사가 지배하고 있다.

타케츠루가 걸어온 길에서 짐작할 수 있겠지만 재패니즈 위스키는 스카치 위스키와 매우 비슷하다. 주로 싱글 몰트 위스키와 그레인 위스키이며, 이들을 혼합한 블렌디드 위스키가 가장 많이 팔린다. 주로 스코틀랜드에서 피티드(피트로 훈연한) 몰트 위스키를 매입해 버번이나 셰리를 숙성했던 재사용 통에 넣어 숙성시키지만, 일본 참나무인 미즈나라(물참나무)로 만든 배럴을 사용하기도 한다. 물참나무는 비싸고 다소 드물며 균형 있는 맛을 내려면 15년에서 20년 간 비교적 긴 숙성 기간이 필요하다.

나무 외에도 좀 더 미묘한 차이점이 몇 있긴 하다. 일본에서는 디스틸러스 비어 또는 워시를 여과조에 한 번 걸러내어 좀 더 맑은 위스키를 만든다. 스카치 위스키는 전부 여과하지 않은 탁한 워시로 만든다고 말할 수 없지만, 실제로 많이들 그렇게 하고 있다. 그 차이는 스카치에서 나는 견과류처럼 고소한 곡물 향으로 느낄 수 있다. 맑은 워시를 사용하면 좀 더 깔끔하고 중성적인 맛이 나오기 때문에 다른 여러 풍미가 앞으로 나올 수 있다. 그 밖에도 일본의 증류소들은 여러 효모 균주를 사용하고, 유익한 박테리아를 넣기도 한다. —기억하겠지만 스카치 위스키는 규정상 박테리아를 넣을 수 없다.— 반면 스카치 증류소들은 모든 위스키를 똑같은 하나의 효모 종으로 발효시키는 셈이다.

여기에서 또 다른 주요 차이점이 비롯된다. 한 회사 안에서 여러 종류의 다양한 위스키를 생산할 수 있다는 점이다. 별것 아니게 들릴 수도 있지만, 이건 사실 큰 차이다. 스카치 위스키 증류소들은 '상호주의'라고 불리는 합의 네트워크가 형성되어 있어, 서로 위스키를 사고팔아 원하는 블렌드를 만들어 판매한다. 일본은 거래할 증류소 수 자체가 적을 뿐만 아니라, 그런 거래 관계가 없다. 아마도 닛카와 산토리 사이의 껄끄러운 초기 관계의 영향일 수도 있겠다.

그 결과, 일본 증류소들은 자사 시설 내에서 다양한 맛을 낼 수 있는 역량을 구축하게 되었다. 여러 효모 균주를 가지고 있고, 다양한 유형의 증류기도 있다. 몰트 위스키를 연속식 증류기로 만들기도 한다. 그리고 다양한 배럴을 사용한다. 물참나무로 만든 오크통, 버번이나 셰리를 담았던 오크통 등을 사용하고, 산토리에서 만든 한 히비키 블렌드 위스키는 매실주를 담갔던 통을 사용한다. 창조하고 혁신할 수 있는 능력은 필연적으로 창조하고 혁신하려는 충동을 낳기 마련이다.

내가 경험한 재패니즈 위스키는 매우 조화롭고, 과하거나 불균형하지 않다. 이것이 '하나됨'을 중요시하는 일본 문화의 가치에서 나온다고 말하는 것은 지나치게 게으른 해석일 수도 있고, 어쩌면 아주 정확한 통찰일 수도 있다. 제자가 스승을 능가했다고까지는 말하지 못할지라도 ―품질에서는 스카치 위스키에 전혀 뒤처지지 않는다.― 더는 학생은 아니라고 해도 좋을 것 같다.

재패니즈 위스키는 성숙하고 개성 있으며 독특하다. 이제 해결해야 할 유일한 숙제는 공급을 늘리는 것이다. 지난 15여 년 동안 세계 시장은 재패니즈 위스키를 발견했고, 가능한 한 많이 손에 넣으려 하고 있다. 그만큼 뛰어난 위스키라고 확신할 수 있겠다. 이제 일본 증류소들은 더 많은 양을 만들어낼 시간만이 필요하다.

히비키 하모니

Hibiki Harmony

잔에 우아함을 더하는 블렌디드 위스키다. 맥아 향, 가벼운 참나무 향, 백단향(샌달우드), 그리고 약간의 과일 향이 코에 느껴진다. 맥아의 단맛이 기분을 편안하게 해주고 코에 느껴진 향이 다 같이 상냥하게 혀에 다가온다. 조화롭다.

산토리 하쿠슈 증류소

크래프트 위스키

나는 '크래프트 위스키'나 '크래프트 증류소'라는 말을 좋아하지 않는다.

크래프트(수제)라는 단어는 정확하지 않고 의미도 불분명하다. 기존 증류소들을 부정적으로 바라보는 듯한 어감도 문제다. 실제로 신생 증류소에 물어보면 대부분 오래된 증류소에서 만드는 위스키는 훌륭하고 흥미롭다고 말할 것이다.

이 용어는 비슷하게 작은 규모로 시작해 매우 큰 성공을 거둔 '크래프트 맥주' 시장에서 물려받은 표현이다. 하지만 맥주 업계는 이제 이 단어에 거리를 두려고 하고 있다. —대신 '독립 양조장'을 선호한다고 한다.— '크래프트'의 의미가 정확하지 않고 성공에 어울리지 않기 때문이다. 소규모 신생 양조장을 크래프트 양조장이라고 하면, 그 양조장이 20년이 지나 큰 성공을 거두고 규모가 커지면 뭐라 불러야 할까?

그래서 나는 증류소 관계자들과 대화하다가 이 주제가 나오면 항상 '크래프트 증류소'라는 단어를 쓰지 말라고 조언한다. 나중에 문제가 될 테니까. 나도 누군가가 새로운 단어를 만들어주기만 한다면 언젠가는 다른 단어를 사용할 생각이다. 그전까지는 나도 업계 사람들이 주로 쓰는 '크래프트 증류소'라는 표현을 써야 할 것 같다.

크래프트 증류소는 어떤 증류소를 말할까? 이 말은 미국의 신생 증류소만을 가리키는 것이 아니다. —"신생"이라는 말도 어차피 상대적이다. 대부분 20년 정도 위스키를 만들어온 증류소들이니 말이다.

크래프트 증류소란 5대 위스키 생산지를 비롯한 모든 위스키 생산지의 신생 증류소를 말한다. 예를 들어, 호주 태즈메이니아에는 크래프트 증류소가 30개 이상이 있고 프랑스에는 40개 이상이 있다. 그들은 큰 꿈을 가진 소규모 증류소다. 자기 고향에서 위스키를 만들고 싶어 하거나, 자신이 경험한 인상 깊었던 위스키와 매우 흡사한 위스키를 만들고 싶어서 시작하기도 한다.

미국 오리건주 포틀랜드에 있는 클리어 크릭 증류소에서 과일 브랜디와 오드비*를 만드는 스티브 맥카시는 스코틀랜드에 휴가를 갔다가 비가 쏟아지는 날 당구 테이블과 라가불린 외에는 심심함을 달랠 것 하나 없는 호텔에 갇혀 있어야 했던 이야기를 들려준다. 그때 마셨던 라가불린 위스키에서 영감을 얻은 그는, '맥카시 오리건 싱글 몰트'라는 위스키를 만들었다. 스코틀랜드에서 피트로 훈연 건조한 맥아로 만들지만, 오리건의 참나무로 만

---

* eau-de-vie: 나무통 숙성을 하지 않아 색이 투명한 과일 브랜디. - 옮긴이

든 오크통으로 숙성한다.

크래프트 증류소는 대대로 전해지는 곡물을 사용하거나 교잡종을 사용한다. 때로는 현지 농부에게서 곡물을 구하기도 하고 직접 재배하기도 한다. 트리티케일*이나 스펠트밀이나 퀴노아 같은 비전통적 곡물을 사용한다. —엄밀히 말하면 퀴노아는 곡물이 아니지만 연방

———
* 밀과 호밀을 교잡해 만든 작물. - 옮긴이

아메리칸 싱글 몰트 위스키?

오직 미국에서만 위스키 제조에 재사용 배럴을 사용하는 것을 비정상으로 여긴다.

스카치, 아이리시, 재패니즈, 캐나디안 위스키를 만들 때 주로 사용하는 재사용 배럴은 미국에서는 몇몇 콘 위스키 브랜드와 브라운 포맨의 얼리 타임즈 '켄터키 위스키'만이 사용했다.

가장 대중적인 아메리칸 위스키인 버번·라이·휘트 위스키는 규정에 따라 새 참나무를 그을려 태운 오크통으로 숙성해야 한다. 재사용 나무통은 일부 종류의 위스키에만 허용된다. 그리고 '아메리칸 싱글 몰트 위스키'라는 유형은 규정 어디에도 정의되어 있지 않다.

미국식으로 재해석한 몰트 위스키를 만들고 싶었던 미국의 크래프트 증류소들은 어려운 결정을 해야 했다. 새 참나무를 그을린 오크통을 사용하거나, 아니면 재사용 오크통을 사용하고 제품에 '몰트 매시를 증류한 위스키' 또는 그냥 '위스키'처럼 비교적 매력적이지 못한 이름을 붙여야 하거나, 둘 중에 선택해야만 했다.

일부 증류소들은 정부 당국에 재사용 배럴과 100% 맥아 사용을 핵심으로 하는 새로운 '아메리칸 싱글 몰트 위스키' 범주를 만들어달라고 압력을 가하고 있다. 그날이 오기 전까지는 증류소들은 새 배럴에 숙성시킨 몰트 위스키를 만들거나, 100% 맥아로 만들어 재사용 배럴에 숙성시킨 '위스키'를 만들고 있다.

웨스트워드
Westward

아메리칸 몰트 위스키다. 깨끗하고, 달콤한 곡물 맥아의 향과 가구 참나무 향(건조하고 거치게 조각된)이 코에 느껴진다. 맥아 위에 향신료와 과일의 맛이 혀 위를 굴러 지나간다. 훌륭한 맵고 달콤한 끝맛과 흥미로운 아니스*가 느껴진다.

———
* 미나리과 식물로 감초와 유사한 맛이 난다. - 옮긴이

웨스트랜드 증류소의 배럴 보관실(워싱턴주 시애틀 소재)

정부에서 곡물의 표준 정의를 바꾸는 개정을 고려하고 있다.—* 그들은 자체 설계한 하이브리드 증류기를 사용한다. 콜로라도주 덴버의 레오폴드 브라더스 증류소는 3-체임버 증류기를 사용한다. 오래전 펜실베이니아와 메릴랜드의 라이 위스키 증류소들 사이에서 유행했던 고풍스러운 디자인으로, 거의 100년 만에 처음 다시 만들어진 것이다.

크래프트 증류소들은 때때로 사워 매시를 쓰지 않고 버번 위스키를 만들기도 한다. 10년 전만 해도 모든 버번 증류소에서 사워 매시를 사용한다고 자신 있게 말할 수 있었지만, 지금은 그렇지 않다. 그들은 다양한 나무 종류를 사용한다. 배럴에 숙성시키는 동안 음악을 틀어주기도 하고, 배럴을 선적 컨테이너 안에서 숙성시키기도 하고, 배럴을 배에 실어 숙성시키기도 한다.

테네시주 내슈빌의 커세어 증류소의 공동 창립자 데렉 벨은 언젠가 내게 '잭 다니엘스의 그림자 속에서' 증류소를 운영한 이야기를 들려주었다. 그는 크래프트 증류소들은 잭 다니엘스 같은 대형 증류소와 똑같은 방식으로 위스키를 만들어서는 사업을 할 수 없다고 말했다. 패키징도 마케팅도 광고와 홍보도 다 돈이 들어가기 때문이다.

"하지만 창의력은 공짜니까요." 그는 미소 지으며 말했다. 크래프트 증류소들이 경쟁에서 살아남고 이름을 남기려면 전통과 전통적 기대를 깨야 한다. 아이오와주의 시더 리지 증류소는 깊은 현지화 전략으로 지역적 장점을 극대화했다. 현지의 뛰어난 옥수수를 적극적으로 활용한 것이다. 레오폴드 브라더스는 역사와 증류기를 깊이 팠다. 필라델피아 근처 마운틴 로럴 스피리츠는 머논가힐라 스타일 라이 위스키의 역사적인 매시빌을 사용한다. 양조장과 제휴를 맺어 흑맥주, 홉이 많이 들어간 맥주, 밀 맥주 등으로 위스키를 만들기도 한다.

유기농 재료만 사용하는 증류소들도 있다. 유전자변형식품(GMO)을 재료에서 배제하는 증

---

* 퀴노아는 벼과 식물이 아니기 때문에 정확히는 곡류가 아닌 아곡류 곡물이다. 사람에 따라 곡류 곡물과 아곡류 곡물을 모두 곡물의 일부로 분류하기도 하지만, 벼과 곡류만을 곡물로 보기도 한다. - 옮긴이

류소도 있다. —포어 로제스를 비롯해 몇몇 스카치 증류소들도 이렇게 하고 있긴 하다.—어떤 증류소는 맥아를 직접 만든다. 현지의 피트나 다양한 나무를 사용해 맥아를 훈연하기도 한다. 어떤 증류소는 옥수수 속대로 옥수수를 훈연해 위스키를 만든다.

크래프트 위스키의 공통점은 바로 이렇게 각자 차별점이 있다는 점이다. 크래프트 위스키는 남들과 다르게 하는 것을 추구한다. 도전을 즐기고, 그것을 재미있어 하고, 결국 이익을 남긴다. 차별점이 바로 잘 팔리는 위스키의 비결이기 때문이다. 우리가 "이런 위스키가 있었다면 어땠을까?"라고 상상하면 크래프트 증류소들은 그것을 만들어낸다. 그것만으로도 그들의 멋진 서커스 공연에 입장료를 낼 가치가 있다.

크래프트 증류소는 언제까지 크래프트 증류소라고 부를 수 있을까?

'크래프트 증류소'라는 표현은 소규모 신생 증류소에 완벽히 어울리는 말이다. 심지어 10년 정도 된, 직원 25명을 둔, 연간 20,000케이스 이하를 생산하는 증류소라도 괜찮다.

하지만 대만의 카발란 증류소처럼 대기업 킹카그룹에서 자본력을 지원받아 한해 100만 케이스가 넘게 위스키를 생산하는 증류소는 뭐라고 불러야 할까? 65,000케이스 넘게 생산할 수 있는 스웨덴의 맥미라는? 둘 다 수출 시장에서 위스키를 잘 팔고 있다.

미국에는 전국 20대 증류소 순위 안에 들 정도의 중견 규모를 가진 신생 증류소가 열 군데나 있다. 그중 하나인 O. Z. 타일러 증류소는 10위권 안에도 든다. 아직 기획 단계에 있지만 이와 유사한 범주에 속하는 증류소들도 다수 있다. 크기가 중요하다고 생각하는가?

증류소의 규모는 작아도 훨씬 더 큰 대형 증류 회사에 소속되어 있어 상당히 독립적으로 운영이 가능한 증류소는 뭐라 불러야 할까?

이러한 질문들은 크래프트 맥주 양조 업계에서 먼저 겪고 답해야 했던 질문들이다. 그리고 일반적으로 그에 대한 대답은 질문하는 사람과 대답하는 사람에 따라 달랐다.

베이비 블루
Baby Blue

호피블루색의 옥수수로 만든 버번 위스키다. 달콤한 옥수수 푸딩과 꿀 향이 난다. 약간의 매운맛과 가벼움과 달콤함이 혀를 질주한다. 끝에 코코아가 느껴진다. 내가 제일 좋아하는 소규모 증류소 위스키다.

제3장

곡물

위스키의 법적 정의는 국가마다 다르다. 각종 증류 협회들도 제각각 위스키를 정의하고 있는데, 대체로 그 단체의 기준과 이익을 반영한다. 위스키의 문화적인 정의도 있다. 문화적 정의는 법적·상업적 정의와 겹치는 경우가 많다. 개인적인 정의도 있다. 위스키를 마시는 우리에게 위스키가 가지는 의미다.

이렇게 정의와 배럴과 증류기와 숙성 방법 모두 지역마다 제각각 다르지만, 하나 기본적인 공통점이 있다. 모든 위스키는 곡류 곡물로 만들어진다는 점이다. 과일이나 채소나 꿀이나 사탕수수나 우유는 위스키의 재료가 될 수 없다. 이런 재료로도 증류주를 만들 수는 있지만, '위스키'로 불리려면 곡물을 발효해 증류해 만든 술이어야 한다. ―아시아 지역 중에 사탕수수로 만든 증류주를 '위스키'로 부르는 곳도 있지만, 자국 내에서만 통용되는 정의다. 국제적으로는 위스키로 인정되지 않는다.

곡물로 술을 만든다니, 처음에는 의아하게 들릴 수 있다. 과일이나 꿀이나 사탕수수즙과 달리 곡물은 건조하다. 곡물은 베거나 갈라서 열어보아도 안의 내용물은 단단하고, 물에 녹지 않는 녹말이 단백질에 둘러싸여 있으며, 이 물질들은 발효되지도 않는다. 하지만 곡물에는 싹이 있다. 이 싹은 녹말을 당으로 분해할 수 있는 화학적 방아쇠가 된다. 이것이 우리가 위스키를 만드는 데 필요한 준비물이다. 위스키 제조에 사용되는 대표 곡물에는 네 종이 있는데, 바로 보리, 옥수수, 호밀, 그리고 밀이다. 이중 보리는 그 방아쇠가 가장 먼저 당겨지는 곡물이다. 즉, 보리가 녹말을 당으로 바꾸기가 가장 쉬운 곡물이다. 우선, 당화가 잘 되기 때문에 모든 종류의 위스키를 만드는 열쇠가 되는 보리에 관해 알아보자.

보리와 맥아

보리는 인류가 최초로 재배한 작물 중 하나로 12,000년 이상 동안 인류와 함께했다.

인류 문명의 발원지인 중동의 '비옥한 초승달 지대'의 역사와 신화는 보리(학명: Hordeum vulgare) 재배와 연결되어 있다. 보리는 빵이 되었고, 보리에 싹이 트면 딱딱한 녹말이 물에 녹는 녹말이 된다는 사실을 인류는 곧 알게 되었다. 우리는 이 과정을 맥아화, 발아, 또는 몰팅이라고 한다. 녹말을 당으로 바꾸는 과정에서 필수적으로 중요한 단계다. 이 과정은 발효, 비어, 그리고 최종적으로 위스키로 직접 이어진다.

보리는 다양한 기후에서 자라지만, 호밀만큼 추운 기후에 잘 적응하지는 못한다. 대표적인 보리 재배종은 두줄보리와 여섯줄보리다. 이삭에 있는 낟알이 배열된 줄의 수를 따서 지어진 이름이다. 보리는 대부분의 동물 사료용으로 재배되고, 아주 훌륭하고 특별한 보리만 양조장과 증류소로 보내진다.

여섯줄보리는 북미에서 더 잘 자라는 경향이 있으며, 효소력가DP; diastatic power, 즉 녹말을 당으로 전환하는 능력이 더 우수하다. 곧 배우게 되겠지만, 이건 매우 중요한 특징이다. 두줄보리 품종은 유럽에서 더 잘 자라며 스카치 위스키와 아이리시 위스키에서 선호한다. 농학자들은 사료와 음료용으로 개선된 특성을 띠는 새로운 보리 품종을 계속해서 만들고 있다. 증류소들은 일반적으로 같은 곡물 양으로 최대한 많은 양의 술을 만들어낼 수 있는 품종을 찾는다.

보리는 마치 발효되기 위해 설계된 곡물인 것 같다. 보리는 글루텐 함량이 낮아 빵을 만들기엔 적합하지 않다. 하지만, 단단한 껍질은 담금 과정에서 자연적인 여과층을 만들어, 물에 녹은 당이 물과 함께 씻겨 내려가는 동안 곡물 조각들을 붙잡아준다.

하지만 가장 중요한 보리의 특징은 쉽고 일정하게 발아된다는 점이다. 다른 곡물도 발아시킬 수는 있지만, 보리가 단연 인기가 높아서, 다른 곡물은 구체적으로 '밀 맥아', '호밀 맥아'(혹은 발아 밀, 발아 호밀)처럼 명시해야 하지만, 보리 맥아는 단순히 '맥아'라고 한다. 무엇보다도, 보리를 발아시켜 맥아로 만들면 그 안의 녹말을 모두 당으로 분해하고도 남을 정도로 풍부한 양의 효소가 만들어진다. 앞서 언급한 '효소력가'가 바로 이 효소의 양이다. 얼마나 많은 효소가 생산되는지, 발아시키지 않은 다른 곡물을 갈아서 섞어 넣어도 전부 분해하기에 충분하다. 대부분의 버번 매시빌에 맥아 15%가 들어가는 이유가 여기에 있다.

발아의 원리는 간단하다. 곡물에 싹이 트면 효소가 만들어져 보리알 속에 있는 불용성 녹말을, 더 부드럽고 물에 녹는 녹말로 바꾸어

준다. 원래 이 부드러운 녹말은 새싹이 자라기 위한 영양분으로 쓰이지만, 우리의 목적은 보리를 키우려는 게 아니라 위스키나 맥주를 만드는 것이므로, 보리 낟알들이 싹을 틔울 시간이라고 착각하도록 만들어야 한다. 이 과정은 대략 이틀 정도가 걸리고, 알곡들을 충분히 담가 적실 수 있는 넉넉한 양의 물이 필요하다.

이렇게 기다리는 동안 딱딱했던 낟알이 부드러워지는 것을 보고 느낄 수 있다. 나는 스코틀랜드 아일라 섬의 보모어 증류소에서 '초킹 chalking'이라고 부르는 옛날 방식을 직접 본 적이 있다. 낟알을 집어 어두운색의 석고나 돌담에 문질러 본다. 문지른 곳에 하얀 자국이 남으면 녹말이 거의 다 분해되었으니 다음 단계로 넘어갈 준비가 되었다는 뜻이다.

맥아 제조 담당자maltster가 발아가 완료되었다고 판단하면 맥아를 가마에 넣고 가열한다. 균형을 잘 맞추어 조절해야 한다. 새싹을 죽이고 수분을 거의 날려버릴 정도의 열이 필요하지만, 너무 뜨거워지면 맥아가 구워지거나 중요한 효소들이 분해되어 버린다. 이 과정이 성공적이면 이 곡물 낟알들은 맥아(몰트)라고 불린다. 이제 자루에 넣고 운송하고 분쇄할 준비가 되었다.

보리는 마치 발효되기 위해 만들어진 것 같다. 보리를 모아서 기다리고 난 뒤 싹이 튼 모습.

맥아에서
위스키까지

싱글 몰트 스카치 위스키와 블렌디드 몰트 스카치 위스키는 맥아만으로 만든다. 일본에서 만드는 싱글 몰트 위스키와 미국에서 새로 생겨나고 있는 싱글 몰트 위스키도 마찬가지 다. 증류소와 위스키에 따라 전체적으로 혹은 부분적으로 훈연된 맥아를 사용해 만들기도 한다.

미국의 버번이나 라이 위스키는 주로 맥아(몰트) 함량이 10~15% 정도다. 맥아에도 향미가 전혀 없는 건 아니지만, 향미보다는 효소를 제공하는 역할을 한다. 캐나디안 위스키 제조 업체들은 맥아를 사용하기보다는 효소를 직접 첨가하는 경우가 많다. 소규모 증류소들은 상황에 따라 좀 더 전통적인 방식인 맥아를 더하는 방법을 사용하기도 하고 효소를 첨가하는 방법을 쓰기도 한다.

아이리시 위스키는 더 다양하다. 부시밀즈 같은 일부 위스키는 전체 맥아만을 사용한다. 싱글 포트 스틸 위스키는 맥아와 '생'보리를 혼합해서 매시를 만든다. 이렇게 하면 위스키에 신선한 풀 향과 과일 향과 약간의 기름진 향을 더할 수 있다. 이 관행은 1785년에 맥아에 세금이 부과되기 시작한 후에 아일랜드에서 널리 퍼졌지만, 그 이전에도 비용보다는 풍미 때문에 사용했던 것으로 보인다.

위스키에 대해 글을 쓰기 훨씬 전부터 맥주

관련 글을 써온 나에게 하나 이해 가지 않는 부분이 있었다. 맥주 양조장은 일상적으로 다양한 종류의 맥아를 사용하는데, 다양한 맥아를 활용해서 만드는 위스키는 매우 적다는 사실이다. 위스키 증류소에서 쓰는 맥아는 맥주 양조 업계에서 '페일 몰트(창백한 맥아)'라고 부르는, 가장 흔하고 기본적인 종류의 옅은 색 맥아다. 맥주 양조장에서는 갈색이나 검은색의 로스티드 몰트나 단맛의 높이기 위해 결정화된 스튜드 몰트*를 사용하는 등 100종류가 넘는 몰트를 사용한다. 반면 위스키 제조업자들은 한두 가지 맥아만 사용한다. 최근에는 크래프트 증류소들이 이 흐름을 바꾸고 있다.

위스키를 만들 때 맥아가 주는 달콤하고 다소 섬세한 풍미를 내기 위해서 맥아를 사용할 수도 있다. —그리고 아이리시 위스키의 산뜻한 맛을 내기 위해 생보리를 사용할 수도 있다.— 하지만 대부분의 증류소에서 맥아가 자리를 빼앗기지 않을 수 있는 비결은 역시 맥아가 지닌 강력한 효소의 힘이다.

---

* stewed malt: 습한 환경에서 고온으로 열을 가해 만든 몰트. - 감수자

피트와 몰트

나는 사람들에게 싱글 몰트 위스키보다 더 단순한 것이 없다고 즐겨 말한다. 싱글 몰트 위스키는 물과 맥아, 단 두 성분으로만 구성되어 있다. —효모도 들어가긴 하지만 증류하기 전에 빠져나오는데, 이럴 때도 성분에 해당하는지 모르겠다.— 이렇게 말하면 스카치 위스키의 정체성에 가장 가까운 풍미 중 하나인 피트가 주는 훈연의 향 또는 피트를 사용하지 않은 깔끔함을 의도적으로 간과하는 발언이다. 그 향미는 맥아를 피트 불에 훈연함으로써 스카치 위스키에 들어가게 된다.

피트*는 이끼, 잎, 풀, 꽃과 같은 식물이 썩어 수 세기에 걸쳐 습지와 연못에 축적된 것이다. 이끼 덕분에 물이 고정되기 때문에 산소를 멀리 유지해 식물 물질이 썩지 않을 수 있다. 점점 더 많은 식물이 죽어 물에 빠지고 무게가 아래로 누른다. 수억 년이 지나고 훨씬 더 많이 무게가 늘어나면 석탄이 되지만, 그 전에 1,000년 정도만 지나면 피트가 된다.

석탄과 마찬가지로 피트도 늪지에서 파내어 말린 후에 태울 수 있다. 피트 불은 연기가 자욱하고 향기롭다. 1989년에 아일랜드로 신혼여행을 갔을 때, 많은 가정집과 술집이 피트 불을 태우고 있었다. 그 공기는 뿌옇고 악취는 짙었다.

그 연기가 바로 아드벡, 탈리스커, 하이랜드 파크 같은 위스키에서 나는 피트 향이다. 맥아가 아직 젖어 있을 때 마지막으로 뒤집은 직후에 가마에 넣고 바닥 아래에 훈소smolder 상태의 피트를 쌓는다.

훈연 과정은 최대 20시간 동안 계속된다. 그 이후에는 더이상 맥아가 더 많은 연기를 흡수하지 못한다. 나는 이 시점에 가마에 서 있어보았다. 그곳은 습하지만 그렇게 덥거나 연기가 자욱하지는 않다. 젖은 맥아가 연기를 흡수해 껍질에 향을 가둔다.

맥아의 훈연 정도는 페놀의 ppm^parts per million 수치로 나타낸다. 진하게 훈연된 맥아의 경우 70ppm에 달한다. 맥아의 페놀과 실제 술의 페놀의 비율은 약 3:1이다. 연기 대부분은 보리 껍질에 갇혀 있어서 매싱 과정에서 버려진다. 수치보다는 주관적 감각으로 느끼는 것이 낫다. 위스키를 직접 마셔보고 얼마나 스모키하게 느껴지는지 직접 확인해보자.

맥아에 넣는 피트 연기의 양에 따라서도 위스키의 향이 달라지지만, 사용하는 피트의 종류도 영향을 준다. 강우량과 기온에 따른 지역적 차이도 있지만, 습지마다 자라는 식물이 다르다. 어떤 피트는 꽃 향이 있고, 어떤 피트

---

* 이탄: 유기물이 열과 압력을 받아 석탄화되는 과정 중에 열과 압력이 부족해 석탄화가 덜된 물질로 토탄이라고 하며 영어로는 피트(peat)라고 한다. 과거 스코틀랜드에서 밀주를 만들 때 이 이탄을 사용해 위스키를 만들었던 것을 계기로 스카치 위스키 풍미의 상징이 되었다. 그런 연유로 위스키 매니아들은 이탄이라는 말보다는 피트라는 단어가 더 익숙하고, 이탄을 사용해 만든 위스키의 풍미가 단순한 훈연 향을 넘어서 바다 내음, 뻘 내음, 병원 소독약 냄새, 크레졸, 락스 냄새 등이 나는데 이를 '피티(peaty)하다'고 표현한다. 그래서 이 책에서는 이탄이라는 용어보다는 피트라는 용어를 주로 사용하고자 한다. - 감수자

는 풀 향이 있고, 어떤 피트는 아린 맛이 강하고, 어떤 피트는 고소한 향이 나기도 한다. 최근에는 위스키에서 '바닷가' 느낌이나 '소금기' 같은 특징이 느껴지는 원인이 맥아를 만들 때 사용되는 피트에서 나온다고 생각하는 연구자들도 있다. —이건 아직 주관적인 부분이고 논쟁의 여지가 있다.

하지만 하나 강조해야 할 부분이 있다. 피트 습지를 지나간 물을 사용해서 위스키를 만든다고 해서 피트 향이나 맛이 나지는 않는다. 지금은 은퇴했지만 보모어 증류소의 마스터 디스틸러를 역임한 에디 맥애퍼는 '그건 그저 낭만적인 아이디어'라고 말했다. 피트에서 나는 냄새는 흙냄새와 큰 차이가 없다. 그 특유의 연기가 자욱한 냄새는 피트를 태워야만 맡을 수 있다.

라프로익 쿼터 캐스크
Laphroaig Quarter Cask

강한 피트 향, 작은 캐스크가 느껴진다. 모닥불과 깊이 훈연한 훈제 빙어 같다. 나무 연기와 달콤한 맥아가 입안을 휘감는다. 끝없이 스모키한 여운이 남는다.

크기에 맞추어 자른 피트에서 물을 빼고 있다.

다른 곡물들

보리와 옥수수는 위스키 제조에 주재료로 가장 많이 사용되는 곡물이다. 호밀과 밀은 비록 세번째, 네번째지만 다른 곡물보다는 훨씬 많이 사용된다. 귀리나 청옥수수로 위스키를 만들기도 하고, 밀과 호밀을 교잡한 작물인 트리티케일처럼 잡종 곡물로 위스키를 만들기도 한다. 기장과 테프*도 있다. 주로 소량만 사용되지만, 종종 주재료로 쓰기도 한다.

블러디 부처Bloody Butcher 옥수수, 와프시 밸리Wapsie Valley 옥수수, 골든 프로미스Golden Promise 보리처럼 일반적 곡물의 독특한 품종을 쓰기도 한다. 대체로 '헤리티지' 품종 또는 '옛 품종'이라 불리는 품종을 사용하는데, 오늘날 기준으로는 생산성이 떨어진다고 할 수 있지만 색다른 풍미를 제공한다. 농경 역사의 새벽부터 내려져 오는, 거의 화석에 가까울 정도로 오래된 초기 품종도 있다. 엠머밀, 클럽밀, 스펠트밀, 프리케, 불구르 등 오래된 밀 종류는 각각 디스틸러와 이를 공급하는 농부 모두에게 색다른 무언가를 제공한다.

소위 '아곡류'라 불리는 퀴노아, 아마란스, 메밀도 있는데, 엄밀히 말하면 아곡류는 벼과 식물이 아니므로 곡물이 아니지만, 위스키처럼 숙성 증류주의 재료로 사용되며, 일부 지역에서는 '위스키'로 분류하기도 한다. 이 글을 쓰는 현재 미국에서는 이런 아곡류 작물로 만든 증류주도 '위스키'로 부를 수 있도록 연방 규정을 개정하려는 움직임이 있다. 나는 퀴노아와 메밀로 만든 위스키를 맛본 사람으로서, 이 소식을 환영하는 바다. 아주 흥미로운 맛이었다.

캐츠킬 증류소 더 원 앤 온리 벅휘트
Catskill Distilling The One and Only Buckwheat

메밀 80%. 히코리 너트와 가을 잎의 흙내음, 약간의 계피, 크림 같은 식감, 견과류, 달콤한 참나무 바닐라, 마른 잎의 끝맛을 남긴다. 독특하고 매력적이다.

---

* teff: 아프리카에서 널리 섭취하는 매우 작은 곡물. 철분과 칼슘, 식이섬유가 풍부해 슈퍼곡물로 불리며 글루텐이 없어 밀가루 대신 사용한다. - 옮긴이

옥수수

옥수수는 보리 다음으로 위스키 생산에서 매우 중요한 곡물이다.

미국에서 가장 많이 팔리는 위스키인 버번의 주재료 곡물이고, 캐나디안 위스키에 가장 많이 사용되는 곡물이기도 하다. 옥수수는 전반적으로 꽤 놀라운 곡물이다.

옥수수(학명: Zea mays)는 아메리카 대륙에서 기원한 거대한 볏과 식물이다. 옥수수는 인간이 상당히 개량한 식물인데, 지금도 중미 시골에서 발견되는 테오신테라는 야생 풀의 유익한 돌연변이를 길들여서 만들어진 것으로 알려져 있다. 이런 풀을 인류가 길들여 지금의 훨씬 나은 모습으로 만들었다는 점은 주목할 만하다. 먼 옛날엔 그저 줄기가 많은 흔들거리는 잡초에 불과했지만, 오늘날 옥수수는 인간이 사는 모든 대륙에서 재배되고 있으며, 밀과 쌀을 포함한 다른 어떤 곡물보다도 연간 생산량이 많은 세계에서 가장 중요한 곡물이 되었다.

현재 전 세계 옥수수의 약 40%는 미국에서 자라고 있다. 미국인들은 1800년대에 1에이커(4046.86㎡)당 9파운드(4.1kg)의 종자를 심으면 약 1,100파운드(499kg)를 수확할 수 있었던 우수한 종자를 골라 재배했다. 오늘날의 놀라운 잡종 강세*의 대표적 사례라 할 수 있다. 오늘날 미국에서는 1에이커당 19파운드(8.6kg)의 옥수수 종자를 심으면 가을에 거의 5톤에 가까운 양인 11,000파운드(4989.5kg)의 수확량을 기대할 수 있다. 연구용 밭에서는 에이커당 종자 50파운드(22.7kg) 미만을 심으면 최대 20,000파운드(9071.8kg)까지도 수확할 수 있다. 이는 옥수수가 지금도 계속 진화하고 있음을 증명한다.

* 서로 다른 두 개의 순종을 교배시켜 만들어낸 자손인 잡종 1대의 생물이 순종의 생물보다 생존력이 뛰어나고 표현형이 우세한 현상. - 옮긴이

버번 매시를 발효하는 모습

옥수수에서
위스키까지

위스키 업계에서는 말의 가지런한 이빨같이 생긴 노란색의 마치종 옥수수가 가장 많이 사용된다. 옥수수는 마치 노란 강물처럼 트럭이나 기동차에 한가득 실려 위스키 증류소에 도착한다.

이렇게 도착한 옥수수의 품질을 가장 쉽게 확인하는 방법은 무작위로 고른 샘플을 전자레인지로 가열하는 것이다. 뜨거워진 옥수수에서 이상한 냄새가 나지 않으면 양호한 품질일 가능성이 크다. 하지만 그래도 질소 함량과 수분 함량을 테스트하고 곰팡이의 흔적이 있는지 눈으로 확인한다.

옥수수는 녹말로 가득 차 있지만, 맥아, 호밀, 밀과는 다른 녹말이다. 따라서 옥수수는 매싱하기 전에 먼저 가루로 만들고 익혀야 한다. 일부 증류소에서는 옥수수를 압력을 높게 한 상태에서 익히기도 하고, 어떤 증류소에서는 더 오래 끓이기도 한다. 두 방법 모두 옥수수의 녹말을 호화*해 매시로 쓸 수 있게 하는 것이다.

옥수수가 가진 독특하고 달콤한 풍미는 매싱, 발효, 증류 과정 전반에 걸쳐 액체에 깃들어 유지된다. 이러한 풍미와 더불어 알코올이 만들어지기에 필요한 연료가 풍부한 점이 옥수수가 위스키 산업에 이바지하는 부분이다.

---

* 녹말에 물을 넣어 가열할 때에 부피가 늘어나고 점성이 생겨서 풀처럼 끈적끈적하게 되는 현상. - 옮긴이

호밀

호밀은 이상한 습성이 있다. 전형적인 곡식 식물의 줄기와 머리 모양을 한 밀과 보리처럼 생겼지만, 옥수수만큼 키가 자란다.

호밀은 웬만한 모든 땅에서 자랄 수 있다. 나는 트랙터 블레이드 위에서 1cm 깊이의 작은 먼지 더미에서 호밀이 자라는 것을 본 적이 있다. 농부들은 이 계획되지 않은 식물들을 '자원봉사자'라고 부른다. 종종 밀밭이나 보리밭에 다른 식물들보다 높이 우뚝 솟아 있는 호밀을 볼 수 있다. 호밀은 증류소에 도착해서도 피곤하게 하는 친구다. 매싱할 때 거품을 일으키는 것으로도 악명이 높다.

호밀은 곡물 나이로 치면 사춘기 청소년이나 다름없다. 호밀(학명: Secale cereale)은 보리와 함께 최근에야 인간의 벽난로 근처에 진입했다. 호밀 재배에 대한 최초의 고고학적 증거는 약 3500년 전으로, 비교적 최근의 일이다. 그래서 아마도 로마의 역사학자 플리니우스가 호밀 재배를 무시했던 것 같다. 그는 호밀에 대해 '식량으로서 매우 불량하며 굶주림을 겨우 피하는 정도의 역할만 한다'며, '위장에 매우 불쾌한 쓴맛'이 난다고 불만을 표출했다.

플리니우스가 말한 것처럼 호밀에는 쓴맛이 있다. 하지만 오늘날 우리가 스파이시한 맛으로 인식하는 바로 그 쓴맛이 위스키 제조자들과 술꾼들에게 호밀이 그렇게 매력적인 이유 중 하나다. 호밀에는 쓴맛, 민트 맛, 풀 맛, 후

추 맛 등 다양한 맛이 있다. 밀에 익숙한 플리니우스의 미각에는 충격적이었을지 모르지만, 술에 들어간 호밀은 정말 훌륭하다.

호밀이 농부들에게 매력적인 또 다른 이유는 바로 강인함이다. 플리니우스는 '호밀은 어떤 토양에서도 자라고, 100배로 수확할 수 있고, 땅에 거름으로도 사용된다'라고 언급했다. 농부들은 호밀은 바위 위에서도 자라고, 잡초를 제거할 필요도 없을 정도로 빨리 자라는 우세한 풀이라고 말한다. 긴 줄기 덕분에 덮개 작물로서도 적합하고, 쟁기질로 밑을 갈아 엎으면 햇빛에서 받은 영양분을 흙으로 돌려주기도 한다.

그렇게 호밀은 미국에서 살아남았다. 돈이 되는 작물이 자라는 계절 사이 가을철에 토양을 고정시키기 위한 피복 작물로서 유용했다. 호밀은 바위투성이의 토양이나 추운 기후에서도 자랄 수 있어서 동유럽과 스칸디나비아에서 주요 작물로 재배되었고, 그래서 그 지역에는 호밀빵이 있다. 동유럽과 스칸디나비아 사람들이 초기의 미국에 이민했을 때, 그들은 서부 펜실베이니아의 돌이 많은 토양에 호밀이 잘 자란다는 것을 알아냈고, 호밀을 재배하고 증류했다. 캐나다의 증류업자들도 비슷한 이유로 호밀을 사용했다. 물론 아주 적은

양으로도 풍부한 풍미를 위스키에 넣어주기 때문이기도 하다.

'라이 위스키'는 지역에 따라 정의가 조금씩 다르다. 지역마다 규정에 차이가 있는데, 어떤 곳은 호밀 함유량이 최소 51% 이상이어야만 하고, 어떤 곳에서는 적은 양만 들어가야 한다. 어떤 위스키는 100% 호밀로 만들기도 하는데, 호밀 맥아를 쓰거나 효소를 첨가해서 만들 수 있다. 하지만 궁극적으로 위스키에 호밀이 들어가는 이유는 호밀이 주는 독특한 풍미 때문이다.

와일드터키 라이 위스키
Wild Turkey Rye

전통적인 켄터키의 라이 위스키다. 마치 빨간 소스나 옛날 사탕처럼 맵고 달콤하다. 옥수수의 달콤한 맛과 호밀의 쓴맛이 혀에 닿는다. '밀당'의 고수이기도 하다. 칵테일 재료로 영락없이 잘 어울린다.

밀

밀은 보리만큼이나 오래 인류와 함께했다. 보리와 밀 모두 오래전 비옥한 초승달 지대에서 재배했던 작물이지만, 현재 그 가치와 중요성에 있어서 밀이 보리를 훨씬 뛰어넘었다.

오늘날 밀(학명: Triticum aestivum)은 사람의 주식이지만 보리는 대부분 동물 사료로 사용된다. 생산량도 밀이 옥수수 다음으로 가장 높다. 위스키의 세계에서 밀은 호밀 다음으로 버번 위스키의 중요한 재료이며, 점차 위스키의 주재료로도 받아들여지고 있다. 버번은 옥수수 함량이 최소 51% 이상이어야 한다. 녹말을 당으로 분해하기에 충분한 양의 효소가 있어야 해서 상당한 양의 맥아도 들어가야 한다. 버번의 세 번째 곡물 재료는 대부분 호밀이지만, 메이커스 마크, 올드 피츠제럴드, 레벨 옐, 웰러, 반 윙클 등 꽤 여러 버번이 호밀 대신 밀을 사용한다.

이들이 밀을 사용하는 이유는 무엇일까? 여러 이유가 있겠지만, 그중 하나는 단순하다. 호밀이 아니기 때문이다. '휘터'*는 호밀의 날카로운 맛이 없는 대신 미각에 부드럽다. 이 분야는 옥수수가 좀 더 뛰어나다. 호밀 대신 밀을 사용한 버번은 통밀빵의 가벼운 향이 나며 호밀 함량이 높은 버번보다 맛이 더 달콤할 수 있다. 휘트 위스키는 매시빌의 51% 이상이 밀로 이루어진 위스키를 말하는데, 미각에 더욱 부드럽다는 특징이 있다.

내 경험으로는 휘트 위스키는 아메리칸 위스키의 배럴 중심barrel forward의 풍미를 처음 접하는 사람에게 적합하다.

밀이 위스키에 무엇을 더하는지, 더하지 않는지는 의견이 분분하다. 하지만 휘트 위스키의 판매량을 보면 그것이 무엇이든 간에 대중적인 매력이 있다는 것은 확실하다. 부드러움일 수도, 깔끔함일 수도, 정중함일 수도 있다. 그것이 바로 밀이 위스키에 주는 선물이다.

지금까지 등장인물들을 소개했으니, 이제 이들과 함께 서로 부딪히며 같이 일하며 작품을 만들 시간이다. 바로 위스키의 풍미를 만드는 다음 단계인 매싱 과정이다.

베른하임
Bernheim

7년 숙성 휘트 위스키다. 밀 함량 51% 이상이고, 밝고 신선한 계피 향과 사사프라스 뿌리 향이 참나무 향의 뼈대를 둘러싸고 있다. 깔끔하고, 혀에 포근하게 다가온다. 단단한 참나무의 알싸함 뒤에 절제된 달콤함의 여운이 느껴진다.

---

* wheaters: 호밀 대신 밀을 사용하는 버번을 버번 애호가들이 가리키는 말. - 옮긴이

거칠게 분쇄된 곡물, 즉 그리스트가 매시 턴에 떨어지고 있다

제 4 장

매시

증류소에 도착한 곡물은 단단하고 건조하며 훌륭한 위스키 한 잔의 개념과는 전체 과정 중에 가장 거리가 먼 모습이다. 이제 어떻게든 건조하고 먼지가 많은 상태에서 촉촉하고 맛있는 상태로 바꾸어야 한다.

그렇게 하려면 곡물 안에 있는, 싹이 났을 때 씨앗이 먹고 자랄 수 있도록 식물이 저장해둔 녹말을 꺼내야 한다. 우리는 그것을 가져다 갈아내고 적셔서 당으로 바꿀 수 있도록 해야 한다. 씨앗에게서 먹이를 뺏는 거나 마찬가지다. 당이 생기고 나면 효모를 넣을 수 있다. 그러려면 먼저 녹말을 얻어야 한다.

이제 곡물을 갈고 담글 시간이다. 제분^{milling}은 아주 간단한 개념이다. 곡물을 갈아서 작은 입자인 '그리스트^{grist}'로 만드는 작업이다. 그리스트의 크기가 풍미에 영향을 미칠까? 켄터키주 댄빌에 있는 와일더니스 트레일 증류소의 공동 설립자인 패트 하이스트 박사는 이 문제를 커피에 비유해서 설명했다. "드립용 원두와 에스프레소용 원두의 분쇄도의 차이랑 비슷합니다. 약간의 맛의 차이가 있죠."

일반적으로 많이 사용되는 곡물 제분기에는 두 종류가 있다. 해머 밀과 롤러 밀이다. 롤러 밀은 설명하기가 매우 쉽다. 두 개의 중금속 롤러가 서로 매우 가깝게 양옆으로 배치되어 있다. 간격은 조정할 수 있다. 두 롤러는 틈 사이 공간의 위쪽을 향해 안쪽을 바라보며 서로 반대 방향으로 회전한다. 곡물을 롤러 사이 영역에 넣으면 마찰로 인해 안으로 들어가 롤러에 부서진다. 곡물을 더 미세하고 일관되게 분쇄하기 위해 아래에 추가 롤러 세트가 있을 수 있다.

해머 밀은 조금 더 복잡하다. 균일한 간격과 크기의 구멍이 뚫린 강철 케이지 내부에 빠르게 회전하는 프레임이 있다. 프레임의 표면에는 자유롭게 회전하는 해머들이 있다. 해머는 프레임 외부 주위로 떨어질 때 곡물에 부딪히도록 설계된 금속 막대다. 매우 엄격한 허용 오차로 인해 해머가 케이지 표면 바로 위에서 스윙하게 된다. 해머의 충격으로 곡물이 케이지의 구멍에 부딪히며 곡물이 부서져 빠르게 가루가 된다.

두 제분기 모두 증류주 재료로 가장 많이 쓰이는 네 곡물(옥수수, 맥아, 밀, 호밀)을 비슷한 수준의 일정한 크기의 가루로 만들어낸다. 물론 디스틸러마다 선호하는 바가 다를 수는 있다. 어떤 사람들은 해머 밀이 곡물에 상처를 입히고 지나치게 열을 가한다고 하고, 다른 사람들은 롤러 밀은 해머 밀보다 효율성이 떨어진다고 한다. 대체로 자기가 쓰는 것을 더 좋다고 하는 것 같다. 어느 쪽이든 둘의 차이에 대한 명확한 과학적 자료는 없다.

제품이 너무 우수해서 문을 닫은 제조사

"우리 포르테우스 밀을 보시면 사진을 찍고 싶으실 겁니다." 아일라 섬에 있는 한 증류소의 곡물 취급 구역에 들어서면서 증류소 관리자가 말했다. 나는 '글쎄'라고 속으로 생각하며 물었다. "어째서요?"

그 제분기는 매력적인 짙은 빨간색이었고 명판에는 아름다운 옛 글씨체로 'Porteus'라고 적혀 있었다. 그래도 제분기는 제분기일 뿐이라고 생각했다. 하지만 포르테우스 밀은 그저 그런 제분기와는 다르다.

그래서 대체 뭐가 그리 대단한지 궁금한가? 우선, 내가 그날 봤던 그 포르테우스 밀은 대략 1900년도부터 지금까지 사용되고 있다. 포르테우스 밀은 너무 견고하게 만들어진 나머지 그 기계를 만든 회사가 문을 닫는 지경에 이르렀다. ―포르테우스의 유일한 경쟁사였던 보비 밀의 회사도 같은 운명을 맞이했다.― 포르테우스 밀은 오랫동안 고장이 나지 않고 딱히 개선할 점도 없어서, 새로운 증류소가 지어지지 않게 되자 새 제분기도 더는 팔리지 않게 되었다. 워낙 잘 만들어진 제품이라 요즘 새로 생기는 스카치 위스키 증류소들은 오래된 중고 포르테우스 밀을 구하기도

한다. 군더더기 없이 최고의 제분기이기 때문이다.

그날 내가 본 포르테우스 밀은 내가 마지막으로 들은 바로는 여전히 잘 작동하고 있다고 한다. 이제 나는 포르테우스 밀을 볼 때마다 사진을 찍는다.

레시피

싱글 몰트 위스키의 제조법은 매우 간단하다. 스카치 싱글 몰트 위스키는 100% 보리 맥아로 만들어야 한다. 이건 규정으로 정해져 있다. 다양한 종류의 맥아를 ─피트로 훈연한 맥아, 그렇지 않은 맥아, 다양한 종류의 보리 등을─ 혼합할 수는 있지만 전부 맥아여야 한다.

스코틀랜드 외에 다른 지역도 '싱글 몰트 위스키'로 표기하는 위스키에 대해서는 비슷한 제약이 있지만, 이런 한계 속에서도 분명히 맛을 찾아내고 조절하는 방법이 있다. 나는 아일라 섬의 포트 엘렌 몰팅즈에서 피트로 훈연한 맥아로 만드는 수많은 피티드 몰트 위스키들이 어떻게 그리 제각각 독특하고 개성이 있는지 생각할 때마다 놀라지 않을 수 없다. 이건 진정한 기술이다.

아메리칸 위스키를 정의하는 미국의 위스키 규정은 '몰트 위스키'를 버번과 비슷하게 취급한다. 주재료만 옥수수 대신 맥아로 바꾸면 된다. 매시빌은 맥아가 51% 이상이어야 하지만 다른 곡물도 넣을 수 있다. 미국에는 '싱글 몰트 위스키'에 대한 법적 정의가 없다. 위스키 관련 규정과 기준을 읽다 보면 때때로 "가진 것이 망치뿐이면 모든 물건이 못처럼 보이기 마련이다"라는 격언이 생각난다.

혼합 매시빌을 사용했을 가능성이 제일 큰 위스키는 아메리칸 위스키와 아이리시 싱글 포트 스틸 위스키다. 캐나다의 증류소에서는 다양한 곡물로 위스키를 만들지만 대체로 따로 증류하고 따로 숙성한 다음 혼합한다.

버번의 매시빌은 옥수수 51~80%, 맥아 10~15%, 나머지는 호밀 또는 밀로 되어 있다. 옥수수는 당과 풍미를, 맥아는 효소를, 호밀이나 밀은 고유의 풍미, 약간의 스파이시한 맛, 또는 부드러움을 주는 역할을 한다. 어떤 매시빌은 단맛을 내기 위해 옥수수가 많이 들어가고, 어떤 것은 스파이시한 맛을 내는 호밀을 더 많이 넣기도 한다. 반면 맥아는 향미가 많지는 않다. 맥아의 주된 역할은 효소를 제공하는 것이다.

"다 똑같은 위스키다"

매시빌은 '레시피'와 동의어일까?

"A 증류소의 어떤 버번은 B 버번과 똑같은 매시빌로 만드는데 가격은 30달러 더 저렴해. 똑같은 버번인데 브랜드값 차이인 거지." 종종 사람들이 이런 말을 하는 것을 나도 들어본 적이 있다.

이게 맞는 말이라고 하자. 그런 논리로는 팬케이크나 와플이나 퍼넬 케이크나 크레페나 모두 같은 음식이다. 물론 이 음식들은 밀가루, 설탕, 베이킹파우더, 계란, 우유, 버터로 만들어진다는 점에서는 모두 같지만, 요리하는 방법이 제각각 다르다.

매시빌은 레시피가 아니라 성분의 목록이다. 버번 위스키든, 라이 위스키든, 싱글 포트 아이리시 위스키든 마찬가지다. 재료들을 섞고 매싱하는 과정까지는 모두 같을 수 있지만, 다른 효모를 넣을 수도 있고, 발효 시간을 다르게 할 수도 있다. 다른 증류기를 사용할 수도 있고, 증류기의 설정을 다르게 할 수도 있다. 다른 배럴을 사용할 수 있고, 보관 창고, 창고의 바닥, 그리고 숙성 기간도 다르게 할 수 있다. 숙성이 끝나면 블렌더의 역할도 있다. 이 시점에서는 무슨 일이든 일어날 수 있다.

매시빌이 같다고 똑같은 위스키일까? 그런 말은 절대 믿지 않기를 바란다. 확신이 서지 않는다면 수많은 종류의 싱글 몰트 위스키와 그들이 내는 다양한 맛을 보면 알 수 있다. 스코틀랜드, 아일랜드, 일본, 미국, 영국, 인도, 대만의 싱글 몰트 위스키들은 제각각 다른 위스키지만 모두 100% 맥아가 들어간 정확히 같은 '매시빌'을 사용한다. 공정에 들어가는 다른 변수들이 차이를 만든다. 이제 더는 논란이 없길 바란다.

베이질 헤이든
VS
올드 그랜드 대드 본디드

Basil Hayden VS Old Grand-Dad Bonded

같은 매시빌, 효모, 배럴을 썼지만 다른 위스키다. 베이질 헤이든은 참나무와 가벼운 계피, 기름진 호밀이 혀끝에 느껴진다. 여운은 짧다. 올드 그랜드 대드 본디드는 바닐라, 참나무, 약간의 향신료 느낌이 있다. 달콤한 계피와 망치질하는 참나무 향이 혀에서 폭발한다. 숙성창고의 영향이다.

증류기 내부 모습

마법의 시간

곡물 분쇄를 마쳤으면 이제 그리스트는 모두 준비가 되었다. 아, 그 전에 확인할 것이 있다. 혹시 재료에 옥수수가 있는가?

옥수수의 녹말은 특히 잘 통합되어 있어 녹말을 호화^{gelatinize}하려면 미리 한 번 익혀야 한다. 호화 과정은 맛을 내는 단계가 아니라 옥수수의 녹말이 좀 더 원활히 당으로 분해되도록 하는 방법이다.

그런 의미에서 매싱에 대해 기대치를 높이고 싶지 않다. 매싱은 위스키 증류의 중요한 단계이지만 풍미를 생성하기 위한 준비 단계에 가깝다. 최근에 스코틀랜드에 인치더니 증류소를 설립한 디스틸러 이안 파머의 말로 설명하겠다.

"매싱은 녹말을 당으로 바꾸는 당화 과정을 말합니다. 매싱을 하지 않으면 발효가 거의 되지 않을 겁니다. 매싱은 발효 과정에서 기초 풍미가 만들어질 수 있도록 알맞은 환경을 만들어주는 과정입니다. 따라서 매싱이 위스키의 맛에 미치는 영향은 직접적이라기보다는 간접적이라 할 수 있죠."

매시를 '매시 턴$^{mash\ tun}$'이라고도 하는 당화조에 넣으면 당화가 시작된다.

당화는 효소적 과정이다. 맥아에 자연적으로 들어 있는 효소가 물과 적절한 온도를 만나면 활성화된다. 맥주 양조장에서는 그리스트를 —이 시점부터는 '매시'라고 불린다.— 뜨거운 물에 섞어 '수화^{hydrate}'한다. 매시 안에서 효소가 작동하기 알맞은 온도에 이미 도달해 있다면 열을 더 가할 필요는 없다. 효율을 증가시키기 위해 여러 단계마다 제각각 다른 효소를 활성화하기 위해서 단계적으로 매시의 온도를 올릴 수도 있다.

이것은 정밀한 작업이다. 매시의 온도가 너무 낮으면 효소가 활성화되지 않고, 온도가 너무 높으면 효소가 제 기능을 발휘하기 전에 분해되어버린다. 하지만 적당한 온도에서 제대로 당화가 일어나면, 걸쭉하고 녹말이 많았던 매시가 어느새 미끄럽고 묽고 당으로 미끈거리는 질감으로 변한다. 놀라울 정도로 명백한 물리적 변화다.

일부 증류소들은 매시에 효소를 추가하기도 한다. —스코틀랜드에서는 효소를 추가할 수 없다.— 사케에 누룩을 사용하는 것처럼 곰팡이를 사용해 효소를 키울 수 있다. 효소는 주로 액체 형태로 보관하고 사용한다.

물은 작지만
중요한 역할을 한다

물은 위스키를 만드는 데 필수적이지만 풍미를 형성하는 데 큰 영향을 미치지는 않는다. 오히려 반대로 잘못되면 위스키 맛을 끔찍하게 만들 수 있는 요인이라 할 수 있다.

물속에 철 성분이 있으면 위스키를 망칠 수 있다. 위스키가 검게 변하고 맛이 나빠진다. 위스키 제조에 사용할 수원水源을 고를 때 가장 중요한 요소 중 하나는 물에 철분이 없어야 한다는 것이다. 켄터키의 자랑인 석회수, 스코틀랜드의 자유롭게 흐르는 샘, 아일랜드의 신비한 우물, 일본의 숲이 우거진 개울, 캐나다의 풍부한 호수 모두 철이 없는 물을 얻을 수 있다. 요즘은 대부분 수도관에서도 철이 없는 물이 나온다.

철뿐만이 아니다. 지오스민도 있다. 나는 지오스민이라는 말을 처음 들었을 때 너무 이상해서 어느 시골에서 지어낸 미신 같은 것인 줄 알았다. 하지만 지오스민은 실제로 존재한다. 물과 토양에서 발견되는 박테리아가 생성하는 유기 화합물($C_{12}H_{22}O$)이다. 지오스민이라는 이름이 만들어낸 말인 것은 물론 맞지만, 과학자들이 만든 이름이다. 1965년에 생물학자들은 이 물질이 뭔지 알아내고 그리스어 geo("땅")와 osme("냄새")를 따서 이름을 지었다고 한다.

지오스민은 비트에서 나는 흙냄새와 종종 어떤 호숫물에서 나는 퀴퀴한 흙냄새를 유발하는 물질이다. 지오스민은 또 하나의 흥미로운 단어인 페트리코어의 주인공이다. 페트리코어는 건조하고 따뜻한 땅에 비가 내린 뒤에

나는 흙냄새를 말한다. 이 냄새는 위스키에도 들어갈 수 있다. 특정 나이대의 사람들은 공감할 거다. 나도 어렸을 때 이것을 맛본 적이 있다는 것을 분명히 기억한다. 당시 난 원래 버번은 그런 맛인 줄 알았고, 그래서 대학원 시절 동안에는 글렌리벳을 주로 마셨다. 요즘 위스키에서는 더 이상 그 메케한 냄새가 나지 않는다. 요즘에는 증류소들도 지오스민에 대해 알고 따로 걸러내기 때문이다.

물에 대해, 그리고 위스키가 물에서 필요한 것에 대해 자세히 알아보기 위해 나는 일리노이에 있는 디아지오의 발효, 증류, 숙성 선임 연구원인 리즈 로오즈와 이야기를 나누었다. 그가 가장 먼저 이야기한 주제는 미네랄 함량이었다.

"석회수는 칼슘과 마그네슘 함량이 더 높습니다. 칼슘과 마그네슘은 효모의 성능에 핵심적이고, 발효하고 있는 매시에 완충 능력을 주어서 스트레스 수준을 낮게 유지해주죠. 그러니까 보통은 긍정적으로 풍미에 영향을 준다고 할 수 있습니다."

이안 파머는 스코틀랜드의 증류소들이 매싱과 발효에 있어 샘물에 의존했다고 언급했다.

"원래 샘물은 필수적이었습니다. 보리 자체에는 특히 당화와 발효를 비롯한 전반적 과정에 필요한 미량 원소가 모두 들어 있지는 않기 때문입니다. 오늘날에는 샘물이 예전만큼 필수적이진 않지만, 있으면 도움이 됩니다. 아연이 아주 좋은 예입니다. 아연이 없으면 발효도 일어나지 않습니다. 아주 간단하죠?"

대부분의 증류소들은 효소를 구입해서 쓰지만, 몇몇 증류소는 효소를 직접 배양하기도 한다. 캘거리의 라이 위스키 전문 증류소인 알버타 증류소는 단순히 효소를 배양하는 정도를 넘어, 호밀에 가장 잘 작용하고 발효 과정에서 일어나는 호밀 거품을 중화해주는 효소를 만들었다.

효소를 첨가하는 이유는 무엇일까? 맥아 자체에 들어 있는 효소의 효과를 극대화하기 위한 보조적인 수단으로 넣기도 하지만, 반면 매시빌에 맥아를 전혀 넣지 않거나 규정에서 요구하는 최소한의 맥아만을 넣고, 당화 작용에서는 추가된 효소에만 의존하기도 한다. 리즈 로오즈는 첨가하는 효소는 자연적으로 발생하는 효소보다 더 넓은 범위의 pH와 온도에서 작용할 수 있다고 말한다.

효소를 첨가하는 것은 캐나다 증류업계에서 흔히 사용하는 관행이다. 나도 이렇게 하는 크래프트 위스키 증류소들을 몇몇 알고 있다. 과거의 나는 이것이 전통이 아니라는 이유로 주저했지만, 위스키의 맛이나 특성은 변하지 않는 것 같아서 이제는 그렇게 연연하지 않는다.

미국을 제외한 지역의 대부분 증류소에서는 이제 '맥아즙wort'이라고 하는 당수를 라우터 턴lauter tun이라고 하는 여과조의 가짜 바닥을 통해 곡물에서 걸러낸다. 가짜 바닥은 실제 바닥 위에 있으며, 맥아즙이 흘러나올 수 있도록 얇고 긴 구멍들이 있다.

곡물의 겉껍질은 효과적인 여과대 역할을 한다. 사용된 곡물과 겉껍질에 남아 있는 당분은 좀 더 따뜻한 물로 두세 번 씻어내려 준다. 이렇게 'waters'라고 하는, 두세 번 씻어내린 물을 모아 열 교환기에서 냉각하고 발효를 하기 위해 보낸다. 제일 마지막에 씻은 물은 '스파지sparge'라고 하는데, 스파지는 보통 다음 배치의 그리스트를 위한 수화수로 사용된다. 마지막 남은 당분을 최대한 보존하기 위해서다. ─그리고 이미 따뜻하기 때문에 수화수를 따로 가열하지 않아도 되어 에너지를 아낄 수 있다는 이점도 있다.

스코틀랜드와 일본의 증류소의 맥아즙에는 또 다른 흥미로운 차이점이 있다. 그건 맥아즙의 탁하고 흐린 정도의 차이다. 스코틀랜드의 증류소들은 대부분 당화조에서 맥아즙을 퍼올려 받으므로 보리 껍질과 맥아 가루가 약간 들어 있는 비교적 탁한 맥아즙을 얻는다. 이렇게 하면 발효된 워시에 좀 더 곡물 중심의 풍미와 견과류 향과 부드러운 베이킹 향신료의 조각이 깃들게 된다. 반면 일본의 증류소들과 일부 스코틀랜드 증류소들은 여과 장치로 한 번 걸러 천천히 맥아즙을 얻어내기 때문에 맥아즙이 좀 더 맑고, 발효가 끝난 후에도 워시의 향미가 좀 더 깔끔하다. 여과 장치를 따로 사용하지 않고도 맥아즙을 천천히 받을 수 있게 해주는 '언더백underback'이라는 별도의 수용 용기를 사용할 수도 있다.

미국의 위스키 제조 관행에서는 여과나 물로 씻는 과정이 없다. 매시 전체를 ─물, 곡물, 껍질을 포함한 모든 것을─ 열교환기로 보내 냉각하고 발효조로 보낸다. 이때부터 이 혼합물은 '비어beer'라고 불린다.

미국산 위스키와 매시에 대한 말을 꺼냈으니 사워 매시에 대해서도 언급할 필요가 있다. 로오즈의 이야기를 마저 들어보자. 사워 매시 전문가인 그는 매시의 산도에 관한 이야기부터 시작했다.

"pH는 매싱에 중요한 역할을 합니다. 녹말을 발효성 당으로 바꾸어주는 역할을 하는 당화 효소는 특정 pH에서 작용하기 때문입니다. 미국에서는 pH를 조절할 수 있도록 규정에서 허용되어 있죠. 그리고 대부분 그렇게 하고 있습니다. 맞습니다, 백셋backset 얘기를 하는 겁니다."

그가 말하는 '백셋'이 바로 사워 매시 이야기다. ─일부 오래된 증류소에서는 '셋백setback'이라고도 한다. 농담이 아니라 진짜로─ 매시의 산도, 즉 신맛의 정도를 조절하는 게 사워 매시를 쓰는 가장 중요한 이유 중 하나다. ─아, 그리고 혹시 왜 사워 매시를 쓰는 스카치 위스키는 없는지 궁금했던 독자가 있다면 답이 여기에 있다. 스코틀랜드 위스키 규정에서는 물의 pH를 바꾸는 것을 허용하지 않기 때문이다.─ 사워 매시는 효모에게 먹잇감을 더해주기도 한다. 죽은 효모의 형태로 말이다.

사워 매시는 어디에서 오는 것일까? 제일 많이 쓰는 방법은 증류기 바닥에 남은 소위 '찌꺼기'나 '잔여물'을 가져다가 매시에 추가하는 것이다. 그리스트를 당화조에 넣기 전에 이 잔여물을 섞으면 수분을 추가할 수 있다.

매시에 어떻게 신맛이 생기는지 궁금한가? 발효 과정에서 유기산이 생성된다. 발효 과정에서 산도가 생기고, 백셋은 이 산도를 산도가 필요한 '과거의' 당화 과정으로 '시간을 거슬러' 가져다주는 역할을 한다. 사워 매시의 이 신맛은 위스키의 풍미에도 영향을 주는데, 이것에 대해서는 다음 장에서 알아보겠다.

그렇다면 '스위트 매시'라는 것은 무엇일까? 많은 크래프트 증류소들은 사워 매시를 아예 사용하지 않기로 했다. 그들은 갓 만들어진 신선한 매시만을 발효조에 넣는다. 사워 매시가 그렇게 유익하다면 왜 그들은 스위트 매시를 쓰는 것일까?

첫 번째 이유는 전통이다. 금주법 이전 시대에도, 그리고 금주법 폐지 후에도 20여 년 동안 —거의 모든 라이 위스키 생산이 켄터키주로 넘어갈 때까지— 라이 위스키 증류소들은 스위트 매시를 사용했다. 그리고 사워 매시는 가능한 한 빨리 사용해야 한다. 사워 매시는 유산균이 자라는 온상이라, 조금만 지나도 금방 지나치게 신맛으로 바뀔 수 있다. 사워 매시를 사용하려면 자주 사용해야 한다. 많은 소규모 증류소에서는 당화나 증류를 매일이나 매주 하지 않는다.

또 다른 이유는 야생 효모나 박테리아의 성장을 억제하는 사워 매시의 능력이 이제는 꼭 필요하지도, 독보적이지도 않게 되었다는 점이다. 이것도 다음 장에서 더 이야기하겠다. 사워 매시가 발효되는 매시의 pH를 낮추면 주변에 —특히 근처에 곡물이 자라는 지역에— 있는 야생 미생물보다 하우스 효모에게 유리한 환경을 조성해서 효모가 잘 정착할 수 있게 도와준다.

하지만 현대 위생과 —특히 스테인리스강 발효기— 양조 기술 덕분에 스위트 매시의 위험성이 훨씬 줄어들었다. 발효조를 깨끗하고 청결하게 하고, 깨끗한 매시를 익히고, 엄청난 양의 효모를 배양하면, 사워 매시가 꼭 필요하지는 않게 된다. 따라서 증류소에서 원하면 사워 매시를 선택할 수는 있지만, 꼭 필수적이지는 않게 된 것이다.

자, 이제 매시가 준비되고 70℉ 중반(20℃ 중반)으로 냉각되고 효모가 준비되어 기다리고 있으니, 술을 만들 차례가 된 것 같다.

이안 파머

이안 파머와 매싱과 발효에 관해 이야기를 나누었다. 그를 소개해준 동료 위스키 작가 데이브 브룸에게 감사를 전한다. 파머는 이 주제에 대해 정말 박식한 사람이다.

이안 파머와 통화하는 동안 나는 그가 설립한 신생 증류소인 인치더니^{InchDairnie}에 대해 질문했다. 그는 자신의 전반적 계획은 '위스키 맛 지도'의 한 공간을 차지하는 것이라며, '그 공간을 지배하고 싶다'고 말했다. 그 계획의 구체적인 부분은 곡물이라고 해서 나는 여기에 대해 몇 가지 질문을 했다.

전통 방식으로 발아시킨 맥아와 기계로 발아시킨 맥아에 풍미 차이가 있습니까?

"제 경험상으로는 차이는 없습니다. 하지만 오늘날 대부분의 증류용 맥아는 커다란 발아/건조 통합 기계 안에서 만들어지죠. 플로어 몰팅이나 드럼 몰팅은 특수한 맥아나 소규모 배치를 만들 때 위주로 사용됩니다. 인치더니에서는 세 가지 맥아 제조 방법으로 만든 맥아를 모두 사용하지만, 각각 다른 맥아이기 때문에 차이가 있는지 명확하게 말하기는 어려울 것 같습니다. 똑같은 몰트가 만들어질 수는 없습니다. 각자 다른 역할이 있죠."

골든 프로미스처럼 오래된 '옛 보리' 품종을 사용하면 풍미가 달라질까요?

"사람들이 골든 프로미스를 '옛 보리^{heritage barley}'라고 부를 때마다 저는 근심이 생깁니다. 제가 이 업계에 발을 들였을 때만 해도 이 보리 외에는 사용하지 않았는데 말이죠! 이 주제가 점점 더 많은 관심을 받고 있는데, 지금까지는 아무도 정확히 사실관계를 파악하려고 노력하지 않았습니다. 상업용 맥아용 보리는 대부분 서로 매우 비슷합니다. 아주 한정적인 유전자 풀에서 나오기 때문이죠. 오래된 품종 중 일부는 증류소에서 다른 특성을 보이기도 하고, 이로 인해 다른 풍미가 나올 수는 있지만, 공정의 방법에 더 많이 좌우됩니다. 이런 품종들은 발효조에 들어가는 색다른 당 프로파일을 제공합니다. 그러면 발효에 영향을 미치겠죠."

"제가 지금 보고 있는 건 골든 프로미스보다 훨씬 더 먼 과거로 거슬러 올라가는 랜드레이스 보리입니다. 녹말 구성으로 인해 당 함량이 적고 당의 종류의 구성도 다릅니다. 말토오스가 더 많이 들어 있고 말토비오스는 적게 들어 있다거나 하는 식이죠. 효모에게 줄 먹잇감의 메뉴를 바꾸어주게 되는 겁니다. 저는 차이가 있을 거라고는 생각하는데, 증류를 다 마치고 나서도 알아차릴 만큼의 차이가 남아 있을까요? 그럴 수도 있겠죠. 하지만 이걸 통에 담아 12년 동안 숙성시키고 나면, 그때도 그 차이가 남아 있을까요?"

"어떤 것들이 증류 과정을 지나도 살아남느냐고요? 그건 쉽지 않은 질문입니다. 모든 것들에 대해 총체적인 관점을 취해야 합니다. 무슨 곡물을 사용했나? 몰트는? 효모는? 발효는 어떤 방식으로 했나? 매싱하는 방법에 따라 향미가 향상될 수도 있겠죠. 향미를 더 낫게 만드는 효모를 사용할 수도 있고, 적절한 증류 분리점(절단점cut point)도 선택해야 합니다. 단순하게 생각할 수 없습니다. 세상에서 가장 훌륭한 에스테르 향 워시를 만들어도, 증류 과정에서 분리를 잘못하면 향을 다 잃어버릴 수 있습니다 모든 건 과정에 달렸죠."

우리가 배우려는 내용을 훌륭히 설명해주었다. 시간을 내어준 이안에게 다시 한번 감사를 전한다.

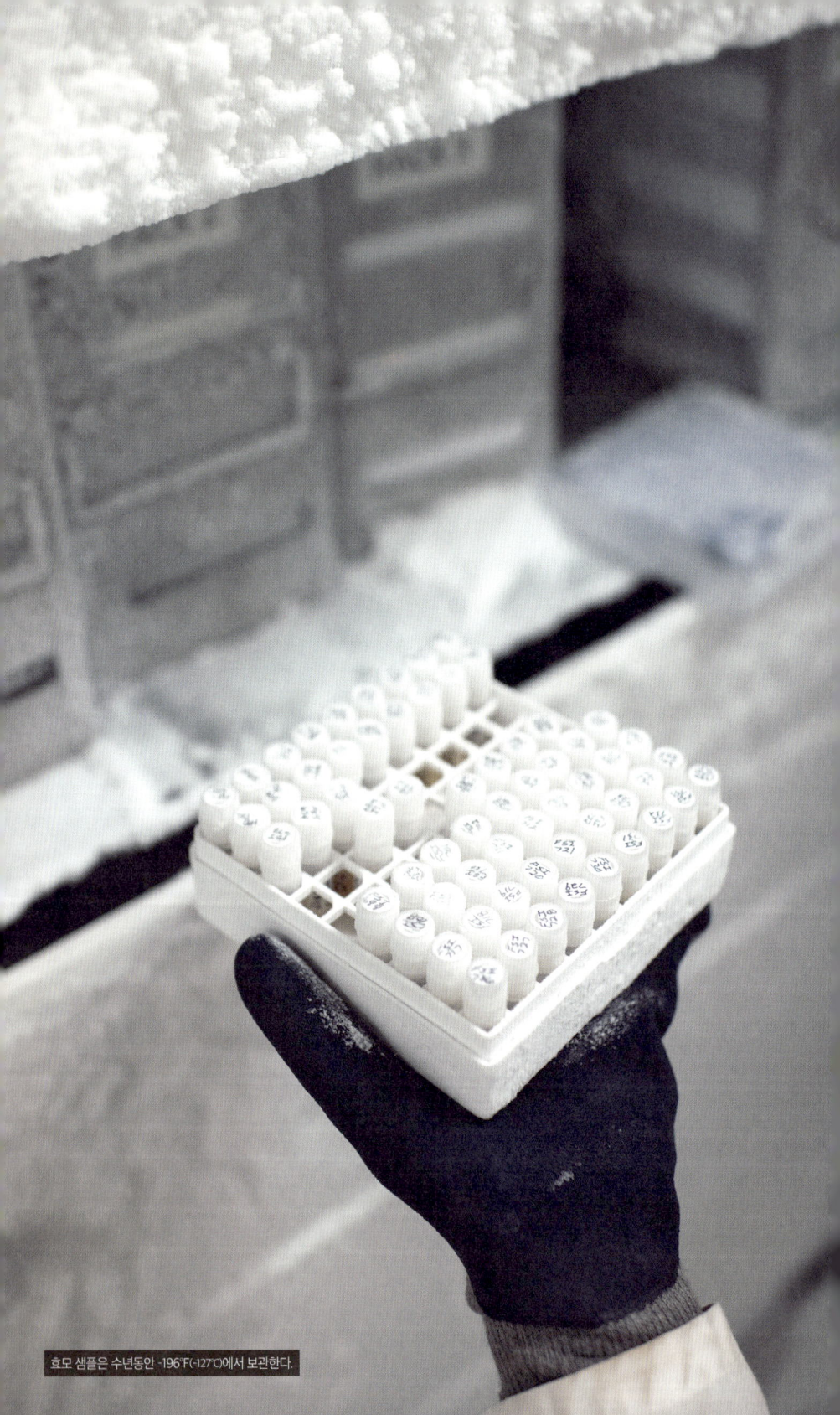

효모 샘플은 수년동안 -196°F(-127℃)에서 보관한다.

제 5 장

효모는 위스키를 만드는 과정에서 가장 이상한 부분이라고 할 수 있다. 이것은 어떻게 피할 수 없는 부분이다. 배럴 안에서 일어나는 현상에는 어느 정도의 신비함이 있기 마련이다. '천사의 몫'이라고 부르는 현상도, 피할 수 없는 결과의 다양성도 마찬가지다. 하지만 위스키 업계 사람들이 과장하는 부분도 있다고 생각한다. 아마도 매년 위스키를 조금씩 잃어버리며 느끼는 고통을 줄이기 위해서일 수도 있다.

반면에 효모는 디스틸러와 함께 일하며 디스틸러가 절대 직접 할 수 없는 일을 하는 생명체다. 바로 곡물로 알코올을 만들어내는 일이다. 동업 관계 같기도 하고, 다른 무언가일 수도 있겠다.

나는 켄터키주 루이빌에 있는 헤븐힐 증류소의 거장 증류 전문가, 마스터 디스틸러 코너 오드리스콜과 효모에 관해 이야기를 나누고 있었다. 그가 제일 좋아하는 주제다. 그는 3인치(7.6㎝) 두께의 바인더를 꺼내어 페이지를 넘기기 시작했다. 나에게 번식 성장 곡선과 대사 경로를 보여주었다. 둘이서 한참 수다를 떨고 있는데 —사실 말은 거의 그 사람이 했고 나는 주로 메모를 하다가 간혹 조금 천천히 말해 달라고 부탁하고 있었지만— 갑자기 그가 멈추고 고개를 돌렸다.

"혹시 효모들은 인간에게 뭘 해주면 먹이를 얻어낼 수 있는지 터득한 게 아닐까요?" 잠깐 불편한 적막이 흐른 뒤 우리는 같이 웃었다. 하지만 진심으로, 훌륭한 위스키를 만들어주기로만 약속한다면 나는 효모에게 매일 아침 먹이를 줄 의향이 있다. 일요일에는 두 번도 줄 수 있다.

앞 장에서 나는 매싱은 풍미를 만드는 단계가 아니라 그저 풍미를 만드는 발효 단계를 준비하는 예비 단계라고 조금 짓궂게 말했다. 이제 여기까지 왔으니, 효모가 어떻게 알코올뿐 아니라 다양한 맛과 향과 오크통 안에서 변형될 전구체들을 만들어내는지 알아보자.

증류주 효모

위스키 발효에 사용되는 효모는 대체로 에일 맥주를 만들 때 사용하는 효모와 같은 종류다. 학명으로는 Saccharomyces cerevisae라고 한다. 가장 우수한 균주를 남기고 보관하는 고전적인 방법으로 선택되어 증류업에 맞게 적용된 효모다. 비교적 빠르게 원하는 효과를 내고, 알코올 농도가 높아도 속도가 줄어들거나 멈추지 않는다는 특징이 있다.

증류주 효모distiller's yeast에는 다양한 종이 있다. 지금도 종류가 더 많아지고 있다. 어떤 균주는 쉽게 변이하기도 한다.

디스틸러들은 효모의 변이를 조심해야 한다. 풍미에 원치 않는 변화가 생길 수 있기 때문이다. 그렇게 디스틸러들은 가장 우수한 풍미를 주는 효모 균주를 찾아낸다. 크래프트 위스키 증류소들은 이런 것들에 주목하고, 새로운 맛과 향을 만들어주는 환상의 효모 균주를 찾고 있다.

맥주 양조장에서는 기존의 맥주 배치에서 효모를 뽑아내어 다음 배치에 넣는 경우가 많지만, 위스키 증류소에서는 이런 방법을 한두 번 넘게는 사용하지 않는다. 그 이유는 많은 경우 오픈 발효조를 사용하기 때문이다. 오픈 발효*는 효모에 스트레스를 덜 준다는 장점이 있지만, 야생 효모나 박테리아 등이 들어와 오염될 가능성도 있다. 신선한 효모를 사용하면 순수 효모인 것이 확실하므로 이 문제를 해결할 수 있다.

어떤 디스틸러들은 직접 효모를 배양해서 만들기도 한다. 신선하게 냉장 보관해둔 샘플에서 배양하는 것이다. 이런 경우 '하우스 이스트'라고 부르기도 한다. 버번 증류소들은 이스트 균주를 금주령 시대를 거쳐 무사히 지켜내려온 이야기를 자랑하기도 한다. 어떤 증류소는 효모 연구소에 돈을 내고 효모 보관을 의뢰하거나 연구소의 라이브러리에 보관된 효모 균주 중 하나를 구매하기도 한다. 어떤 증류소는 증류소에 있는 건조 효모 더미를 그냥 쏟아내어 넣기도 한다. 그런가 하면 효모를 증류소 철학에서 핵심적인 부분으로 여기는 포어 로제스 증류소도 있다.

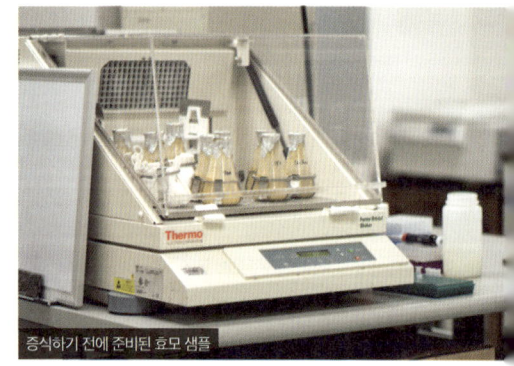
증식하기 전에 준비된 효모 샘플

---

* 오픈 발효: 발효조의 상부를 개방해서 발효시키는 방식. - 감수자

포어 로제스: 시그램의 철학

현재는 포어 로제스는 일본의 기린 양조장 소속 브랜드다.

그리고 그전에는 시그램이 소유하고 있었다. 시그램은 언제나 철학을 가지고 있었다. 설립자 샘 브론프먼이 초기에 정한, 블렌딩은 일정한 위스키의 핵심이라는 철학 말이다. 포어 로제스는 그때나 지금이나 모두가 인정하는 스트레이트 버번이지만, 바로 이 집착 때문에 값싼 블렌디드 아메리칸 위스키로 전락하게 되었다. 다만, 수출용 제품으로는 계속해서 스트레이트 버번 블렌드를 만들었다. 기린이 포어 로제스를 인수하고 나서 제일 먼저 한 일 중 하나는 블렌디드 포어 로제스를 없애고 포어 로제스 버번을 고향인 미국으로 귀환시킨 것이다.

하지만 시그램의 블렌딩 철학은 지금도 이어지고 있다. 열 가지 버번을 만들어 혼합하는 포어 로제스의 유명한 공정에 그 흔적이 남아 있다. 두 가지의 매시빌과 다섯 가지 효모를 서로 조합해서 열 종류를 발효한다. 나중에 설명하겠지만 숙성창고는 단층 구조로 되어 있다. 환경 조건을 최대한 똑같이 맞추기 위해서다. 대신 효모와 매시빌이 주는 차이에 집중한다. 공들여 열 가지 위스키를 만들어내면서 추가 변수까지 도입할 이유는 없으니까 말이다.

포어 로제스의 대표 플래그십 상품에는 열 가지 위스키가 모두 섞여 들어가지만, 스몰 배치Small Batch 상품은 열 가지 중 몇몇으로만 만들어진다. 싱글 배럴 상품들은 효모의 차이가 정확히 버번에 어떤 영향을 주는지를 직접 느

껴볼 수 있는 흔치 않은 기회다. 똑같은 매시빌에 다른 효모를 써서 만든 두 위스키를 양옆에 두고 하나씩 마셔보면, 풍미를 만들어내는 모든 요소를 고려해야 한다는 말이 와닿을 것이다.

이 다섯 가지 효모 균주는 회사에서 정한 영어 문자로 구분한다. 각각이 포어 로제스의 버번에 더해주는 특성은 다음과 같다.

F: 꽃, 허브, 부드러움, 가득 찬
K: 매운(알싸한), 숙성 기간이 길게 필요한
O: 과일 향, 복합성, 긴 여운(끝맛)
Q: 강한 꽃 향, 상당히 신선하고 섬세한
V: 약간 과일 향이 나는, 균형 잡힌 클래식 버번 캐릭터

포어 로제스 싱글 배럴
Four Roses Single Barrel

뉴올리언스의 애비뉴 펍에만 납품하기 위해 만드는 프라이빗 병입 상품이다. 호밀 함량이 높다. K 효모를 사용한다. 첫 향에서부터 아주 스파이시하다. 정향/계피, 오렌지 맛 '서커스 피넛' 사탕, 오렌지 맛과 매운맛과 뜨거운 옥수수가 혀에 스며들어 생동감 넘치게 노래한다.

도나 저그

어떤 버번 제조사들은 자체 효모를 만드는 일에 한발 더 나아가 몰두하기도 한다.

내가 읽은 위스키 관련 기사 중에 처음으로 "이 위스키는 좋고, 저 위스키는 별로다." 이상의 내용이 있었던 기사는 탁월한 바텐더 개리 리건이 '도나 저그Dona Jugs'에 대해 쓴 글이었다. —'도나'는 재미있는 단어다. 아마 '어머니'를 뜻하는 라틴어에 뿌리가 있을지도 모르겠다.— 도나 저그는 효모를 담고 증식시키는 항아리를 말한다. 전통적인 버번 증류소에서는 자체 효모 균주를 도나 저그에 배양한다.

그것은 미신과 의례와 의식이 가득한 절차였다. 특별한 방에서 특별한 재료를 넣고 특정한 행동을 해야 효모가 제대로 나온다고 믿었다. 이 효모 균주들은 도나 저그 안에서 차갑게 유지된다. 지금은 냉장고에 넣어두지만 100년 전에는 시원한 우물이나 호수나 담가놓아야 했다. 디스틸러는 소량의 매시를 익혀 액체 효모를 조금 넣었다. 어떤 디스틸러는 매시를 익힐 때 홉*을 넣지 않으면 실패한다고 주장했고, 다른 사람들은 그렇지 않다고 했다. 효모가 자라면 위스키를 만들 준비가 될 때까지 더 큰 통에 옮겨 담고 먹잇감을 더 주었다.

이 효모 균주들의 유래는 더욱 미스터리다. 디스틸러들은 특별한 매시를 뚜껑 없는 양동이 안에 넣어 바깥에 놓았다. 주로 열매가 있는 나무나 들판이나 시냇물에 놓거나, 아니면 뒷마당에 놓기도 했다. 그리고 좋은 효모가 들어오길 바랐다. 만약 실패해 매시가 이상해지면 다시 시도했다. 성공해서 좋은 냄새가 나는 효모가 나오면 도나 저그에 담으러 갔다.

내가 '옛날 사람들은 그랬지'라고 회상하며 한숨을 쉬고 윙크하며 마무리하리라 생각하겠지만, 오늘날에도 일부 증류소에서는 아직 이렇게 하고 있다. 이것도 위스키를 만드는 전통 중 하나이고, 분명히 위스키 풍미를 결정하는 요소 중 하나다.

---

* 독특한 향기와 쓴맛을 맥주에 더하고 맥주 거품의 안정성을 향상시켜 맥주 제조에 이용되는 뽕나무과의 덩굴식물. - 옮긴이

일본의 증류소들은 다양한 효모를 준비해놓고 있다. 앞서 말했던 것처럼 그들은 다양한 종류의 위스키를 만들어야 한다. 인하우스 블렌딩을 하기 위해서다. 그리고 다양한 효모를 쓰는 것은 이 전략의 한 요소다.

반면 스코틀랜드의 증류소들은 매우 단순하고 무미건조한 접근을 하는 경향이 있다. ― 아일랜드의 증류소들도 대다수가 그렇다.― 그들은 서로 거의 비슷하거나 완전히 똑같은 효모 균주를 사용한다. 1950년대부터 이러했다고 한다. 그전에는 지역별로 효모가 제각각 다르고 특색이 있었다. 하지만 효모와 효모 기술의 주요 공급원인 맥주 양조장들이 효모들을 통합하기 시작하면서, 위스키 증류소들도 마찬가지로 그렇게 했다. 점점 더 많은 스코틀랜드의 증류소들이 편의성 때문에 하나의 효모 균주를 선택했다. 효율이 뛰어나고 최대한 많은 알코올을 만드는 효모가 우수하게 여겨졌고, 무미건조한 맛은 당연한 규칙이 되었다. 당시 식품 제조 업계에서 많이 나타난 현상과 비슷했다.

스코틀랜드의 증류소들은 효소보다는 발효 온도, 시간 등의 환경을 조절해서 풍미를 만들어내는 쪽에 집중하기로 했다. 나는 2000년대에 스코틀랜드에 있는 9~10개 증류소 관계자들과 원탁에 앉아 인터뷰를 했던 기억이 난다. 그중 누구도 효모로 실험적인 도전을 하고 있지 않았다. 적어도 반 이상은 같은 효모 균주를 사용하고 있었고, 그 누구도 이를 이상하게 생각하지 않았다.

몇 년 전에 제품 출시 관련해 아드벡에 방문했을 때 이 주제에 대해 논의하게 되었다. 신제품 위스키 안 오를 만드는 데 다른 효모 종류를 사용했는지 물었다. 답을 들어보니 그렇지 않았다. 저명한 스카치 위스키 블렌더인 빌 럼스덴 박사가 말했다. "효모의 선택은 아마도 스카치 위스키 업계에서 가장 끔찍하게 무시되고 있는 부분일 겁니다." 이 주제가 그에게 고통을 준다는 것을 알 수 있었다.

물론 5분도 채 되지 않아 그는 태연하게 말했다. "그게 '프로젝트 람빅'의 일부가 될 겁니다. 아, 이건 아직 말하면 안 되는 건데." 그리고 그는 윙크했다. 그가 한 말이 농담이 아니었기를 바란다. 자연적으로 발생하는 발효 방식으로 만드는 벨기에의 람빅 맥주처럼 위스키를 만든다면 아주 매혹적일 것이 틀림없을 것이다. 그리고 현재 스카치 위스키의 고루하고 안정적인 발효 체제에서 큰 도약이 될 거다.

알타
Allta

'프로젝트 람빅'은 알타로 밝혀졌다. 이 위스키는 증류소 근처의 보리밭에서 발견되는 야생 효모로 발효되었다. 빵과 꿀과 깨끗한 땀과 비스킷의 향, 달콤한 맥아와 감귤류의 맛, 마른 나무로 시작해 효모의 톡 쏘는 맛이 살짝 나며 마무리가 된다.

발효

매시의 온도를 낮추고 나면 효모를 넣을 차례다. 온도가 너무 높으면 효모가 죽을 수도 있다. 각 효모 균주마다 일을 잘하기 위해 갖추어야 할 환경이 있고, 증류소에서는 그 조건을 최대한 맞추어야 한다.

모든 효모는 당과 물이 —바람직하게는 약산성 물이— 필요하다. 온도는 90°F(32.2℃)가 가장 적합하다.

발효는 열을 발생시키는 화학 반응이기 때문에 온도를 잘 관찰해야 한다. 온도가 너무 낮아지면 효소의 성장이 더뎌지고, 온도가 너무 높아지면 효소가 바람직하지 않은 맛과 향을 만들거나 죽을 수 있다. 그래서 버번 증류소는 여름철에, 특히 수요가 적은 달에는 문을 닫기도 한다. 최근에는 수개월 동안 생산을 멈추기보다는 추가 비용을 들여 발효조를 시원하게 하는 쪽을 택하는 증류소들이 늘어나고 있다.

효모는 일하는 장소에 대해서도 까탈스럽기로 악명이 높다. 맥주 양조장 관계자들은 통의 모양과 크기가 효모의 효과에 영향을 미칠 수 있다고 말한다. 그중 일부는 더 깊은 용기에 있는 효모에 가해지는 정수압 때문이지만, 강제 순환으로 액체를 아래에서 위로 이동시키면 문제가 해결된다. 마치 효모가 자기가 있어야 할 위치에 대한 일종의 유전적 기억이 있는 것만 같다.

처음 매시에 넣는 효소의 양도 영향을 미칠 수 있다. 많이 넣으면 더 빠르고 깔끔하게 발효가 일어난다. 효모를 적게 넣으면 발효가 더 오래 걸리고 천천히 일어나며, 야생 효모와 박테리아가 들어갈 가능성도 있다. 야생 효모나 박테리아가 들어가면 그것만의 고유의 풍미가 더해진다. 바람직한 풍미가 나오는 때도 있지만, 그렇지 않은 경우도 많다.

지난 장에서 설명한 것처럼 사워 매시가 미국의 위스키에 중요한 이유가 여기에 있다. 일리노이주에 위치한 디아지오 증류소의 발효, 증류, 숙성 담당 선임 연구원 리즈 로오즈의 말에 따르면, 사워 매시는 발효 과정에서 향을 형성하는 데 영향을 준다.

"사워 매시와 유산균은 단 향, 풀 향, 매운 향, 고기 향을 더해주어서 위스키의 복합적인 풍미를 한층 올려준답니다."

발효 초기 단계

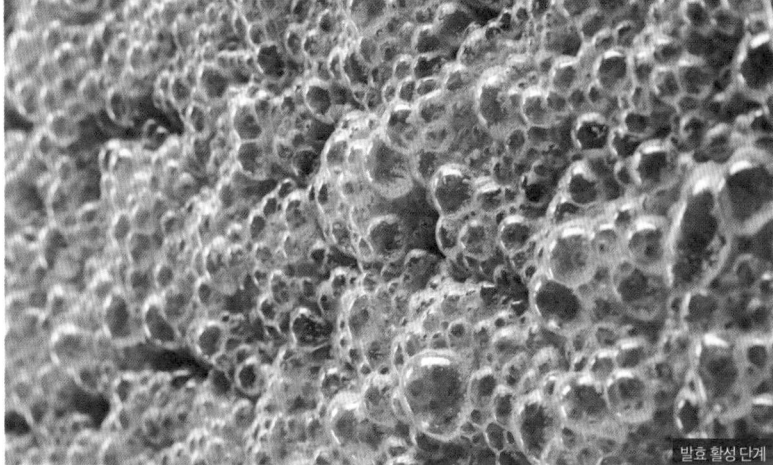
발효 활성 단계

사이프러스 발효조

화학물질 그리고 위스키의 향

위스키에 존재하는 풍부하고 날카롭고 섬세하고 기분 좋은 향은 당화, 발효, 또는 자가분해로 생성된 여러 화합물에서 나온다. 혹은 배럴에서 직접 흡수되거나 열과 시간과 산소 전달로 생성된 다양한 경로에서 화학적 변형을 통해 나오기도 한다.

역사를 전공한 나로서는 이런 것들을 생각하는 것만으로도 머리가 복잡해진다.

이것을 다른 사람들에게 설명해주어야 한다는 생각에 두렵기도 했다. 누군가가 친절히 설명해주면 어느 정도 따라갈 수는 있지만, 솔직히 말하면 '카르복실기'가 무엇인지, 유기산과 염과 에스테르는 무엇이고 서로 어떻게 다른 것인지 자세히는 이해가 되지 않는다. 중합체^{polymer}에 대해서는 꽤 잘 이해하지만 그것이 전부다.

이 난관을 어떻게 해야 할지 고민하는 중에 헤븐 힐 증류소의 코너 오드리스컬을 인터뷰하게 되었다. 나는 지나가는 이야기로 이 문제에 대해 언급했다. 버번 위스키의 호밀이 주는 스파이시한 맛을 설명하려면 그 맛은 4-비닐-구아이아콜^{4VG; 4-vinyl-guaiacol}이라는 물질에서 나온다는 것을 설명해야 하고, 4VG는 페룰산의 유도체라는 것을 말해야 하고, 페룰산은 밀이나 호밀의 세포벽에 있는 물질이라는 것도 설명해야 하고, 세포벽은 발효 과정에서 효모가 분해한다는 것을 설명해야 한다. 또 그 특정 효모뿐 아니라 위스키 제조에 사용되는 여러 효모는 맥주 양조장에서 스파이시한 바이스비어^{weissbiers}를 만들기 위해 사용하는 효모 균주의 친척이라는 것을 설명해야 할 텐데….

"꼭 그래야 할까요?" 오드리스컬이 내 말을 끊고 물었다. "왜 특정 전구체의 이름을 꼭 말해야 할까요? 그 물질이 어떤 에스테르를 만드는지가 중요할까요? 저는 화학 공학자여서 그런 것들이 궁금하지만, 일반 독자들은 '4-비닐-구아이아콜'처럼 어려운 이름을 들으면 바로 책을 덮고 싶어질 겁니다. 책을 읽다가 그런 단어를 보면 멈추고 어떻게 발음하는지도 고민해야 하잖아요. 그게 정말 뭔지 이해가 되십니까? 그냥 매운 정향 같은 향이 있고, 그게 곡물과 효모에서 나온다는 것 정도만 설명하면 안 될까요?"

설득력 있는 말이다. 나는 내가 잘 이해하지 못하는, 그리고 아마 독자들도 대부분 이해하지 못할 자세한 화학적 내용에 연연하지 않고 이 책을 쓰기로 했다. ―만약 독자 여러분 중 전문적인 내용을 이해하는 사람이 있다면 내가 흘러놓은 빵조각을 조합해서 알아들을 수 있을 것이다.

이 책에서는 맛과 향을 만드는 화합물들의 일반적 계열과 그것이 어떤 공정에서 나오는지 ―발효, 목재 추출, 산화 등― 정도만 언급하겠다. 페룰산에 관한 부분은 예외다. 정말 흥미롭고, 맥주 작가 겸 위스키 작가로서 두 세계가 연결되는 걸 좋아하기 때문이다.

효모가 워시(혹은 '비어')에 들어가고 나면 당분과 단백질을 먹고 알코올과 이산화탄소, 그리고 아주 적지만 중요한 양의 방향족 물질을 배출한다. 그러는 와중에 효모는 20분마다 두 배로 증식하기까지 한다.

이렇게 폭발적인 증식 속도 덕분에 S. 세레비시에S. cerevisiae 효모 균주는 야생 효모와 경쟁에서 앞서 있다. 이는 단백질이 필요한 이유이기도 하다. 일부 증류소들은 —스코틀랜드의 증류소들은 할 수 없지만— 효모가 먹을 영양분을 더 넣어 속도를 증가시키기도 한다. 그러나 건강한 효모의 기준은 다른 많은 요인과 마찬가지로 새로운 맛을 만드는 것보다는 이상한 맛을 방지하는 데 더 중점을 둔다.

패트 하이스트 박사는 켄터키주 댄빌에 있는 와일더니스 트레일 증류소의 공동 설립자다. 그는 또한 증류업계에 효모 서비스를 제공하는 회사인 펌 솔루션즈Ferm Solutions의 설립자다. 하이스트 박사는 냉장 보관된 7,000개 이상의 효모 균주와 20,000개 이상의 박테리아를 보유하고 있다. 일부는 한 번도 음료용 알코올을 만드는 데 사용되지 않았지만 모든 샘플을 보관하고 있다.

20,000개의 박테리아에 대해 하이스트 박사는 이렇게 말했다. "박테리아 오염을 피할 수는 없습니다. 대부분의 증류소는 박테리아를 추적하지도 않고 박테리아가 얼마나 많은지 보면 깜짝 놀라죠. 효모와 박테리아는 둘 다 신맛을 만들지만, 산의 종류가 다릅니다. 이 산들은 배럴에서 알코올과 반응해서 에스테르를 생성합니다."

(85페이지 계속)

발효 과정에서 나오는 아로마 화합물

발효 과정은 맛과 향이 만들어지는 과정이다.

그 원리는 이러하다. 에스테르는 과일 향이 나는 발효의 부산물로, 다양한 맛을 낸다. —예를 들어, 바나나의 이소아밀 아세테이트, 사과의 에틸 카프로에이트 등이 있다.— 우리가 원하는 알코올은 에탄올이지만, 발효 과정에서는 에탄올 외에도 다른 알코올이 만들어진다. 증류 과정이 제대로 이루어지지 않으면 증류를 마친 후에도 다른 알코올이 남아 있을 수도 있다. 이 바람직하지 않은 알코올류 물질들을 전체적으로 퓨젤 알코올fuel alcohol이라고 부른다. 퓨제 알코올의 농도가 높으면 기름진 맛이 날 수 있다.

스팀 청소 중인 사이프러스 발효조

스코틀랜드 스프링뱅크 증류소의 목재 워시백

어떤 발효조를 쓰는지에 따라 발효 과정이 얼마나 깨끗한지에 영향을 줄 수 있다. 청소하기 어려운 용기의 경우(목재 등), 박테리아가 생존해 발효에 영향을 미칠 가능성이 더 크다.

방향족 물질들이 생산된다. 어떤 방향족 물질인지는 효모 균주와 발효조에 무엇을 넣었는지에 따라 달라진다. 로오즈는 이렇게 설명했다. "효모가 생성하는 주요 향미는 과일, 꽃, 용매/화학, 유황, 지방/버터, 스파이시한 맛으로 나눌 수 있습니다."

그 범위는 꽤 넓다. 비결은 발효 중에 이러한 향미가 새어나가지 않도록 한 다음, 증류 과정 동안 이러한 휘발성 물질들을 잘 유지하는 것이다. 혹은 유지하지 않을 수도 있다. 항상 그렇듯이 이러한 향 중에 얼마나 유지하고 싶은지는 디스틸러의 선택이다.

하지만 이 단계는 배럴 숙성을 제외하면 풍미를 생성하는 데 가장 큰 요소 중 하나다. 인치더니 증류소의 이안 파머는 이렇게 말했다. "발효 과정에서 풍미의 기초를 만들지 않으면, 증류주 안에 풍미가 들어 있을 수 없습니다. 효모는 다양한 에스테르와 기타 알코올처럼 에탄올이 아닌 여러 물질congeners을 직간접적으로 만듭니다. 효모 균주에 따라 맛이 달라질 수 있습니다."

이제 곧 이 책의 크고 두툼한 중간에 다룰 내용이 바로 위스키 제조의 핵심인 증류 과정이다.

밀 맥주와 라이 위스키

앞서 나는 라이 위스키에 있는 매운맛에 관한 화학적 원리를 간단히 설명하겠다고 약속했다. 라이 위스키나 호밀 함량이 높은 버번 위스키에서 대체로 느껴지는 후추나 정향 같은 알싸한 맛의 비밀에 대해서 말이다.

그런데 모든 라이 위스키가 같은 스파이시한 맛을 내는 것은 아니다. 호밀 함량이 매우 높은데도 스파이시한 맛은 전혀 없고 기분 좋은 민트와 풀 향만이 나는 위스키도 있다. 나는 이에 대해 수년간 의문을 품었다. 그리고 왠지는 모르지만 내 능력으로는 도저히 이해하지 못할 것이라고 생각했다.

그러던 어느 날 나는 재래종heirloom 곡물에 관한 글을 쓰기 위해 덴버주에 있는 레오폴드 브라더스 증류소의 토드 레오폴드와 통화하게 되었고, 위스키의 스파이시한 맛에 대해 놀라운 사실을 알게 되었다. 그는 아브루치 호밀Abruzzi rye을 재배하는 농부들에게 프리미엄을 지급하고 있는 이유를 설명하기 시작했다. 아브루치 호밀은 오래된 품종이고, 여러 자료에 따르면 오래전 펜실베이니아와 메릴랜드 라이 위스키 생산 업계에서 제일 선호하는 품종이었다고 한다. 하지만 아브루치 호밀은 녹말 함량이 현대 호밀보다 눈에 띌 정도로 낮다. 일반 현대 호밀은 녹말 함량이 80%지만 아브루치 호밀은 62%에 불과하다. 그래서 만들어지는 술의 알코올 농도도 더 낮았다.

적어도 농부들과 디스틸러들은 그렇게 여겼다. 레오폴드는 반대로 생각했다. 향미가 없는 녹말이 차지하는 양이 18% 적다면 그것은 곧 다른 향미가 들어 있을 가능성이 18% 더 많다는 의미였다. "저는 녹말 함량이 더 낮은 오래된 곡물을 찾아다닙니다. 그 곡물에는 디스틸러의 관심을 끌 만한 다른 무언가가 있을 수 있다는 신호이기 때문이죠."

이때 반전이 일어나기 시작했다. 레오폴드는 수제 맥주 업계에 종사하다가 위스키 업계로 이직한 사람이었고, 위스키 작가가 되기 전에 맥주에 관한 글을 썼던 내 이력도 알고 있었다. 그는 맥주 양조업에 종사하던 시절에 독일식 밀 맥주인 헤페바이젠의 스파이시한 맛을 조절하는 방법을 배웠다고 한다.

레오폴드는 우리의 오랜 친구를 주목하며 말했다. "그 스파이시한 맛은 4-비닐 구아이아콜에서 나오는 겁니다. 이 물질의 형성을 조절하기 위해서는 이 화합물의 전구체를 조절해야 하죠. 그중 가장 대표적인 것이 페룰산인데, 페룰산은 대부분의 밀 품종에서 일정량 발견됩니다."

나는 이것에 대해 리즈 로오즈에게 물었고, 로오즈는 기꺼이 확인해주었다. "페룰산은 세포벽을 구성하는 물질 안에 결합되어 있습니다. 이 물질은 호밀과 밀에 더 많이 들어 있죠." 매싱 과정 동안 페룰산이 방출되고 발효 중에 4VG로 전환된다. 로오즈는 덧붙였다. "어떤 효모를 선택하는지가 중요한 이유가 여기 있습니다. 모든 효모가 POF+(phenolic off note positive, 페놀성 잡미 양성)인 것은 아니니까요. POF+ 효모 균주는 페룰산을 4VG로 전환할 수 있는 특정 유전자를 가지고 있습니다. POF- 효모는 이 유전자가 없어서 페룰산을 4VG로 전환할 수 없습니다."

아브루치 호밀에는 페룰산이 많이 들어 있다고 한다. 레오폴드는 말했다. "아브루치 호밀 80%와 바닥에서 발아시킨 보리 20%를 매싱하면 내가 10년 넘게 만들어온 '헤페바이젠' 냄새가 나는 발효된 매시를 얻을 수 있답니다. 굉장하지 않나요?"

로오즈가 매운맛의 과학적 원리를 설명할 때만큼이나 흥분한 목소리로 레오폴드가 말했다. "제일 재미있는 점은 위스키 증류소들이 수년 동안 고전 위스키 효모 균주가 헤페바이젠 균주의 후손이라고 믿었다는 거죠. 제가 확인했습니다. 미국과 스코틀랜드의 고전 효모 균주는 거의 모두 POF+랍니다."

독자 여러분도 나처럼 위스키의 매운맛은 호밀에서 나온다고 생각했다면, 엄밀히 따지면 사실이 아니었던 것이다. 매운맛을 내려면 알맞은 효모를 사용해야 한다. 증거가 필요한가? "향신료를 추가로 넣지 않고 호밀빵을 만들어보세요. 하나도 맵지 않을 겁니다." 레오폴드가 말했다.

"그것이 아브루치 호밀을 사용하는 이유죠. 오랜 전통이어서도 아니고, 겉멋을 위해서도 아니고, 향수를 느끼고 싶어서도 아닙니다. 저는 종자를 사들여서 재배를 의뢰했습니다. 아브루치 호밀에 들어 있는 화합물이 현대 호밀과는 매우 다르기 때문이죠. 단순히 '옛 종자'를 키우는 것은 무의미할 뿐만 아니라 매우 비싼 일입니다." 레오폴드가 말했다.

화학 이야기가 독자 여러분께 즐거운 시간이었기를 바란다. 이제 좀 더 단순한 맛의 세계로 돌아가 보자. 하지만 재미있는 시간이었지 않았는가?

북아일랜드의 올드 부시밀즈 증류소

켄터키주 로렌스버그 인근에 있는 와일드 터키 증류소

제6장

위스키를 만들 때 몇 가지 중요한 단계가 있다. 건조하고 녹말이 많은 곡물 안의 당을 분해하는 발아와 당화 과정이 있다. 발효는 그 당분으로 알코올을 만들어내는 자연의 마법이다. 작은 단세포 균류들이 이 화학적으로 고된 노동을 해낸다. 배럴 숙성은 위스키에 풍미와 색상과 성숙도를 완성시켜준다.

이것들은 모두 필요한 단계이지만, 맥주 제조와 위스키 제조의 차이점이 하나 있다. 이 과정이 없으면 위스키 제조 과정은 배럴 숙성을 포함해서 사실상 맥주 제조와 다를 바가 없다. 그 과정이 바로 증류다. 칙칙 소리를 내며 증기가 자욱해지는, 맥주에서 위스키를 뽑아내는 과학이자 예술의 과정. 증류 과정을 이해하기 위해 과거로 돌아가서 증류가 어떻게 시작되었고 어떻게 그것이 위스키 제조의 핵심 개념으로 성장했는지 살펴보자. 이 책에서 지금까지는 많은 역사를 다루지 않았지만, 증류를 이해하는 것은 중요하다.

에센스의 순수함

최초로 증류라는 발상을 떠올린 것은 고대 그리스인들이지만, 당시 사람들은 바닷물을 담수화하거나 아마 향수용 에센스를 만드는 방법으로만 생각한 것 같다. 기원후 초기 중국에도 증류 기술이 있었다는 고고학적 증거가 있다.

16세기의 증류소, 빈티지 판화

증류는 물질 변환의 원형과학인 연금술의 한 종류였다. 중국, 이집트, 그리스에서 술을 증류했다는 확실한 증거는 없다. 말하자면 음주 목적으로 알코올을 증류했는지는 확실하지 않다는 뜻이다. 음주용 알코올을 최초로 증류한 것은 1400년대 아일랜드에서였다.

증류법은 기독교 수도사들을 통해 아일랜드에 전달되었다. 수도사들은 그들의 신앙, 그리고 유럽의 전쟁과 왕조 정치로부터 고립된 거룩한 삶을 살고자 하는 열망과 함께 놀라운 양의 지식을 가져왔다. 여러 곳에서 모은 수학과 과학 지식이었다. 얼마 지나지 않아 일어난 일에 근거해 추측하건대, 그 지식에는 수백 년 전에 증류와 정제를 시도했던 아랍과 이집트 연금술사들의 문헌도 포함되어 있었을 것이다.

지속해서 알코올을 증류한 최초의 인류는 이집트인으로 알려져 있다. '알코올'이라는 단어도 초기 이집트인들이 눈 화장에 사용했던 검은 가루인 콜^{kohl}을 의미하는 아랍어 'al-kuhl'에서 유래되었다. 정확한 어원은 확실하지 않지만, 콜은 금속을 정제해 만들어졌다. 그리고 이 단어의 의미가 나중에는 알코올 같은 액체를 비롯한 다른 유형의 정제 과정까지 포함하도록 확장된 것으로 추측된다.

남아 있는 기록의 증거에 따르면, 그들이 증류했던 목적은 음료를 만들기 위해서가 아니라 과학, 의학, 향료를 제조하기 위해서였다. 물론 이것들 모두 훌륭한 이유였음에는 의심의 여지가 없지만, 수도사들은 증류 기술을 문화적 현상이자 수익성 있는 사업으로 바꾸게 된 사용 용도를 발견했다.

수도사들이 어떻게 맥주에서 도수 높은 증류주를 추출한 다음, 그것을 의약용으로 소량 복용하는 것 이상으로 마셔볼 생각을 하게 되었는지는 알 수 없다. 그런 일에 대한 최초의 기록은 1400년대 초반이다. 아마 솥 증류기에 맥아 맥주를 끓여 만들었을 것이고, 거의 틀림없이 숙성하지 않았을 것이다. 허브나 꽃이나 꿀로 맛을 냈을 가능성이 크다. 응축된 알코올이 흘러나오기 시작하면 증류액을 분리하는 방법을 수도사들이 알았는지는 알 수 없지만, 바람직하지 않은 초류와 후류의 지독한 냄새를 맡으며 '바람직한 증류액'이 무엇인지는 금방 이해했을 것이다.

이 작고 기초적인 시작에서 자라난 지식은 12마일(19.3km)의 바다를 건너 스코틀랜드와 그곳의 수도원 공동체에 빠르게 퍼졌다. 1494년 스코틀랜드 수도원에서 '아쿠아 비트aqua vitae'를 만들기 위해 맥아를 구매했다는 기록이 있다. '아쿠아 비트'는 "생명/활력의 물"이라는 뜻으로, 연금술사들이 이 증류주에 부여한 라틴어 이름이다. 이를 게일어로 번역한 'uisce beatha'가 오랜 세월 동안 언어적 마사지를 받아 '위스키'가 되었다.

머지않아 농부들도 증류 기술에 관한 지식을 얻게 되었고 증류는 농작물을 만나 새로운 용도를 찾게 되었다. 농부들에게 필요한 것은 구리와 못이 박힌 그릇을 망치질하는 데 필요한 약간의 기술이 전부였다. 이제 농부는 디스틸러가 되었다.

위스키가 맥주보다 나은 점은 명확했다. 위스키는 오래 두어도 쉬거나 상하지 않으며 추운 날씨에도 얼지 않는다. 위스키는 단순한 음료가 아니었다. 불을 피우는 도구였고 바르는 약이었고 세척제였고 먹는 약이었다. 맥주보다 부피도 적었고 거래할 때도 훨씬 더 가치가 있었다. 위스키의 가치는 상당해서, 위스키를 만들어 팔았는지 그러지 못했는지에 따라 농부와 그의 가족은 꽤 괜찮은 수입을 얻을 수도 있었고 겨우 연명하는 수준일 수도 있었다.

증류는 진정으로 파괴적인 기술이었다. 수천 년 동안 존재해온 농산물로 맥주, 와인, 사이더* 등 완전히 새로운 것을 만들었다. 인류는 증류주를 만드는 방법과 안전하게 마시는 방법을 깨달았다. ―여기서 '안전함'이란 화학적 초류와 후류에 관한 말이다. 음주량의 문제는 지금도 깨달아가는 중이다.― 그리고 그 깨달음을 국가 경제로 연결하는 방법을 알아냈다. 사람들이 증류주에 대해 알게 되자 곧 새로운 산업뿐만 아니라 새로운 정부 수입원이 탄생했다.

오늘날에도 여전히 그러하듯, 과세와 허가의 춤은 위스키의 변화와 증류의 변화를 가져왔다. 과세 대상을 바꾸면 ―맥아, 또는 증류소에서 사용하는 증류기의 크기나 개수 등― 위스키 제조 관행을 바꿀 수 있다. 사람들이 세금을 덜 낼 방법을 찾아내기만 한다면 말이다.

---

* cider: 사과를 발효시켜 만든 술을 통칭. - 옮긴이

주류 산업이 성장하자 영국에서 부과하는 세금은 이익을 추구하는 미사일처럼 달려들었다. 생산되는 알코올의 양을 측정하는 일관적인 방법이 없었기 때문에 대체 수단을 썼다. 예를 들어, 1770년대 후반에 정부는 비어 또는 워시의 첫 번째 증류에 사용되는 대형 포트 스틸인 워시 스틸의 부피를 기준으로 증류기 생산에 세금을 부과하기 시작했다. 그러자 증류업자들은 같은 부피에 훨씬 더 넓고 얕아서 워시가 더 빨리 끓고 하루에 더 많이 증류할 수 있는 증류기를 만들어, 정부의 예상을 훨씬 뛰어넘는 생산량을 달성했다.

아일랜드와 스코틀랜드 로우랜드 지방에서 운영된 이 대형 증류기로 만든 위스키는 격렬한 증류로 인해 휘발성 물질과 풍미를 많이 잃어버렸다. 이로 인해 하이랜드 지방에서 불법 '스마 스틸'*로 만든 위스키가 불법 시장에서 더욱 가치가 높아졌다.

영국에서 맥아에 세금을 부과한 것은 증류기 과세 정책의 실패를 우회하려는 움직임이었다. 위스키의 재료가 되는 곡물에 세금을 부과하고 증류기의 크기는 관여하지 않기로 했다. 앞에서 다루었듯 이것이 혼합 매시 싱글 포트 스틸 아이리시 위스키가 탄생한 기원이다. 더 적은 양의 맥아로 같은 양의 위스키를 만드는 방법이었다.

—이런 일은 오늘날에도 일어난다. 영국에서 위스키 세금을 인상하자 스카치 위스키 업계는 수출 시장에 더 집중하게 되었다. 미국산 재료가 들어가는 위스키에 세금을 감면해주는 정책은 캐나다의 블렌디드 위스키를 더 큰 혁신으로 이끌었다.—

한편, 위스키 증류 세계에 —그리고 비슷한 시기에 아르마냑 증류 세계에도— 혁명이 시작되고 있었다. 바로 연속식 증류기(column still, 다단식 증류기)가 발명된 것이다. 단식 증류기(pot still, 솥 증류기)에는 주요 한계점이 있었다. 바로 배치 장치라는 점이었다. 즉, 한 번 워시를 넣으면 끝까지 증류하고, 증류기를 닦고, 다음 배치를 넣고 증류해야 했다.

그런데 만약 끊김 없이 증류기에 워시를 붓고, 가열하고, 일정한 양의 증류액을 얻을 수 있다면 어떨까? 1800년대 초반에 연료, 금속 공학, 물리 화학의 발전이 이런 증류기를 만들 수 있는 지점에 도달했다. 다양한 증류주 산업마다 방식은 달랐지만, 연속식 증류기를 단식 증류기의 대안으로 받아들였다. 연속식 증류기는 더 효율적이고 더 높은 도수로 쉽게 풍미가 좋은 증류주를 만들 수 있다.

그 시점에서 증류 공정은 대부분 완성되었지만, 수제 위스키 증류소들은 다시 혁신을 시도하고 있다. 이번에는 경제적인 이유보다 미학적인 이유가 더 크다. 다음 두 장에서 특정 증류기에 대해 배우기 전에, 먼저 위스키 증류의 원리를 살펴보자.

———————

* sma'still: 소형 증류기

끓는점

증류의 핵심은 아주 간단하다. 바로 두 액체의 물리적 성질의 간단한 차이를 활용하는 것이다.

우리가 위스키를 만들 수 있는 이유는 알코올(에탄올)의 끓는점은 173.1℉(78.4℃)이고 물의 끓는점은 212℉(100℃)이기 때문이다. 디스틸러들은 이 원리로 두 액체를 분리한다. 비어(워시)를 증류기(단식 혹은 연속식)에 넣고, 알코올의 끓는점까지 가열한 다음, 액체가 끓으면서 나오는 증기를 모은다. 이걸 응축해서 다시 액체로 만들면 바로 알코올이다.

실제로도 이렇게 쉬웠다면 참 좋으련만. 증류 과정은 절대 완벽하고 깔끔하지 않다. 물리적으로 절대 불가능하다. 증발 과정을 지나 모든 알코올을 가열하는 데 걸리는 시간(증발 과정 자체에도 열이 사용된다)과 증류기 안의 소용돌이치는 열과 압력의 차이, 그리고 무엇보다도 용액 안의 두 액체의 기화와 관련된 물리 화학적 원리가 모두 영향을 미친다. 이것이 물과 알코올이 깔끔하고 완벽하게 분리되지 않는 이유다.

하지만 인류는 어리석은 행운아다. 우리는 우주의 물리 법칙을 인간이 만들지 않았음에 감사해야 한다. 만약 그렇게 쉬웠다면, 워시에서 알코올을 추출하는 분별 증류 fractional distillation 과정이 정확하고 깔끔하게 떨어지는 단순한

것이라면 이 세상에 위스키는 없었을 것이다. 만약 그랬다면 보드카나 진이나 아쿠아비트*처럼 일정한 95% 알코올 함량으로 —100% 순수한 알코올을 증류하는 것은 물리 화학적으로 절대 불가능하다.— 증류기에서 굴러나오는 증류주만 세상에 존재했을 것이다. 아주 끔찍한 세상은 아니었겠지만, 위스키가 존재하는 지금의 세상보다는 재미없었을 것이다.

무엇보다도, 우리가 앞 세 장에 걸쳐 힘들게 만들어낸 수많은 풍미를 끔찍하게 낭비하는 꼴이 아닌가.

증류 공정에는 몇 가지 목표가 있다. 대부분은 이렇게 끓는점을 조절하는 것으로 가능하다. 먼저 증류를 시작할 재료가 필요하다. 편의상 '비어'라고 부르기로 하자. 이 비어의 알코올 도수는 대략 7%에서 15% 사이인데, 여기서 알코올 도수를 대략 65%에서 80% 사이로 올리는 것이 우리의 주목표다. 블렌디드 위스키를 만들 때는 최대 약 92%까지 올려야 한다. 이것이 첫 번째 작업이다.

(96페이지에 계속)

---

* aquavit: 북유럽의 여러 나라에서 생산되는 색깔 없는 주류로 원료는 감자나 곡물이다. - 옮긴이

인간과 기계의 대결

컴퓨터 제어실에서 조종하는 '디지털 프로브'와 '서보 작동 밸브'를 갖추고 있는 증류소도 있고, 모든 것을 손과 눈과 땀과 기억으로 하는 증류소도 있다. 어느 방법이 더 나을까?

자동화의 상대적인 장점은 거의 모든 산업에서 이미 종결된 논쟁이다. 자동화는 비용을 절감하고 효율성을 높이며 일관된 제품을 만들어준다. 하지만 증류업계에서는 전통이 효율성을 이기기도 한다. 공정의 어느 정도를 자동화에 맡길지는 증류소마다 관점이 다르다. 그리고 양측의 주장 모두 설득력이 있다.

자동화를 찬성하는 쪽의 주장을 생각해보자. 프로브*, 스위치switch, 액추에이터**로 시스템을 배선하고, 제분에서 증류에 이르기까지 증류주를 만드는 동안의 온도, 시간, 효모 수, pH, 알코올 농도 등 모든 것을 기록한다. 최종 증류를 마치고 나오는 모든 증류주를 테스트한다.

결과가 가장 우수한 배치를 찾으면 앞으로 매번 이와 같은 조건으로 실행하도록 제어 시스템을 프로그래밍한다. 이제 훌륭한 증류 작업을 일관되게 반복할 수 있다. 종종 매우 뛰어난 결과물을 놓칠 수는 있겠지만 적어도 평균 이하의 결과물을 낳은 모든 조건은 제거했다. 여닫고 휘젓고 김을 내는 등의 수많은 일을 기계가 하고 있어도, 그 기계는 여전히 인간이 결정하고 실행한 일을 모방하고 있다.

그렇다면 반대 논점도 생각해보자. 자동화된 공정의 제어실에서 버튼을 누르는 직원들은 그 버튼을 왜 누르는지 알고 누르는 것일까? 수작업으로 운영되는 양조장과 증류소에서

일하는 팀원들은 냄새를 맡고, 듣고, 열과 진동을 느낄 수 있어서 자기가 하는 일이 무엇인지 잘 알 수 있다. 그들은 이 모든 것에 익숙해지고 민감하게 적응했다. 그리고 이런 점이 더 나은 위스키를 만들고 개선하는 힘이라고 지지자들은 주장한다.

물론 사람이기 때문에 때로는 실수도 할 수 있다. 하지만 위스키를 만드는 과정은 숙련된 오랜 경력자에게도 혼란스러운 요소로 가득 차 있다. 위스키 배럴은 수제품이고, 다양한 곳에서 증류소로 배달된다. 곡물도 다양하다. 와인을 만드는 포도만큼은 아니지만 나름대로 다양성이 있다. 날씨는 당화 과정과 발효 과정에 영향을 줄 수 있다. 기후는 숙성 과정에도 영향을 미친다.

위스키는 다양한 창고에서 또는 같은 창고라도 다른 층에서 다르게 숙성된다. 블렌더는 모든 것을 조합해야 한다. 여기에 변수가 하나쯤 더 있다고 크게 문제가 될까?

다시 한번 말하지만, 자동화를 할지 말지, 하기로 한다면 어느 정도 받아들일지는 위스키를 만드는 증류소에서 결정할 수 있는 또 하나의 선택지일 뿐이다.

자동화가 도입된 병입 과정

---

* probe: 측정대상의 상태를 되도록이면 변화시키지 않고 측정하기 위한 검출기구. - 옮긴이

** actuator: 유체 에너지를 이용해 기계적인 작업을 하는 기기. - 옮긴이

알코올 도수를 그 정도로 올리려면 상당한 양의 물을 빼내야 한다. 그것이 두 번째 목표다. 바로 원하지 않는 물질을 제거하는 것이다. 우리는 많은 물을 원하지 않는다. 맥주가 아닌 위스키를 만들고 있으니까. 하지만 물 외에도 우리가 원하지 않는 다른 것들이 있다. 건강에 해로운 화합물이 있다. 직접적으로 독성이 있는 물질도 있고, 발암 위험이 있는 물질도 있다. 이것들은 거의 자동으로 쉽게 제거되니 너무 걱정하지 않아도 된다.

고기 냄새, 무거운 유황 냄새, 페인트 희석제 냄새, 매니큐어 리무버 냄새 등 매우 불쾌한 냄새를 내는 화합물이 있다. 이러한 화합물은 고농도에서는 역겨울 수 있지만 적은 양은 튼튼한 바디와 구조를 추가해줄 수도 있다. 이러한 악취는 증류 과정에서 주의 깊은 조절과 증류기(와 응축기) 자체의 겉과 속에 풍부하게 있는 화학적 반응성 물질인 구리 덕분에 제거된다.

증류의 세 번째 주목표는 발아, 당화, 발효 단계에 걸쳐 조심스럽게 만들어놓은 풍미를 모으고 유지하는 것이다. 증류를 구동하고 증류기에 공급하는 것들이다. 증류소의 양조 담당자는 증류 담당자가 작업하기에 알맞은 재료의 수준을 계속해서 유지해야 한다.

문제는 이러한 휘발성 화합물들은 ―좋은 물질과 나쁜 물질 모두― 끓는점이 알코올의 끓는점보다 높거나 낮게 흩어져 있다는 것이다. 디스틸러는 ―증류기 설계자도 어느 정도 해당된다.― 그 끓는점이 어디에 있고, 어떻게 해야 원하는 물질을 유지하고, 원하지 않는 물질은 분리하거나 버려서 흥미로운 증류주를 만들 수 있을지 이해해야 한다. 그리고 이 모든 것을 생각하는 와중에 가능한 한 효율적으로 증류기를 작동시켜야 한다.

그렇다면 목표는 세 가지다. 알코올을 농축하고, 물과 불쾌한 성분을 제거하고, 원하는 맛을 보존하고, 이 모든 것을 매번 일관된 비율로 해야 한다. 어떤 종류의 증류기를 사용하든, 설정이 복잡하든 간단하든, 이 세 가지 목표는 똑같이 적용된다.

경주로마다 맞는 말이 있다

목차를 확인했다면 여러분은 증류에 관한 내용이 세 장 있다는 것을 알고 있을 것이다.

이번 장, 다음 두 장에는 특정 증류기 유형에 관한 구체적인 내용이 담겨 있다. 다음 장은 단식 증류기, 그다음 장은 연속식 증류기와 그 밖의 증류기 유형을 살펴보겠다. 물론 해당 장에서 각 증류기 유형에 대해 좀 더 깊이 파고들 예정이지만, 이 시점에서 증류기의 종류가 또 하나의 선택지라는 점을 짚고 넘어가자.

증류기는 앞서 언급한 세 가지 목표를 달성하기 위한 수단이다. 전통적 위스키 생산지마다 어떤 증류기를 택하는지는 말 그대로 전통에 달렸다. 버번은 단식 증류기로 만들 수 있다. 스카치와 아이리시 그레인 위스키는 연속식 증류기로 만든다. 그리고 블라인드 시음을 하면 단식 증류기로 만든 스카치라고 거의 모두가 믿을 만한 몰트 위스키를, 연속식 증류기로 만들 수 있다. 일본에서는 두 가지 유형을 모두 사용하고, 캐나다에서는 다양한 증류기를 사용한다.

일리노이주 에번스턴에 있는 퓨 스피리츠FEW Spirits는 하이브리드 증류기에서 사진에 보이는 비어 스틸로 전환했다.

미들턴 증류소에서 목숨을 빼앗길 뻔한 사연

약 10년 전 나는 미들턴 증류소에서 열린 언론 행사에 참석했다. 미들턴 증류소는 아이리시 디스틸러스의 대형 시설로, 제임슨과 레드브레스트를 제조하는 곳이다.

아주 큰 행사였다. 나는 스무 명의 다른 기자들과 함께 증류소를 견학하고 있었다. 다정하고 천재적인 아이리시 디스틸러스의 위스키 과학 책임자인 데이비드 퀸이 증류소가 다양한 증류기 중에서 택할 수 있는 모든 길을 설명하고 있었다.

설명을 듣고 있자니 머리가 복잡해졌다. 단식 증류기에서 분리한 초류를 다음번 증류할 때 사용하기도 하고, 나누어서 일부를 연속식 증류기로 보내기도 한다. 후류는 이전 주에 분리한 것의 일부와 합쳐 즉시 재증류하기도 한다. 첫 증류 과정에서 분리한 중류를 세 개의 다른 증류기로 나누어 보내서 재증류하기도 한다. 그리고 또······. 이 시점에서 나는 이미 헤매고 있었기 때문에 더 설명하려면 지어내야 한다. 퀸의 설명은 우리가 그 자리에서 소화하기엔 너무 수준이 높았다.

간절한 마음에 주위를 둘러보니 위스키 작가 데이브 브룸이 아무 메모도 하지 않으며 난간에 기대어 서 있었다. 그는 내가 겁에 질린 것을 알아차리고 미소를 지었다. "걱정하지 말아요." 그는 글래스고 출신 사람 특유의 잔잔한 목소리로 말했다. "그거에 관해서 파워포인트 발표가 있을 거니까요." 하하, 물론이죠. 나는 그제야 긴장을 풀었다.

설명이 끝나자 우리는 다시 이동하기 시작했고, 나는 퀸의 곁으로 다가가서 물었다. "혹시 이 내용에 관한 자료가 있으면 제게 하나 보내주실 수 있을까요?"

그는 나를 쳐다보며 매우 진지하게 말했다. "종이로 된 자료로요? 당연히 없죠. 제가 말을 그렇게 빨리한 이유가 뭐라고 생각해요? 당신이 제가 하는 말을 전부 이해하고 받아 적었다면 저는 당신을 죽여야 할 겁니다." 그리고 그는 일행의 맨 앞으로 이동했다.

퀸은 유쾌한 사람이다. 우리는 여전히 사이가 좋지만, 그날 그가 한 말이 농담이었는지는 아직도 확실치 않다. 아무튼, 수많은 증류기가 제시하는 가능성과 이것을 실험하려는 의지가 상당히 넘치는데, 대다수의 증류소는 수박의 겉만 핥고 있다는 정도로 정리하겠다. 미들턴 증류소는 이러한 경계를 뛰어넘기 위한 실험과 도전을 해야 하는 이유가 있다. 일본의 증류소들과 마찬가지로 블렌딩 파트너가 없기 때문이다.

하지만 생산지마다 증류 방법에 대한 고유한 규칙, 지침, 그리고 기대치가 있다. 그들은 모두 위스키를 만들고, 모두 훌륭한 위스키를 만들 수 있다. 우리는 "이 증류기가 더 우수하다", "저런 증류기는 대량 생산 위스키를 만들 때나 쓰는 거다" 같은 말은 하지 않겠다. 우리는 각각이 어떻게 향미를 추가하고 제거하는지 살펴보겠다.

일단 지금은 증류기가 작동하는 원리부터 살펴보자. 모든 증류기의 공통점 말이다. 비어가 증류기에 들어간다. 대체로 비어가 증류기에 들어가는 동시에 예열되는데, 이는 기화되는 시간을 줄이기 위한 일이다. 이 과정은 종종 이전 배치의 증기나 잔여물을 동시에 냉각시키는 열교환기에서 일어난다. 비어가 증류기에 들어가면 가열과 분리가 시작된다.

단식 증류기의 경우 첫 번째 증류는 몇 시간이 걸린다. 엄청난 양의 비어를 끓여야 하기 때문이다. 연속식 증류기는 비어가 증류기를 통과하는 데 몇 분 정도밖에 걸리지 않는다. 뜨거운 증기가 알코올과 향이 함께 얽혀 상승하면서 증류기의 구리와 부딪혀서 반응이 일어나 일부 물질이 떨어져 나간다. 이 과정에서 불쾌한 물질들이 조금 사라진다. 물과 곡물 찌꺼기도 버려진다.

증기 중 일부는 에너지가 떨어져서 응축되어 다시 증류기 안으로 떨어진다. 이걸 '환류reflux'라고 부르는데, 이것을 조절해서 어떤 맛은 유지하고 어떤 맛은 버릴 수 있다. 단식 증류기가 여러 다양한 모양으로 만들어지는 이유이기도 하고, 증류기의 상단에 냉각 재킷이 있는 이유이기도 하다.

증기가 빠져나오면 응축기로 이동한다. 거기에서 액체는 두 번째(또는 세 번째) 단식 증류기나 더블러doubler로 —또는 덤퍼, 아니면 이 증류주에 사용되는 다른 것으로— 가서 다시 증류된다. 이 과정은 훨씬 더 많은 것을 정리한다. 그런 다음 다시 응축기를 지나가면 끝이다. 이제 필요한 도수에 맞추어 희석하고 배럴에 부으면 된다.

아주 간단하다. 비어를 끓을 때까지 가열하고, 원하는 물질인 알코올과 방향족 화합물을 추출하고 원하지 않는 물과 곡물 잔여물 등은 버리고, 증기가 많은 구리를 지나게 해서 불순물들을 더 제거하고, 응축해서 액체로 만든다. 그런 다음 다시 끓여서 원치 않는 성분을 더 제거하고, 이 좋은 증기를 응축하면 끝이다. 남은 잔여물의 운명은 증류소마다 다르다. 사워 매시를 만들기도 하고, 동물 사료로 쓰기도 하고, 태워버리기도 한다. 그것이 전부다.

증류기 제조사들

미국에 있는 대부분의 대형 증류기는 ― 그리고 일부 소형 증류기는 ― 100년 넘게 켄터키 주 루이빌의 부처타운 지역에 있는 가족 소유 회사인 벤돔에서 만든다.

벤돔Vendome Copper and Brass Works은 연속식 증류기와 단식 증류기, 당화조, 더블러, 덤퍼thumper를 만든다. 가끔 맥주 양조 장비에도 검은색에 황동으로 된 벤돔의 명판이 붙어 있는 것을 본 적이 있다.

미국의 수제 위스키 증류소 중 꽤 여러 곳에서 독일 제조업체인 CARL에서 ―옛 사명은 'Christian Carl'이었다.― 만든 단식·연속식 하이브리드 증류기를 사용한다. 150년 넘게 독일의 아이슬링겐에서 증류기를 만들고 있는 업체. 유럽의 꽤 많은 오드비 증류소도 이 회사의 증류기를 사용한다.

스카치 위스키 증류기 제조사로는 포사이스Forsyths가 유명하다. 스코틀랜드 로테스에 위치한 포사이스는 단식 증류기, 연속식 증류기, 발효기, 응축기, 탱크, 그리고 위스키 제조에 필요한 모든 구리 세공품을 만들고 유지 관리한다. 또한 미국의 증류소에도 판매하고 북해의 석유·가스 산업에 사용되는 중장비와 부속품도 만든다.

거대한 구리판이 각 공장의 창고를 채우고, 두드리는 망치질 소리, 용접 횃불 소리, 드릴 소리가 공기 중에 울려 퍼진다. 단식 증류기의 구성 요소 하나를 바꾸면 맛이 바뀌기 때문에 포사이스에는 표준 구성이 거의 없다. 누구도 남들과 똑같아지고 싶어 하지 않는다.

벤돔의 연속식 증류기는 만들어야 하는 위스키 양에 따라 크기를 바꿀 수 있다.

CARL은 수많은 증류소의 필요와 수요에 맞는 다양한 증류기 디자인을 제공한다. 오드비처럼 매우 엄격하고 까다롭게 정밀한 분리에 특화된 증류기도 있다. 반면 거칠게 증류된 독특한 향의 럼을 만들고자 하는 증류소를 위한 증류기도 있다.

증류기는 위스키 제조 공정의 핵심이다. 위스키 증류소에서 증류기를 없애면 그저 양조장과 빈 창고일 뿐이다. 최고의 위스키를 만들기 위해서라면 돈값 하는 투자다.

벤돔에서 열교환기와 단식 증류기를 만들고 있다.

증류를 하는 사람들, 디스틸러

이것이 증류라면, '마스터 디스틸러'는 무슨 일을 할까? 많이 들어본 용어인가? 어떤 곳에서는 이렇게 부르지만, 다른 곳에서는 '증류소 관리자', '디스틸러', '운영 관리자', '브루어', '스틸맨' 등 직함이 제각각 다를 수 있다. 어쨌든 누군가는 언제 분리할지, 발효를 하기 위해 새로 준비된 매시에 사워 매시를 얼마나 넣을지, 여름이라면 언제 냉각수를 더 넣을지, 증기를 언제 올릴지 결정해야 한다.

그중에 많은 일은 기계적으로 처리된다. 당도계가 발효가 완료되었음을 나타내면 기계를 켜는 등, 때가 되면 기계를 작동시킨다. 하지만 증류기에서 적절한 소리가 들리기 때문에, 파이프에서 나오는 액체가 깨끗하고 치즈 냄새가 나지 않기 때문에, 또는 손가락 끝 사이에서 미끈거리는 촉감이 느껴지기 때문에, 해야 하는 일도 있다. 증류는 숫자와 에너지와 온도 변화의 과학이다. 하지만 증류는 예술이기도 해서 항상 사람들이 일하고 있다.

몇 장 뒤에서 소개할 속담에 이런 말이 있다. "디스틸러에겐 몰래 다가갈 수 없다." 그 이유는 경력이 쌓이고 업무에 익숙해질수록 그들은 모든 단계에서 기계가 어떤 소리를 낼지 알고, 익숙하지 않은 소리가 나면 바로 긴장하고 주위를 살피기 때문이다. 양조장이나 발효실이나 창고에서 이상한 냄새가 날 때도 마찬가지다. 창고 관리자는 위스키 냄새가 없어졌다고 말할 것이다. 바닐라와 참나무와 과일의 향이 풍성하게 느껴지는 평범한 방문객에게는 말도 안 되는 소리처럼 들릴 수 있다. 하지만 전문가는 조금이라도 이상이 있으면 즉시 냄새로 알아차린다.

증류는 사람이 하는 일이다. 증류기도 있지만, 이것도 사람이 조작하는 도구다. 다음 장으로 넘어가 단식 증류기가 마스터들의 손에서 어떻게 작동하는지 살펴보자.

믹터스 포트 넬슨 증류소(켄터키 루이빌 소재)의 두 빈티지 단식 증류기

제7장

단식 증류기

증류에 관한 대화 주제가 단식 증류기와 연속식 증류기의 차이로 바뀔 때마다, 모든 것을 명확하게 정리해줄 깔끔한 비교 대상을 생각해내고 싶은 유혹이 있다. 비유는 약간 주관적인 경향이 있다. 내가 독자 여러분을 위해 비유 몇 개를 새로 만들어보았다.

단식 증류기가 손으로 하는 코바늘 뜨개질이라면, 연속식 증류기는 자동 재봉틀을 사용하는 것이다. 단식 증류기는 스포츠카를 운전하는 것과 같고, 연속식 증류기는 트럭을 운전하는 것과 같다.

단식 증류기가 원재료로 직접 요리하는 것이라면, 연속식 증류기는 전자레인지로 음식을 데우는 것과 같다.

그림이 그려지는가? 전반적으로 단식 증류기로 만드는 것이 진정한 위스키고, 위스키를 제대로 만드는 방법이라는 인식이 있다. 물론 분명 켄터키주의 많은 사람이 ─그리고 훌륭한 그레인 위스키를 만드는 다른 지역 사람들도─ 이 주장에 동의하지 않겠지만, 단식 증류기와 장인 정신으로 손수 만들어낸 훌륭한 위스키의 이미지는 떼려 해도 뗄 수 없게 연결되어 있다.

앞 장에서 배운 위스키 역사를 이해하면 그 연관성을 이해하기 쉽다. 단식 증류기는 수백 년 전에 처음 위스키가 만들어진 방식이다. 위스키는 전통을 수축포장해서 판매하는 산업인 만큼 전통과 역사가 가지는 중요성이 크다.

하지만 내가 보여준 것은 생각과 아이디어일 뿐이다. 위스키의 풍미를 만들고 정제하는 측면에서 단식 증류기가 하는 역할을 자세히 알아보자. 단식 증류기를 쓰는 증류소의 수가 압도적으로 많고 그 역사가 깊은 스코틀랜드를 주로 살펴보겠다. 물론 모든 다른 주요 생산지에서도 단식 증류기를 사용하지만, 방식은 대부분 비슷하다.

마치 냄비처럼

단식 증류기를 '냄비 증류기'라고 부르는 이유가 있다. 냄비처럼 생겼고, 작동 원리도 냄비나 솥을 불에 올리는 것과 같기 때문이다. 지금 부엌으로 가서 냄비에 물을 3분의 1 정도 채우고 뚜껑을 덮고 센 불에 올려 물을 끓이고, 물이 끓으면 뚜껑을 조심스럽게 들어 올려 밑면을 살펴보라. 물방울에 뒤덮여 있을 것이다. 그것이 바로 응축된 증기이며, 이것이 바로 단식 증류기가 작동하는 원리다.

음, '거의' 비슷한 원리다. 우선, 냄비에 물 대신 '워시'를 넣어야 한다. ─위스키를 만드는 '비어'를 스코틀랜드에서는 '워시'라고 한다.─ '뚜껑'에 응축된 것은 물과 알코올이다. 이전 장에서 논의한 바와 같이 두 액체의 ─그리고 워시 안에 있는 다른 여러 맛들의─ 끓는점의 차이가 증류를 가능하게 한다.

그러나 또 다른 중요한 차이점이 있다. 알코올 증기가 냄비에서 빠져나갈 출구가 필요하다는 것이다. 그렇지 않으면, 알코올 증기가 계속 응축되어 다시 냄비로 들어가고 ─앞에서 언급한 '환류'를 기억하는가?─, 냄비 뚜껑에서 매우 느슨하게 닫힌 부분을 통해 계속 빠져나와서 그을리고 탄내 나는 냄비 외에 아무것도 남지 않을 것이다.

그래서 단식 증류기는 바닥이 둥글고 목이 위로 가늘어지는 형태로 만들어진다. 증기는 증류기 위쪽으로 올라가서 '라인암lyne arm'이라고 부르는 90도 정도 꺾인 증류관을 통해 빠져나가 응축기에 도착한다. 이 지점에서 우리가 냄비에 물을 끓이는 것과 단식 증류기의 원리의 공통점은 더 이상 없지만, 그래도 이 과정을 처음 머리에 그리는 데는 도움이 되었을 것이다.

단식 증류기에서 첫 번째 증류를 '워시 런wash run'이라고 한다. 워시를 비어의 낮은 알코올 농도 대략 7~15%에서 시작해 물을 떼어내버리고 알코올 농도가 20~25%가 되도록 만드는 것이다.

이것은 매우 직관적이다. 물은 ─그리고 곡물 잔여물과 미량의 알코올도─ 버려지고, 알코올과 풍미는 잡아둔다. 남겨진 액체는 '포트 에일pot ale'이라고 하고, 주로 폐기된다. ─소 사료에 첨가물로 사용하기도 한다.

'워시 런' 과정에서 나온 증기가 응축되면─ 이제 '로우 와인low wine'이라고 불린다.─ 스피릿 스틸로 보내지고, 이전의 증류에서 남겨진 것과 합쳐서 다시 증류된다. 이번에는 증류 과정을 주의 깊게 감시해야 한다. 응축기에서 나오는 첫 액체는 '초류heads, foreshots'라고 하는데, 이것은 받아서 모아 두었다가 나중에 재증류한다. 초류에도 알코올이 일부 남아 있기에 버리기보다는 최대한 뽑아내려는 것이다.

하지만 초류 부분에는 바람직하지 않은 화합물도 섞여 있기 때문에 재증류 과정을 통해 걸러내야 한다.

이러한 바람직하지 않은 물질들이 다 떠나가고 증류액이 깨끗해지면 —거의 100% 알코올— 분리하고, 이 액체는 이제 새로운 증류액을 위해 마련된 저장 탱크로 보내진다. 이를 '중류heart cut'라고 하는데, 이것을 가능한 한 많이 모으기 위해 오랜 시간이 걸린다. 중류를 타이트하고 짧게 분리하면 무거운 맛이 더 많이 제거된다. 더 넓고 더 길게 분리하면 '컨지너congeners'라고 부르는 알코올 이외 물질들이 더 많이 남아 있게 되어, 증류주에 더 깊고 약간 기름진 특징이 생긴다.

중류가 다 나오고 나면 그 다음에는 '후류tails, feints'가 나오는데, 이것도 초류와 마찬가지로 따로 모아 두었다가 다음에 로우 와인과 섞어서 재증류한다. 후류에 더는 알코올이 나오지 않으면, '증류 잔재spent lees'라고 부르는 스피릿 스틸에 남은 나머지 액체는 폐기한다.

이것이 단식 증류기로 위스키를 만드는 과정이다. 하지만 이렇게 설명하는 것은 마치 여러분에게 운전하는 방법을 가르쳐준다고 하고서는 차 열쇠를 돌려서 시동을 켜고, 기어는 '드라이브'에 놓고, 핸들을 돌려 바퀴를 조종하고, 브레이크를 밟아서 정지하라고 하는 것과 같다. 수동 변속기, 트럭, 스포츠카, SUV, 오프로드 차량에 대해서는 언급도 하지 않았다. 아직 터보차저, 사륜구동, 스노우 타이어, 제조사 표준 컴퓨터 칩 변경하기 등에 관해서는 말도 꺼내지도 않았다. 길 찾는 방법, 제한 속도, 도로에 있는 다른 차량에 대해서도 또는 방향, 속도 제한, 도로의 다른 차량에 대해서도 마찬가지다.

단식 증류기는 놀라울 정도로 다양하게 조절할 수 있다. 이 부분을 살펴보고 물론 그것이 맛에 어떤 영향을 미치는지도 알아보자.

부분적 단식 증류

단식 증류기로 만든 버번을 사려면 소규모 수제 위스키 증류소나 우드포드 리저브Woodford Reserve를 알아봐야 한다고 생각할 수도 있다. 그 외의 버번은 모두 연속식 증류기로 만들어지기 때문이다. 정말 그럴까?

음, 그건 맞는 말이기도 아니기도 하다. 왜냐하면, 거의 모든 대형 증류소들이 연속식 증류기를 사용한 이후에 단식 증류기로 다시 증류하기 때문이다. 여러분도 아마 '더블러'라고 부르는 것을 들어봤을 것이다.

더블러는 일반 단식 증류기처럼 회차 별로 순차적으로 투입할 수도 있지만, 대체로는 연속식 증류기 부분의 응축기에서 거친 증류액이 흘러나오는 대로 바로 단식 증류기 부분으로 흘러들어간다. 이 냄비는 증기로 가열된다. 알코올이 풍부하게 들어 있는 이 증기는 라인 암(증류관)을 통해 빠져나가고, 냄비에는 물과 불순물이 남는다. 증류액의 알코올 도수는 그렇게 많이 오르지 않는다. 이 과정의 주목적은 순도를 올리는 것이다.

몇몇 증류소는 덤퍼라고 하는 단식 증류기의 단순화된 버전을 사용한다. 물이 3분의 2 정도 채워진 단순한 용기다. 연속식 증류기에서 나오는 뜨거운 증기는 물속으로 직접 공급되어 표면 아래로 나온다. 수증기가 물에 닿아 압축되면서 쿵쿵거리는 소리가 난다. 증기에서 열이 계속해서 가해지면서 액체가 끓는다. 상단에서 나오는 증기는 불순물과 물을 버려두고 올라와서, 더 깨끗하고 알코올 함량이 약간 더 높다. 증기는 응축기로 넘어가서 새로운 증류액이 된다.

이렇게 만든 증류주를 '단식 증류기로 만들었다'고 주장하는 사람은 아무도 없다. 그들은 연속식 증류기로 만드는 것을 자랑스러워한다. 하지만 마무리 손질을 하기 위해서 단식 증류기를 사용하는 것이다.

스코틀랜드 아일라에 있는 아드나호 증류소의 구리 증류기

다양한 모양의
단식 증류기

단식 증류기를 몇 개 보고 나면 처음에는 비슷한 모양을 찾기 어렵다고 느낀다. 쉽게 설명할 수 있는 차이점도 있다. 워시 스틸은 스피릿 스틸보다 크다. 훨씬 더 많은 양의 액체를 담아야 하기 때문이다. 하지만 불룩한 공 모양과 마른 목 모양과 온갖 모양이 난무한다.

이것은 단지 장식적인 디자인 때문일까? 물론 그렇지 않다. 이것은 풍미와 연관되어 있다. 눈에 띄는 점은 상대적인 크기와 비율에 관한 것인데, 나는 이것을 '증류기의 기하학'이라고 부른다. 어떤 증류기는 널찍하고 땅딸막한데, 어떤 증류기는 키가 크고 날씬하다. 어떤 증류소에는 커다란 워시 스틸 한 대가 있고, 어떤 증류소는 작은 것 여러 대를 가지

고 있다. 어떤 증류소는 기존 증류기를 고통스럽게도 정확하게 더 큰 비율로 그대로 베껴 용량을 늘리기도 한다.

증류기의 기하학은 왜 중요할까? 그 답은 환류와 구리와 관련이 있다. 환류는 워시가 끓고 냄비에서 증기가 상승할 때 발생한다. 막 끓기 시작한 시점에는 목이 완전히 데워지지 않은

상태여서 증기가 목의 차가운 금속에 응축되어 증류기 바닥으로 다시 흘러 들어간다. 냄비에 물을 끓였을 때와 비슷하다.

증류기가 완전히 데워지면 증기는 점점 더 높은 곳에 올라가서 응축되고, 결국에는 출구와 라인 암에 도달한다.

환류의 목적은 무엇일까? 어느 구덩이 안에 무게가 다른 공이 여럿 있다고 생각해보자. 우리의 목적은 가벼운 공들을 다른 구덩이로 옮기고, 무거운 공들은 그대로 남겨두는 것이다. 그래서 구덩이 바닥을 위아래로 빠르게 진동시켜서 공이 위로 튀게 하기 위해 에너지를 더해준다. 이는 증류기에 열을 더하는 것에 해당한다.

가벼운 공은 더 높이 튀어 오른다. 가장 가벼운 공들은 —끓는점이 낮은 화합물들은— 구덩이를 먼저 빠져나오고, 무거운 공들은 벽에 튕겨 구덩이로 도로 떨어진다. 무거운 공 중에서도 꽤 높이 튀어 오르는 공이 있겠지만, 계속 주시하고 있다가 너무 가까워지기 시작할 때 에너지를 줄이기만 하면 그 공을 구덩이 안에서 나오지 않게 할 수 있다. 결국, 가벼운 공은 모두 튀어나오고, 중간 무게 공 몇 개도 같이 나오고, 가장 무거운 공은 안에 남게 된다. 이 미들 런 스피릿이 매우 표준적이다.

더 가벼운 증류주를 원하면 어떻게 할까? 즉, 제일 가벼운 공들만 빼내고자 하는 것이다. 구덩이의 벽을 높여 더 무거운 공이 빠져나갈 가능성을 줄일 수 있다. 키가 큰 증류기로 만든 증류주는 더 '우아하고' 꽃 향이 난다. 반대로, 키가 작고 목이 짧은 증류기로 만든 술은 무거운 성분이 좀 더 들어가 있다. 약간의 유황 느낌, 소위 '고기 같은 맛'이라고 부르는 맛, 약간의 씹는 맛이 있는 증류주다. 구덩이의 벽을 낮추어 더 많은 공이 튀어나올 수 있도록 했다.

공과 구덩이의 비유에서 가장 먼저 나오는 가장 가벼운 공이 초류다. 우리는 이 공들을 퍼내어 다음 시간을 위해 보관해야 한다. 중간 무게의 공 몇 개가 '운 좋게' 같이 빠져나와 섞여 있기 때문이다. 공이 가장 빨리 나오는 시점에서 중간 단계가 바로 중류다. 마지막으로 나온 공들은 후류다. 이것들은 다음 시간에 다시 집어넣기로 한다. 그 안에 섞여 있는 둔해서 빠져나오지 못한 몇몇 중간 무게 공들을 되찾기 위해서다.

증류기의 높이는 환류에 영향을 주지만, 이것이 유일한 방법은 아니다. 키가 크고 날씬한 증류기는 증기가 구리에 닿을 가능성이 크기 때문에 더 많은 환류가 발생한다. 키가 크고 널찍한 증류기는 접촉이 적고 증기가 계속 움직인다. 증류기 목의 아래 부분이 개미허리처럼 가늘 수도 있는데 —'램프 글래스' 증류기라고 한다.— 증기와 워시의 활성 표면 사이를 약간 분리한다. 구리 벽을 밀어내는 흐름을 좀 더 부드럽게 해준다. 목 아래쪽이 돌출되어 있으면('보일 볼') 증기 흐름을 느리게 해서 더 많은 환류를 생성한다.

(112페이지에 계속)

이상한 물건

단식 증류기를 사용하는 증류소 중 일부는 지극히 평범하다. 워시 스틸, 스피릿 스틸, 워시를 끓이고, 로우 와인을 돌리고, 초류와 후류를 재증류하고, 새로 만든 증류주를 증류주 저장소에 보낸다. 증류기의 모양이 독자적일 수는 있지만, 키가 큰 모양, 키가 작은 모양, 램프 글래스 모양, 보일 볼 모양 등 기본적인 레퍼토리에서 벗어나지 않는다.

반면 전혀 다른 생각을 하는 증류소들도 있다. 예를 들어, 일부 몇몇 증류소는 스피릿 스틸의 목에 워터 재킷을 입혀 시원하게 해서 환류를 증가시킨다. 뜨거운 증기가 증류기 목의 구리를 데울 기회를 얻지 못하게 되어, 증류기로 다시 떨어지는 양이 더 많아지고, 더 가벼운 증류주가 만들어진다.

달모어에는 워터 재킷이 있고, 꼭대기가 평평한 증류기도 있다. —사연을 들어보니 위층 아래로 높이를 맞추기 위해 꼭대기를 자르고 캡을 씌웠다고 한다.— 이 증류기의 평평한 꼭대기가 환류를 증가시키는 것으로 보인다. 달모어는 네 대의 워시 스틸과 네 대의 스피릿 스틸을 사용한다. 디스틸러 마크 할라스는 나에게 이건 '불균형적 증류 시스템'이라고 말했다. 24시간 동안 조심스럽게 수동으로 제어되는 증류를 통해 워시 증류의 규모와 스피릿 스틸의 용량이 균형을 이룬다. 할라스는 자동화할 시간이 없었고 기계가 그의 증류기들을 제대로 작동할 수 없다고 생각했다. "이건 사람이 해야만 합니다." 그가 말하고 자기 옆머리를 두드리며 재빠르게 미소를 지었다. "기계의 고기 같은 존재죠."

일본은 스코틀랜드와 달리 증류소 간에 위스키를 거래하거나 교환하는 문화가 없기 때문에, 블렌디드 위스키를 만들 여러 다양한 위스키들을 다른 방법으로 구해야 한다. 일본의 대형 증류소 두 곳에는 다양성을 위해 여러 증류기가 마치 증류기 박물관처럼 구비되어 있어 다양한 증류주를 만들어낸다. 캐나다의 증류소들도 어느 정도 비슷한 처지에 있다. 그들도 의도적으로 다른 증류기를 갖고 있다. 아일랜드 증류소의 증류기는 스코틀랜드와 유사하지만, 이전 장에서 언급했듯이 사용하는 데 있어 상당히 혁신적이다. 새로운 아이리시 위스키 증류소 중 일부는 과거의 디자인을 부활시키고 있다. 나는 새로 생긴 툴라모어 증류소에서 거의 공 모양에 가까운 흥미로운 증류기를 본 적도 있다.

거의 모든 단식 증류기는 워시를 넣어 작동하지만, 켄터키의 연속식 증류기처럼 '곡물을 넣어' 증류하는 것도 있다. 예를 들어, 우드포드 리저브는 버번 매시를 워시 스틸에 넣어 증류하는데, 증류기를 사용한 후에 매번 세척하고 내용물을 퍼올려 빼내야 한다. 아이슬란드의 플로키 증류소도 이런 방식으로 매시를 증류기에 넣어 몰트 위스키를 만드는데, 흥미롭게도 건조된 코코아의 향이 증류액에서 느껴진다.

그리고 버지니아주에 있는 에이 스미스 보먼 증류소의 메리가 있다. 메리는 배치 공정 스피릿 스틸로 사용되지만, 사실 메리는 연속식 증류기로 만든 버번의 두 번째 증류를 하기 위해 설계된 더블러다. 보먼 증류소는 수십 년 동안 켄터키 증류소에서 로우 와인을 사서 메리에 넣고 작동해 위스키를 만들어왔다.

메리는 넓고 옆면이 일자로 곧은 구리로 된 원통 모양으로, 머리에 얹혀 있는 잘록한 보일볼이 나선형 라인 암으로 이어져 있다. 라인 암은 약 3.5바퀴를 돌아 응축기로 이어져 있다. 나는 20년 넘게 위스키에 대해 글을 쓰는 동안 메리와 같은 것은 한 번도 본 적이 없다.

에이 스미스 보먼 증류소의 '메리' 증류기(버지니아주 프레더릭스버그)

증류기 본체가 아닐 수도 있다. 스피릿 스틸을 간신히 끓는 온도에서 작동하면 증류 시간이 길어지고 환류가 더 많이 발생한다.

어떤 라인 암(증류관)은 약간 위쪽으로 기울어져 있어, 응축된 증기가 다시 냄비로 흘러내려간다. 라인 암이 급격한 각도로 아래로 기울어져 있으면 증기가 더 쉽게 빠져나갈 수 있다. —즉, 환류가 줄어든다.

환류를 늘리는 가장 쉬운 방법은 물론 스피릿 스틸을 한 번 더 돌리는 것이다. 3회 증류는 미들턴, 부시밀스, 툴라모어와 같은 아일랜드의 대규모 증류소에서 이루어지지만, 스코틀랜드의 오큰토션에서도 이루어진다. 스프링뱅크의 헤이즐번 위스키도 3회 증류로 만들어진다. 삼중 증류는 환류의 증가로 인해 더 가벼운 증류주가 만들어진다.

증기 일부를 다시 증류기로 직접 재순환시키는 독특한 장치를 추가할 수도 있다. 아드벡에는 '정화기purifier'라고 부르는 것이 있다. 증류기 라인 암에 있는 '세미 응축기'라고 설명하는데, 증류주 일부를 증류기로 돌려보낸다. 아드벡 관계자들은 이렇게 하면 감귤 향이 더해진다고 생각한다. 냉각수는 없다. 증기는 압력 강하로 인해 응축된다. 유명한 스카치 위스키 블렌더인 빌 럼스덴 박사는 "마치 '아드벡 빅 앤 청키' 같았다"라고 회상했다.

정리하자면, 환류가 많아지면 더 깨끗하고 고급스러운 증류주, 꽃 향과 과일 향과 감귤 향이 나는 가벼운 증류주가 나온다. 환류가 적다는 것은 우리 중 몇몇이 좋아하는 '고기 같은' 성격을 가진, 좀 더 무겁고 대담한 증류주

를 의미한다. 둘 다 숙성을 마치면 흥미롭고 맛있게 나올 수 있다. 환류는 위스키의 풍미, 바디감, 숙성 프로파일에 매우 중요하다.

환류는 구리와의 접촉량을 증가시키기도 한다. 앞서 언급했듯이 구리는 위스키를 정화하는 작용을 한다. 뜨거운 증류주가 뜨겁고 깨끗한 구리에 닿는 모든 곳에서 위스키가 더 깨끗해진다. 이것이 증류기(그리고 파이프, 웜 터브, 응축기)가 구리로 만들어진 주된 이유다. 강철은 장기적으로 훨씬 더 오래 가고 더 저렴하지만, 구리는 지금까지 우리가 발견한 어떤 금속보다도 위스키를 가장 잘 만들어준다.

글렌모렌지 오리지널
VS
글렌파클라스 12

Glenmorangie Original VS Glenfarclas 12

두 맛의 이야기. 키 큰 증류기로 만들어진 글렌모렌지는 가벼우면서, 혀에서 춤추고, 섬세하다. 땅딸막한 증류기로 만든 글렌파클라스는 풀 바디감에, 혀를 코팅하는 듯하고, 여운이 길다. 둘 다 즐거운 위스키다.

구리 화학

구리 단식 증류기와 구리 연속식 증류기는 반짝거리고 광택이 날 때 아름답다.

하지만 구리는 찌그러지기 쉽고 빨리 닳고 수리해주어야 하며 작업 중에도 변색이 된다. 그리고 어떤 신참 디스틸러가 그걸 손수 일일이 닦는 일을 맡게 될 게 뻔하다. 그런데도 증류소에서는 구리를 사랑한다. 무슨 이유가 있는 것일까?

"원래 구리를 쓰게 된 이유는 그저 사용하기 편했기 때문이었습니다." 빌 럼스덴 박사는 말했다. "가단성*이 있고, 원하는 증류기 모양으로 바꾸기도 상당히 쉽고, 열전달 능력이 뛰어났죠. 구리가 응축 증기와 화학적으로 반응한다는 사실은 우연히 발견한 것입니다." 저렴한 스테인리스 스틸 증류기를 만드는 방법을 알아내고, 몇 년이 지나 그것으로 만든 위스키를 맛보고는 아주 맛없다는 것을 알게 된 이후였다.

그것은 화학에 관한 것이다. 깨끗한 구리는 증기의 황 화합물과 —황은 곡물에 들어 있다.— 반응해 황산구리를 생성한다. 검고 유독한 냄새가 나는 화합물은 뒤에 머물고 맑은 증류액이 흘러나온다.

구리가 없다면 어떨까? 그러면 위스키에서 매우 자극적인 유황, 고기, 거의 양배추 냄새가 날 거라고 럼스덴 박사는 말했다. "그건 우리가 원하는 것이 아닙니다. 유황 자체가 너무 많이 있을 뿐 아니라, 그로 인해 위스키의 과일 향과 은은한 향이 가려지니까요."

화학은 때로는 놀랍도록 우연적이다. 이 경우에는 다소 낭만적이기도 하다. 구리와 유황이 결합하면 구리가 소모되어 증류기, 콘덴서, 라인 암이 얇아진다. 구리로 된 모든 부분은 결국 교체해야 한다. 구리가 말 그대로 자신을 희생해서 우리의 위스키 맛을 더 좋게 만들어주기 때문이다. 최고의 사람들은 황금 심장을 가지고 있다는 말이 있다. 최고의 위스키에는 반짝이는 구리 영혼이 있다.

---

* 망치 등으로 두드리거나 눌러도 부서지거나 갈라지지 않는 성질. - 옮긴이

가열 그리고 냉각

증류기에 열을 가하는 방법은 중요하다. 초기 증류소들은 모든 증류기 밑에 불을 때는 방식으로 증류기를 가열했다.

벽돌 벽난로의 불이었을 수도 있고, 계곡에 있는 소농장주 크로프터*의 비밀스러운 작은 증류기 주위에 있는 잔딧불이었을 수도 있지만, 어찌 되었든 구리 증류기에 불을 지폈다. 이것을 '직화' 방식이라고 한다. 처음에는 잔디나 목재를 연료로 사용했지만, 나중에는 석탄과 중유를 사용했고, 오늘날에는 아직도 직화 방식을 쓰는 몇 안 되는 증류소에서는 천연가스를 사용한다.

직화 방식에는 단점이 있었다. 구리의 내부와 외부가 손상된다는 것이다. 외부에는 그을림이 생겨 불의 세기를 조심스럽게 조절해야 했다. 내부에는 워시에 들어 있는 당이 뜨거운 구리에 닿아 캐러멜화되어 붙었다. 그들은 캐러멜화에 대한 해결책을 찾았다. 증류기에 기어가 달린 팔들을 만들었다. 이 팔은 워시가 끓으면 회전하며, '러머저rummagers'라고 하는 코일형 구리 링크의 무거운 그물을 끌었다. 러머저는 캐러멜을 긁어내고, 캐러멜은 워시에 남아서 증류주에 풍미를 더한다.

---

* crofter: 스코틀랜드의 소규모 소작농. - 옮긴이

스코틀랜드 탈리스커 증류소의 웜 터브

스코틀랜드의 — 그리고 내가 아는 한 다른 모든 곳의 — 거의 모든 증류소는 증류기를 증기로 가열하는 방식으로 전환했다. 증기 가열 방식은 더 깨끗하고 러머저가 필요하지 않으며 — 증류기가 마모되어 발생하는 추가 비용도 없다.— 열이 고르게 전달된다. 하지만 몇몇 증류소는 아직 직화 방식을 고집하고 있다. 이 방식이 위스키에 더해주는 풍미 때문이다.

단식 증류기에 있어 마지막으로 고려해야 할 사항이 있다. 바로 증기가 냉각되는 방식이다. 스카치 위스키를 만드는 데 사용하는 응축기에는 두 가지 유형이 있다. 웜 터브worm tubs는 차가운 물에 잠긴 구식 코일형 구리 튜브로, 문샤인 증류기 사진을 본 적이 있는 사람이라면 익숙할 것이다. 다른 하나는 좀 더 현대적인 유형으로, 셸 앤 튜브shell and tube라고 하며, 구리로 된 겉껍질 안에 수백 개의 구리 튜브가 앞뒤로 회전한다. 튜브를 통해 찬물이 흐른다. 껍질은 증류기에서 나오는 증기로 채워져 있다.

셸 앤 튜브 응축기는 증기를 훨씬 더 많은 구리에 노출하고 증기를 더욱 빠르고 효율적으로 냉각시킨다. 웜 터브는 구리 노출이 적고 더 느리게 작동한다. 예상했겠지만 웜 터브는 좀 더 무거운 증류주를 만들어낸다. 그리고 짐작하겠지만, 이것은 좋거나 나쁜 것이 아니라, 위스키의 풍미를 만들기 위한 또 하나의 선택이다.

단식 증류기는 아마도 업계에서 가장 전통에 얽매여 있는 부분일 것이다. 어떤 특정 모양을 한 증류기가 있고, 특정한 작동 방식이 있다면, 그 방식을 영원히 고수하는 것이 좋다. 언젠가 글렌리벳의 어느 관계자에게 글렌리벳의 증류기 모양에 어떤 이유가 있는지 물어보았던 기억이 난다. 나는 그들이 만드는 위스키 제품과 관련한, 일종의 계획을 나타내는 답변을 기대했지만, 그는 '항상 그래왔기 때문에'라고 말했다. 원래 이유가 무엇이었든, 같은 방식으로 계속하는 것이다. 그것이 그들만의 증류주를 만드는 방법이니까 말이다.

이제 단식 증류기가 더 우수한 위스키를 만든다는 의견으로 돌아가보자. 이제 다음 장은 연속식 증류기의 반박을 들어볼 차례다.

탈리스커 10
Talisker 10

탈리스커의 큰 웜 터브는 바닷물로 냉각한다. 마시면 즉시 연기가 느껴진다. 피트 연기와 해초와 후추의 과감한 조화를 뚱뚱한 몰트 쿠션에 받친 맛에 빠져보자.

제8장
연속식 증류기

위스키 제조의 어떤 측면이 더 잘못 이해되고 있다고 생각하는가? 블렌디드 위스키의 구성과 품질, 아니면 연속식 증류기의 용도와 한계? 답하기 매우 어려운 질문이다. 블렌디드 위스키는 많은 싱글 몰트 팬들에게 비난을 받고, 슬프게도 연속식 증류기도 같은 처지에 있다. 블렌디드 위스키의 과소평가된 아름다움에 대해서는 나중에 더 이야기하겠다. 연속식 증류기에 대한 오해부터 지금 바로 해결해보자.

먼저 '연속식 증류기'라고 하면 어떤 이미지가 떠오르는가? 현재 위스키를 만드는 데 일상적으로 사용되는 연속식 증류기에는 적어도 두 가지 유형이 있다. 코피 스틸과 켄터키 비어 스틸이다. 코피 스틸은 1831년에 영국에서 이니어스 코피가 특허를 받았다. —아이러니하게도 코피는 주세 공무원 출신이었다.— 그 전에 몇몇 발명가들이 개발한 증류기의 기능을 개선한 것으로, 증류주 세계에 혁명을 일으켰다. 켄터키 비어 스틸은 코피 스틸의 '고형분 분리탑'을 떼어 와서 이것만 작동시키는 것과 비슷하다. 증기를 식히는 응축기와 증류액을 깨끗하게 하는 두 번째 단식 증류기가 같이 있다.

지금 바로 고백할 것이 있다. 나는 미국인이다. 그리고 나는 처음 위스키를 배운 것도, 처음 위스키에 관해 글을 쓴 것도 버번으로 시작했다. 내가 증류에 대해 생각하는 방식은 미국 스타일 증류에서 영향을 받는 경향이 있다. 내가 이 말을 하는 이유는 나는 '연속식 증류기'라는 단어를 들으면 자동으로 켄터키 비어 스틸을 떠올리기 때문이다.

나는 이 장을 쓰기 위해서 이런 내 경향을 고치려고 노력했다. 이 지역적 증류의 울타리의 양편 모두에 나처럼 어느 쪽으로든 편향을 가진 사람들이 많을 것으로 생각한다. 만약 여러분도 그렇다면, 열린 마음으로 읽어주기 바란다.

둘의 차이점을 이해하고 연속식 증류기를 이해하려면 일반적으로 몇 가지 세부 사항(그리고 설명)을 봐야 한다. 여러분 중에는 연속식 증류기는 단식 증류기를 여러 개 쌓아 놓은 것이라는 설명을 들어본 사람도 있을 것이다. 나는 이 이미지가 충분히 정확하지도 유용하지도 않다고 생각한다. 그보다는 워시의 —미국식 증류 용어로는 '비어'의— 경로를 따라 연속식 증류기를 탐험하는 것이 더 이해하기 쉽다고 생각한다.

코피 스틸에서 차가운 워시는 '정류탑rectifier' 이라고 하는 두 번째 기둥의 상단에 도달해 일련의 고리형 파이프를 통해 아래쪽으로 이동한다. 첫 번째 기둥인 '고형분 분리탑analyzer'에서 뜨거운 증기가 떨어지면서 가열된다.*

이 뜨거운 워시는 이제 고형분 분리탑 상단으로 공급된다. 워시가 일련의 천공판을 통해 아래로 떨어지고, 동시에 가압된 증기가 바닥으로 유입되고 상승하면서 워시를 가열하고 알코올을 빼앗아 증기로 가지고 간다. 증기는 기둥 상단에서 나와 고형분 분리탑의 하단으로 이동한다.

뜨거운 증기가 고형분 분리탑을 통해 상승하면서 루프 파이프에 있는 워시를 가열한다. 이로 인해 증기가 식고 환류가 일어난다. 떨어져 나와 고형분 분리탑 밑부분의 통으로 떨어지는 액체는 정류탑으로 퍼올려지고, 상단 근처에서 공급되어 다시 통과한다. 계속 상승하는 증기는 상단 부근의 '증류판spirit plate'을 통과한다. 일단 증류판을 통과하면 냉각되어 응축기와 증류정spirit well으로 모이거나, 상부를 통해 증기로 빠져나가 응축되어 들어오고 있는 시원한 워시로 돌아간다. 워시와 증기가 증류기에 들어가는 한 이 사이클은 계속된다. 이따금 증류기 작동을 멈추고 청소, 유지보수를 한다.

코피 스틸은 순도 한계에 가까운 알코올을 생산하도록 조절할 수 있다. 화학적 이유로 알코올은 95.57% 이상 안정적으로 생산할 수 없다. —여러분 중에는 이 수치가 에버클리어의 알코올 도수보다 조금 높다는 걸 알아봤을 수 있다. 에버클리어는 미국의 일부 주에서는 합법이 아니다. 혹시 왜 에버클리어 도수가 190° 프루프'밖에' 되지 않는지 궁금했다면 답이 되었기 바란다.

여러분은 혹시 "그건 위스키가 아니잖아"라고 생각하고 있을 수도 있겠다. 그 말도 어느 정도 일리가 있다. 하지만 우리는 앞에서 그레인 위스키에 대해 잠깐 언급했다. 도수 높은 증류주를 나무통에 숙성시킨, 대부분 블렌디드 위스키 재료로 사용되는 그레인 위스키는 여기에서 온다. 증류기가 약간 더 낮게 조정되어 있고 도수는 약 180° 프루프(90%)다. 실제로 도수가 이렇게나 높은 그레인 위스키도 냄새를 맡으면 여러 곡물 재료의 냄새를 구별할 수 있다. 내가 직접 경험했다. 게다가 숙성된 그레인 위스키는 경이롭다. 나는 J. P. 와이저 18년을 오후 내내 기꺼이 마실 수 있다. 실제로 그런 적도 있다. 온화한 아름다움이었다. 그레인 위스키에 대해서는 12장에서 더 이야기하겠다.

와이저 18년
Wiser's 18

'갈색 보드카'라고 조롱받는 그레인 위스키. 상당히 매력적이다. 부드러운 연필 부스러기, 바닐라, 버터크림, 달콤한 캐러멜과 토피의 부드러운 물결이 혀를 감싸고 참나무와 삼나무의 떨림이 느껴진다. 따뜻하고 친절하다.

---

* 연속식 증류기는 2개의 증류탑 혹은 기둥으로 구성되어 있다. 하나를 analyzer라고 하며 우리말로는 고형분 분리탑이라고 하고, 다른 탑(column, 기둥)을 rectifier이라고 하며 우리말로는 정류탑이라고 한다. - 감수자

켄터키와 캐나다에서 사용하는 비어 스틸은 더 간단하다. 앞에서도 말했듯이, 이것들은 커피 스틸의 분석기 기둥과 매우 유사하며, 더 낮은 도수로 나온다. 앞서 언급한 바와 같이 미국산 위스키는 최종 증류 도수가 160° 프루프(80% ABV)를 넘을 수 없다. 내가 아는 한, 모든 주요 버번 제조사는 두 번째 증류(더블러 또는 덤퍼 사용)를 하기 때문에 비어 스틸에서 나오는 도수는 120°~140° 프루프(60~70% ABV) 범위 안에 있다.

비어 스틸이 작동하는 방식은 다음과 같다. 기둥의 지름 길이는 변할 수 있다. 나는 12인치(30.5cm)밖에 되지 않는 것도 보았고, 버팔로 트레이스 증류소에서는 버번 업계에서 가장 큰 84인치(2m)의 거대한 비어 스틸을 사용한다. ―온타리오주 윈저에 있는 J. P. 와이저 증류소는 더 큰 비어 스틸이 있다. 분당 240갤런(908.5리터)이라는 놀라운 속도로 증류액을 내뿜는다. 이는 풀사이즈 소방 호스보다 더 많은 양이다.― 그들은 약 30피트(9.1m)에서 60피트(18.3m) 이상이지만 모두 곧은 기둥 모양이다. 공이나 구부러진 부분이 없다. 또는 납작하고 뚱뚱한 모양도 아니다. 이것들은 단식 증류기가 아니다. 모양이 매우 균일하다.

연속식 증류기는 안의 내용물이 중요하다. 판 혹은 트레이가 있고, 각각 증류기와 지름이 같다. 증류기의 용도와 크기에 따라 15개에서 70개 이상의 트레이가 있을 수 있다. 트레이에는 여러 작은 구멍이 뚫려 있다. 구멍 크기는 다양하지만 가장 큰 것은 체격이 큰 사람의 손가락이 통과할 정도다. 트레이의 한쪽에 측면으로, 기둥을 통해 번갈아가며 내려갈 때, 주위에 낮은 제방이 있는 넓은 파이프가 있다. 이것을 '다운커머down-comer'라고 한다.

이것의 작동 원리는 매우 간단하다. 여과되지 않은 비어, 매시 등을 증류기 위의 비어 예열기를 통과하는 것으로 시작한다. 뜨거운 증기를 사용해 비어를 가열하고 증기를 식히는 일종의 원형 응축기다. 가열 여부와 관계없이 비어는 위쪽으로 약 4분의 3 정도 기둥에 들어가 아래쪽으로 흐른다. 그리고 내려가면서 각 트레이를 내리막 입구 주변의 제방 높이까지 채운다.

한편, 가압된 증기는 기둥의 바닥으로 공급된다. 뜨거운 증기가 판의 구멍을 통해 올라와 비어 사이로 거품이 일면서 비어를 가열하고 비어에서 알코올을 '빼앗아' 기둥 위로 운반한다. ―그리고 보니, 이 증류기들을 '스트리퍼'라고도 한다. 버번 증류 세계의 모든 것은 적어도 두 가지 이름이 있는 것 같다.― 비어가 아래로 떨어지면서 더 뜨거워진다. 증기가 상승하면서 더 차가워진다. 그러나 전체 기둥이 꽤 뜨거워서 알코올과 알코올 이외 물질(컨지너)은 계속 올라간다.

뉴 리프 버번
New Riff Bourbon

뉴 리프는 비어 스틸에 전통 버번을 만든다. 명백한 클래식 버번의 향인 계피, 뜨거운 옥수수, 슬래브 컷팅한 참나무 향이 느껴진다. 증폭해 혀 위에 올려놓고 집중해보면, 버번에 필요하지 않은 것은 하나도 없다.

(122페이지에 계속)

다른 옛 증류기들

라이 위스키나 버번과 같은 아메리칸 위스키를 만들기 위해 기둥이 있는 하이브리드 단식 증류기나 정통 단식 증류기를 쓰는 신생 증류소들이 많다. —연속식 증류기를 쓰는 증류소도 소수 있을 것이다.— 미국의 버번과 라이(또는 콘과 휘트) 위스키의 대부분은 여전히 더블러나 덤퍼를 사용해 비어 스틸로 만든다.

연속식 증류기가 항상 미국의 위스키 제조 시장을 지배했던 것은 아니다. 단식 증류기에 국한되지 않은 다른 선택지가 있었지만, 금주령 시대 이후에도 꽤 큰 단식 증류기들이 위스키를 만들고 있었다.

1800년대에는 나무로 만든 증류기가 있었고, 강에서 온 작은 조약돌로 채운 환류 기둥이 있었다. 시스템의 어딘가에 구리가 있는 한 —그리고 대체로 응축기를 비롯해 어딘가에 항상 구리가 있었다.— 증류기의 디자인은 다양한 형태를 취할 수 있었다. 그리고 이 시기에는 큰 목재 빔이 저렴하고 풍부한 경우가 많았다. 목재 빔은 수리 비용이 저렴하고 효과적이었다. 구리의 값이 더 싸지고 철도 운송 덕분에 운반이 쉬워지면서 목재 증류기와 '조약돌 상자'는 더 효율적인 장비에게 자리를 물려주고 사라지게 되었다.

그런데 최근에 새로이 주목받고 있는 증류기 유형이 있다. 바로 3체임버 증류기다. 금주령 시대 이후에도 라이 위스키 증류에 널리 사용되었다. 라이 위스키 역사학자인 데이비드 원드리치는 이것을 "단식 증류기가 전장 총포, 연속식 증류기가 기관총이라면, 3체임버 증류기는 볼트 액션 소총이다"라고 표현했다.

어떻게 생겼을까? 1800년대 후반까지도 나무와 구리로 만들었을 것이다. 키 큰 원통형에, 내부 장벽으로 방 세 개로 나뉘어 있었을 것이다. 위에 비어를 붓고, 아래에서는 저압의 증기가 들어왔다. 증기는 각 체임버 안에 있는 비어를 통과해, 구리 열교환기를 통해 정상까지 천천히 올라갔다. 비어는 각 체임버에서 약 20분 동안 '익혀'졌다. 비어가 켄터키 비어 스틸을 통과하는 데 90초밖에 걸리지 않았던 것과 큰 차이다. 비어가 뜨거워지면 서서히 알코올을 내어주고, 알코올은 밸브와 파이프를 통해 위쪽으로 올라가 더블러로 향하고 소모된 비어는 바닥을 통해 방출된다.

증류소들이 1800년대 후반에 연속식 증류기로 옮겨갔고, 그러고 나서 10~15년 후에 대부분 다시 3체임버 증류기로 다시 바꾸었다.

증류주의 맛이 똑같지 않았다. 깊이나 풍성함이나 혹자가 '어둠'이라고 부르는 성질이 더는 없었다.

금주법 시대가 지나자 계속 남아 있는 3체임버 증류기는 거의 없었고, 단식 증류기처럼 1950년대에 사라졌다. 그러나 이런 과거형 증류기에 대한 새로운 관심으로 인해 적어도 한 증류소는 새로 하나를 주문했다. 바로 덴버의 레오폴드 브라더스다. 우리 모두 그 위스키가 어떤 맛일지 기다리고 있다.

켄터키주 커빙턴에 있는 뉴 리프 증류소에서 단식 증류기를 운영하는 —전략 개발을 담당하는— 제이 에리스먼은 놀랍게도 연속식 증류기 예찬론자다. 그는 연속식 증류기를 통해 아래로 떨어지는 것은 단지 '비어'만이 아니라고 지적했다.

"켄터키 비어 스틸에는 모든 곡물이 다 들어갑니다. 그리고 모든 곡물을 증기가 두들기죠"라고 그는 말했다. "4분의 3 정도 위에서 진입하고, 내려가는 길에는 맛을 내어줍니다. 비어 스틸이 그걸 가능하게 하죠. 그리고 그것은 제일 풍성하고 맛있는 위스키를 만드는 데 중요합니다." 그 곡물은 또한 4장에서 이야기한 미래의 사워 매시인 '스틸리지stillage'가 된다.

비어가 아래로 떨어지고 증기가 비어 입구 높이 위로 올라가는 상단 트레이에는 종종 '버블 캡bubble cap'이라는 것이 있다. 그것은 구리 캡이다. 곧은 측면을 가진 버섯 모자처럼 또는 아래 측면에 슬릿이 있는 우산처럼 생겼고, 트레이의 각 구멍에 맞는다.

환류로 인해 증기가 기둥의 상부 공간에서 응축되기 때문에, 액체는 다운커머를 통해 떨어지고 트레이를 채운다. 버블 캡은 액체로 덮여 있으며, 증기가 구멍을 통해 올라오면서 슬릿을 통해 거품이 발생한다. 버블 캡은 트레이의 액체 수준과 상관없이 일정한 속도로 증류를 유지해준다. 그리고 또한 구리와의 접촉을 증가시켜 결과적으로 증류주를 깨끗하게 해준다.

증기는 기둥 상단에서 환류를 만나 뒤로 떨어지며 구리를 만나 —버블 캡과 종종 기둥의 전체 겉껍질에서— 결국 빠져나간다. 이 시점에서 응축기로 이동한 다음 더블러로 이동하거나 덤퍼로 직접 이동한다.

이전 장에서 설명한 것처럼 더블러는 본질적으로 연속적 냄비 증류기다. 비어 스틸에서 나온 증기는 여전히 응축기를 —여기에서 더 많은 구리와 마주친다.— 통과한 다음, 로우 와인이 되어 저장고로 가서 더블러에 공급된 후, 더블러에서 가열되고, 물과 바람직하지 않은 물질들이 버려지고 증기는 빠져나와 하이 와인이 되는 두 번째 응축기로 간다.

덤퍼는 거의 똑같은 작업을 수행하는데, 다만 증기가 응축기를 먼저 통과하는 것이 아니라 덤퍼로 직접 들어가서 덤퍼의 액체 아래로 나온다. 이로 인해 증기는 응축되고 액체를 가열하고 2차 증류를 일으켜 증류액 안의 알코올이 정화되고 농축된다.

그러고 보니, 이 책을 쓰기 위해 조사를 하면서 나는 지난 몇 년 동안 가지고 있던 궁금증에 대한 답을 얻었다. 여러분도 궁금할 수 있을 것 같다. 단식 증류기로 초류와 후류를 분리하고 나면, 재증류를 하기도 하지만 결국엔 폐기하는 부분이 생기는데, 비어 스틸의 경우에는 어디에서 그런 일이 일어날까?

켄터키주 댄빌에 있는 와일더니스 트레일 증류소의 공동설립자인 패트 하이스트 박사가 간단히 답해주었다. "초류는 응축기 전에 증기로 떨어져 나갑니다. 후류는 스틸리지로 들어가거나 더블러에 남게 되죠." 세척을 하기 위해 연속식 증류기를 멈출 때마다 더블러도 비우고 세척한다. 이것이 그 질문의 답이다.

증류액은 증류정(단순한 저장 탱크)으로 퍼올려진 다음, 배럴을 채우는 장소로 옮겨진다. 그 다음 정거장은 숙성창고다.

증류기 튜닝하기

이전 장에서 설명했듯이, 단식 증류기는 모양에 따라 다양한 증류액을 얻을 수 있다. 하지만 증류기 모양은 한 번 정해지면 바꿀 수 없다. 얼마나 세게 끓이는지에 따라, 그리고 워시(발효액) 또는 로우 와인(1차 증류액)을 얼마나 많이 넣었는지에 따라서도 최종 증류액이 달라질 수 있다. 워시와 로우 와인의 양에 따라 증류주와 상호 작용할 수 있는 구리가 더 많이 남을 수 있다.

비어 스틸은 어떻게 '튜닝'할까? 와일드 터키 증류 회사의 전설적인 마스터 디스틸러 지미 러셀의 말에 따르면, 디스틸러들이 종종 증류기 앞에 의자를 놓고 증류기 기둥을 발로 밀어 의자 앞다리를 바닥에서 띄우고 뒷다리에 균형을 맞추어 비스듬히 앉아 기다렸다고 한다. "증류기에서 나는 바람 새는 소리만 들어도 알 수 있습니다." 러셀은 말했다.

디스틸러는 한 손은 스팀 밸브에, 한 손은 유량 조절기에 놓고 있다. 어떤 디스틸러는 증류기가 내는 소리에 아주 민감해서 야간 근무 중에 졸면서도 조절할 수 있다고 한다. 온도가 너무 높아지면 찬 비어를 넣어 식히고, 온도가 너무 낮아지면 증기가 더 많아지게 한다.

그의 말이 전부 사실일까? 러셀의 표정은 진지해 보였고, 확실히 이 업계가 안전성을 중시하기 이전 시절부터 오랫동안 업계에 종사한 사람인 것은 틀림없었다. 하지만 그와 포커 게임을 할 정도로 신뢰할 수 있는지는 모르겠다.

어찌 되었든 켄터키 비어 스틸은 이런 식으로 다룬다. 온도 조절은 증기나 비어의 흐름으로 하고, 이에 따라 다양한 컨지너(에탄올이 아닌 여러 물질)의 양이나 종류 등이 달라져서, 각각 다른 증류주가 나온다. 그래도 졸지는 않는 것이 좋을 것 같다.

연속식 증류기의 복잡한 세계

연속식 증류기의 두 가지 주요 유형이 어떻게 작동하고 어떻게 다른지 설명했으니, 이제 이것들이 위스키의 풍미를 만드는 데 어떤 역할을 하는지 이야기할 차례다. 내 경험에 따르면 이 주제에 대해서는 모두가 동의하는 부분은 거의 없다. 그 이유는 아마 내가 이 장의 시작 부분에서 언급한 연속식 증류기와 비어 스틸의 두 갈래 비전에서 비롯된 것일 수 있다.

단식 증류기를 쓰는 디스틸러들은 단식 증류기가 발효 과정에서 탄생한 섬세한 곡물 향을 더 많이 보존한다는 것을 기정사실로 생각한다. 비어 스틸을 운영하는 디스틸러들은 이런 주장에 격렬하게 이의를 제기하며, 비어 스틸의 출구가 상대적으로 낮아서 증류액에 풍미가 들어갈 충분한 '공간'이 있다고 주장한다. 코피 스틸로 그레인 위스키를 만드는 디스틸러들은 일반적으로 이러한 논쟁에는 신경 쓰지 않는다. 그들은 그저 증류기를 작동하고 배럴을 채우고 모든 것을 일정하게 유지하는 데만 집중한다. ―닛카의 코피 스틸이나 매니토바의 크라운 로열 증류소에서 나오는 아름다운 증류액처럼 예외도 있다.

이 책을 쓰기 시작했을 때 나는 스코틀랜드, 아일랜드, 미국의 증류업자들과 나눈 대화를 바탕으로 몇 년 동안 연구해온 위스키 제조에 대한 원대한 이론을 가지고 있었다. 그 이론은 이러했다. 싱글 몰트 위스키는 모두 거의 동일한 효모와 맥아 그리고 다양한 배럴을 사용한다. 스코틀랜드와 아일랜드의 숙성창고는 보통 전통적인 더니지^{dunnage} 창고와 아니면 현대식의 선반 창고가 있다. 따라서 싱글 몰트 위스키의 다양성은 주로 사용된 캐스크 종류, 맥아에 적용된 피트의 양, 단식 증류기의 유형과 운영 방식에서 비롯된다. 내가 상상한 그림은 과정의 시작과 끝에 선택의 폭이 좁고, 증류 단계에서 광범위하게 다양해지는 모습이었다.

반면 연속식 증류기로 만드는 미국의 버번과 라이 위스키는 반대의 그림이었다. 내 이론에 따르면 이들은 매시빌과 효모와 발효 요법이 매우 다양하고, 새 배럴을 다양한 방식으로 태우고 구울 수 있고, 숙성창고에서 매우 다양한 장소에 배치할 수 있지만, 비어 스틸들은 지름의 크기 외에는 거의 차이가 없는 것 같다. 모든 위스키가 거의 동일한 증류기를 통과하는 과정에서 일정한 획일성이 유지된다. 풍미를 만들어낸다기보다는 균일한 풍미를 보존하는 과정이다.

물론 이것은 일반화라는 것을 나도 알고 있었고, 당연히 예외가 있을 것이라고는 생각하고 있었다. 하지만 처음으로 내 이론을 꺼내 누군가에게 보여주었을 때 —그 누군가는 브라운포맨의 마스터 디스틸러인 크리스 모리스였다.— 비어 스틸에 관한 내 이론은 갈가리 찢겼다. 모리스는 그 역할에 적임자였다. 그는 위스키 제조를 위해 여러 대형 비어 스틸(루이빌 공장에서)과 대형 단식 증류기(우드포드 리저브에서)를 운영해본 몇 안 되는 사람 중 한 명이다.

모리스는 비어 스틸에 대해 이렇게 말했다. "그들은 콘셉트에 있어서는 획일적입니다." "그러나 브라운포맨의 세계에는 직경의 차이, 높이, 판의 개수, 구리와 철강의 조합, 증기 압력, 열(다양한 온도 범위에서 작동), 상단의 비어가 없는 트레이의 개수, 환류의 양, 그리고 비어 자체의 차이도 있습니다. 유량, 물과 곡물의 비율이요. 올드 포레스터 증류소에는 올드 포레스터 제조법과 얼리 타임스 제조법이 있고, [다른] 모든 차이점과 함께 증류 도수에도 차이가 있습니다. 증류기 실행 방법을 조정해서 그 차이를 얻을 수 있죠."

그는 우드포드 리저브는 단식 증류기에 무엇을 넣는지에 차이가 있다고 지적했다. 그들은 그냥 버번을 만드는 것뿐만 아니라 호밀, 맥아, 귀리 등 다양한 매시를 끊임없이 실험하고 있다. 매시에 따라 워시 스틸을 각각 다르게 실행한다. "증류 과정에서 분리점이 다르고, 곡물이 다르고, 맛이 다르기 때문에 증류주를 다르게 운영해야 합니다. 그리고 다시 반복이죠."

비어 스틸을 만들고 운영하는 데는 많은 차이점과 다양한 선택지가 있다. 그것은 대부분의 단식 증류기 디스틸러들이 인식하는 것보다 더 많다. 연속식 증류기는 특히 잘 모르는 사람의 눈에는 매우 산업적으로 보인다. 그렇기 때문에 나는 브라운포맨이 루이빌의 메인 스트리트에 지은 새로운 전시회에서 빛나는 구리 비어 스틸을 보게 되었을 때 신이 났다. 내가 소셜 미디어에서 언급한 것처럼, 마치 메트로폴리스의 어떤 기계의 신처럼 중앙에 멋지게 사진을 찍으려고 포즈를 취한 듯한 모습을 하고 있었다. 아마도 이제 비어 스틸과 연속식 증류기가 마땅한 존중을 받게 될지도 모르겠다. 비어 스틸은 숨겨져 있는 대신 중심 무대를 차지했고, 증기에 둘러싸여 힘차게 포효하고 있다.

하이브리드

크래프트 위스키 증류에서 상당히 많이 사용되는 또 다른 유형의 '연속식 증류기'에 대해 설명할 필요가 있다. 여러분이 미국이나 유럽에 있는 작은 신생 증류소에 가본 적이 있다면 아마 한 번쯤 이런 것을 보았을 것이다. 그리고 아마 이렇게 생각했을지 모른다. "오, 연속식 증류기네. 잠깐만, 연속식 증류기 맞나?" 그것은 연속식 증류기가 아니었을 가능성이 매우 크다. 내가 아는 신생 증류소 중에서는 정통 코피 스틸을 쓰는 곳은 단 한 곳도 없다. 그리고 이런 '크래프트' 증류소에서 내가 본 비어 스틸 수도 양 손가락에 꼽을 수 있을 정도다.

여러분이 본 것은 '단식/연속식 증류기'라고도 부르는 하이브리드 증류기였을 가능성이 크다. 연속식 증류기의 기둥처럼 보이는 무언가가 있는데, 단식 증류기 바로 위 아니면 옆에 놓여 있고, 크기가 다양한 파이프로 연결되어 있다. 연속식 증류기라기에는 크기가 작고, 포트와 천공판 수가 부족해 보이고, 레버가 너무 많이 있었을 것이다.

하이브리드 증류기는 유럽에서 오드비와 슈납스*를 만드는 데 사용되는 증류기에서 파생되었으며, 가장 큰 제조업체는 CARL 회사다. 단식 증류기는 아니지만, 확실히 연속식 증류기도 아니다.

댓즈햇 라이 위스키를 만드는 펜실베이니아주 브리스톨의 마운틴 로럴 스피리츠는 우리 집에서 매우 가까워, 나는 거기에 자주 들른다. 그곳에는 하이브리드 증류기가 있고, 공동 창립자인 허먼 미할리치는 그것이 어떻게 작동하는지 설명할 수 있을 정도로 잘 알고 있었다.

그것은 단식 증류기처럼 배치 프로세스다. 거기에 워시 ―또는 비어; 댓즈햇의 경우는 스트리퍼 증류 과정은 곡물이 들어 있는 상태에서 진행된다.― 또는 로우 와인으로 채우고 조리를 시작한다. 증기가 상승하기 시작하면 초류를 분리하기 시작한다. 그런 다음 적정 지점, 즉 깨끗한 지점에 도달하면 중류를 수집하기 시작한다. 가능한 한 오랫동안 실행해 깨끗한 증류주를 얻은 다음 후류를 분리한다.

미할리치는 작은 15갤런(56.8리터) 배럴에서 숙성하기 위해 증류할 때는 더 날카롭고 타이트하게 분리한다고 말했다. 풀사이즈 53갤런(200.6리터) 배럴로 들어갈 증류액에 대해서는 덜 엄격하다. 그는 "가끔 악취funk도 좀 넣습니다"라고 말하면서 "악취가 큰 통에 들어가서 섞이면 풍미가 됩니다"라고 말했다.

---

* schnapps: 독일·네덜란드 산 독한 증류주(브랜디·진 등). - 옮긴이

그렇다면 그 기둥들은 무엇일까? 기둥은 환류 기회를 만들기 위해 있는 것이다. 측면의 뷰포트와 레버는 기둥의 정류판rectifying plates을 작동하기 위한 것이다. 판들은 열린 상태로 시작한다. 작업자가 판을 닫기 시작하면—마치 벽난로 댐퍼처럼, 증기 경로를 차단하는 것이 아니라 제한하기 위해— 증기가 위로 올라가는 속도가 느려지고 환류가 발생한다.

연속식 증류기에는 분축기dephlegmator가 있을 수 있다. 분축기는 일부 단식 증류기에 있는 워터 재킷의 내부 버전이나 증류기 내 부분 응축기일 수 있다. 분축기는 기둥의 상단에 있다. 다양한 온도의 물이 흐르는 일련의 튜브다. 온도는 작업자가 만들고자 하는 환류의 양에 따라 달라진다.

하이브리드 증류기는 증류액을 좀 더 자세히 조절할 수 있도록 설계되었다. 단식 증류기 하나로 단식 증류기가 여러 개 있는 것 같은 효과를 내게 해준다. 단식과 연속식의 여러 프로세스를 변경할 수 있는 몇 가지 방법으로 증류 과정을 제어해서, 증류액의 지역 스타일, 깨끗한 정도, 향미의 정도 등을 조절할 수 있다.

예를 들어, 단식 증류기의 증기 열을 증가시킬 수 있다. 열이 더 많으면 증기와 액체가 더 격렬하게 분리되고, 증류액에 에탄올 외의 물질congeners이 더 많이 남아 있으면 증류주가 더 무겁고 약간의 악취가 들어 있게 된다고 미할리치는 말한다. 분축기를 끄고 판을 열면 이 효과를 늘릴 수 있다. 분축기로 가는 물의 흐름을 늘려서 온도를 낮추어 비처럼 내리게 할 수 있다. 환류가 많이 일어나고, 증류기에서 훨씬 더 깨끗한 증류주가 만들어지며 가벼운 맛이 더 분명해진다. 어떤 종류의 위스키를 만들고 싶은지에 따라 여러 선택지가 있다.

하이브리드 증류기를 대략 설명하면 위와 같다. 더 많은 선택지를 제공하고 여러 종류의 증류기를 하나에 담은 것이다. 모든 것을 활짝 열어서 뚱뚱한 위스키를 만들 수도 있고, 꽉 조이고 식혀서 가벼운 위스키를 만들 수도 있다. 정류관rectifying column을 더하고 아주 줄여서 보드카를 만들 수도 있다. 심지어 배출구가 없는 크고 불룩한 구리 캡gin head을 얹어서 '곡물로 만든 중성증류주grain neutral spirits'와 —12장에서 좀 더 자세히 살펴보겠다.— 향초를 붓고 원하는 풍미가 나올 때까지 계속 재증류할 수도 있다.

다양한 옵션, 증류주를 만드는 다양한 방법, 이것이 소규모 증류소가 하이브리드 증류기를 구매하는 이유 중 하나다. 많은 소규모 증류소는 현금 흐름을 생성하기 위해 보드카와 진(그리고 아쿠아비트)을 만들어야 하기 때문이다. 원하는 위스키를 만들기 위해 다양한 유형의 위스키 증류액을 실험할 수도 있다.

하이브리드 증류기를 사용하는 또 다른 이유는 연속식 증류기나 코피 스틸이나 비어 스틸을 운영하는 것은 상당한 투자이기 때문이다. 연속 증류기의 목적은 많은 양의 증류주를 만들어 효율성을 높이는 것이다. 많은 양의 증류주를 판매하지 않고, 충분한 배럴과 저장 공간을 구입할 자본이 없다면, 지금 당장 연속식 증류기는 필요하지 않을 것이다.

어떤 증류기를 사용하든 증류기에서 방금 만든 증류액을 위스키로 만들려면 배럴에 넣어야 한다. 그것이 다음 장에서 다룰 내용이다.

댓즈 햇 본디드
Dad's Hat Bonded

댓즈 햇은 하이브리드 증류기로 만든 라이 위스키다. 훌륭한 호밀과 마른 곡물에 딜과 민트의 잔상이 들어 있다. 풍미가 입안에서 맴돈다. 호밀 알갱이, 달콤한 맥아, 목재의 매운 맛, 약간의 딜, 그리고 긴 여운, 다양한 풍미가 들어 있다.

하이브리드 증류기와 디스틸러 존 쿠퍼와 허먼 미할리치가 댓즈햇 펜실베이니아 라이 위스키를 만드는 모습

제9장

재미있게도, 20여 년 전 내가 처음으로 위스키에 진지하게 관심을 갖게 되었을 때만 해도 위스키를 마시는 사람들은 대부분 배럴에 대해서는 두 번 생각하지 않았다. 배럴이 위스키에 막대한 영향을 준다는 사실을 전혀 몰랐고, 위스키의 색은 전부 배럴에서 나온다는 사실조차 깨닫지 못하는 경우가 많았다.

이제 20여 년이 지난 지금은 누구나 위스키 맛의 50%가 ― 혹은 사람에 따라 60% 또는 70% ― 배럴에서 나온다는 것을 경험을 바탕으로 말할 수 있다. 새로 검게 그을린 오크통과 구운 오크통과 셰리를 담았던 재사용 오크통이 각각 영향력에 차이가 있다는 것도 알 수 있다. 그리고 위스키의 풍미 대부분은 배럴에서 나온다고 쉽게 말할 것이다.

바로 그것이 내가 책을 쓴 주된 이유다. 바로 첫 장에서 유명한 스카치 위스키 블렌더인 빌 럼스덴 박사가 했던 말을 설명하기 위해서다. 그의 말을 다시 인용하자면, "배럴이 위스키 풍미의 50%를 좌우한다면 나머지 50%는 배럴이 아닌 다른 데서 나온다는 뜻이다."

이 장은 배럴에 관한 이야기지만, 배럴의 영향이 작용하기 전에 각 공정에서 만들어진 모든 풍미가 필요하다는 것을 기억하자. 그렇지 않다면 매시와 발효에 시간을 낭비한 것이 되고, 사람들이 '갈색 보드카'라고 조롱하는, 통에 들어가기 전에 향미가 너무 많이 벗겨져 나와서 목재의 색깔과 희미한 맛만 남은 위스키나 다름없다. 좋은 위스키의 풍미는 뉴 메이크의 향미와 배럴의 향미가 결합하고 숙성 과정에서 물리적인 변화의 조합이 합쳐져 만들어낸 시너지 효과다. 둘 중 하나만 있었다면 만들어질 수 없다.

참나무의 위대함

위스키 배럴에 관해 이야기할 때 다른 나무로 만들어졌다고 구체적으로 언급하지 않으면 항상 참나무(오크)로 만든 오크통이라고 이해하면 된다.

스카치 위스키와 아메리칸 위스키는 오크통에서 숙성해야 한다고 규정에 명시되어 있다. 다른 위스키도 거의 대부분 오크통으로 숙성된다. 여기에는 몇 가지 이유가 있다. 먼저, 미국산 위스키는 거의 모두 새 오크통을 딱 한 번만 사용하기 때문에 중고 오크통이 많고 비교적 저렴해 인기가 많다. 셰리 캐스크도 오크통이고, 숙성 위스키에 가장 일반적으로 사용되는 다른 와인 배럴(포트, 마데이라, 다양한 레드와인)도 마찬가지다.

그러나 참나무가 사용되는 주된 이유이자 스코틀랜드와 미국의 규정에서 요구하는 이유는 참나무가 아주 적합하기 때문이다. 참나무는 특히 장점이 많다.

우선, 참나무는 방수 성질이 충분히 있다. 참나무의 세포 구조에는 전충체^{tyloses}라고 불리는 것이 있다. 살아 있는 나무, 즉 변재^{sapwood}를 통해 액체와 당과 영양소를 통과시키는 통로에 발달하는 일종의 작은 마개다. 나무가 자라고 딱딱한 바깥층을 얻게 되면 전충체가 이 통로를 막아, 가뭄이 일어나거나 나무가 감염되어도 나무의 살아 있는 부분이 손실되지 않도록 보호한다.

전충체는 액체는 통과시키지 않지만 공기나 알코올이나 수증기 같은 기체는 통과시킨다. 액체는 나무의 틈새 공간을 통해 천천히 스며든다. 이것이 '천사의 몫'이라고 알려진 느린 증발 손실 현상의 원인이다. 더운 기후에서는 한 해에 최대 10%까지, 스코틀랜드 북부처럼 습하고 추운 기후에서는 최소 1%까지 줄어들 수 있다.

풍미를 발달시킨다는 면에서 더 중요한 것은 오크통 자체에 맛있는 향미가 가득 차 있다는 것이다. 나무로 배럴을 만드는 과정은 단순히 통만 만드는 것이 아니라 훨씬 다양한 향미 화합물을 만들어낸다.

증류기에 이상적인 구리의 특성이 그랬던 것처럼 이 모든 것이 행복한 우연일까? 아니면 위스키 제작자들은 참나무를 사용하고 태우고 굽는 방향으로 진화한 것일까? 나는 우리가 참나무를 사용하는 이유의 핵심은 '방수'라는 특성 하나로 줄일 수 있다고 생각한다. 하지만 오크통 안쪽을 검게 태우는^{charring} 것은 색깔과 풍미에 영향을 미치기 위해서고, 오크통을 굽는^{toasting} 과정은 와인 업계에서 발견해 위스키 숙성에 적용한 것이다. 참나무는 다재다능한 목재이며, 위스키에 사용되는 다양한 참나무 종은 모두 이 과정에 다양한 풍미를 넣어준다.

나는 위스키 배럴을 만드는 목재에 대해 더 잘 알고 싶어 맥켈란, 글렌로시스, 하이랜드 파크 증류소를 소유한 애드링턴 그룹의 스페인 운영 관리자인 스튜어트 맥퍼슨과 이야기를 나누었다. 그의 직함은 이 회사에서 위스키에 셰리 캐스크가 가지는 중요성을 반영한다. 그의 이전 직함은 맥켈란의 'master of wood(나무의 대가)'였다.

맥퍼슨이 나에게 말해준 내용은 나무가 위스키의 풍미에 주는 효과에 관한 최신 연구와 관련이 있었는데 이는 놀라운 내용이었다. "오크통을 만든 개별 나무의 종 또는 만드는 방법이 통에 담는 액체에 가장 큰 영향을 미친다고 밝혀지고 있습니다." 그는 말했다. "사람들은 스피릿의 종류, 혹은 이전에 오크통이 무엇에 사용되었는지가 중요하다고 생각하지만, 근본적으로는 나무와 공정에 따라 크게 좌우됩니다. 뉴 메이크 증류주가 배럴에 들어가고 나면, 어떤 참나무 종인지에 따라, 그리고 어떻게 구웠는지가 가장 큰 영향을 미칩니다."

다시 말해, 배럴의 기본 목재는 그 배럴에 이전에 담겨 있었던 어떤 와인이나 증류주보다도 미래의 숙성 또는 마무리에 더 큰 영향을 미치게 된다. 이것은 많은 사람들을 놀라게 할 것이다. 이미 그러했고 논란을 불러일으켰다. 하지만 이를 기억하며, 배럴을 만들고 채우기 전에 먼저 여러 종의 참나무를 알아보자.

배럴이 다시 통으로 만들어지기 위해 대기하고 있다(스코틀랜드의 스페이사이드 쿠퍼리지)

백참나무(화이트 오크)

학명: Quercus alba

미주리와 아칸소의 숲에서 자라는 백참나무는 버번 배럴에서 가장 큰 비중을 차지한다. 첫 20피트(6.1m)에는 가지가 거의 없고 비교적 곧고 깨끗하다. 세포 구조는 상당히 느슨하지만, 전충체의 효과와 그 효과를 최대한 활용하기 위해 나이테를 가로질러 자르는 4등분 제재 기술을 활용해 방수 배럴을 만든다.

이 백참나무를 공기 건조시키고 굵고 검게 그을리면 위스키에 독특한 풍미를 준다. 백참나무는 좋은 배럴에 사용되는 다른 종들에 비해 바닐라, 시트러스, 코코넛 향미의 원료가 더 많이 들어 있다. 버번을 숙성시키기 위해서는 배럴의 안쪽을 검게 그을려야 하는데, 이 그을린 숯은 옥수수에 있는 황 화합물을 걸러내는 필터 역할을 하기도 한다.

로부르참나무

학명: Quercus robur

로부르참나무는 리무쟁 또는 프렌치 오크로도 알려져 있다. 프랑스 리무쟁 지역에 로부르참나무가 자라는 큰 숲이 있기 때문이다. 종종 동유럽에서 세실 오크와 함께 자라기도 한다. 수확되는 로부르참나무 중 가장 많은 양이 와인 업계로 가지만, 코냑과 아르마냑, 셰리, 포트, 마데이라에도 사용된다. 이 주정 강화 와인을 숙성하는 데 사용된 로부르참나무 캐스크는 위스키 숙성용으로 높이 평가받

는다. 로부르참나무는 백참나무보다 밀도가 낮지만 나뭇결이 더 촘촘하고 탄닌 함량이 더 높다. 이 촘촘한 결 때문에 방수 배럴을 만들기 위해서는 톱질하는 대신 쪼개야 한다.

로부르참나무에서 숙성한 위스키는 말린 과일, 향신료, 가죽, 초콜릿의 풍미가 난다.

세실 오크(졸참나무)

학명: Quercus petraea

대부분 사람들이 헝가리산 참나무 하면 떠올리는 나무가 바로 이 세실 오크다. 로부르참나무가 리무쟁 오크로 불리는 것과 같은 이유다. 헝가리에는 거의 세실 오크로만 이루어진 광대한 숲이 있다. 위스키 생산에는 최근부터 사용되기 시작했으며, 로부르참나무보다 탄닌 함량이 낮지만 와인 업계에서는 '상당히 향기롭다'고 말한다.

오리건백참나무

학명: Quercus garryana

오리건백참나무는 미국 서부 해안의 예전보다는 훨씬 좁은 지역에서 자란다. 지금은 대부분 보호되고 있어서 쿠퍼*들은 사유지에서 새로 수확되었거나 이미 베어지거나 쓰러진 나무로 배럴을 만들고 있다. 탄닌 함량이 높기 때문에 나무의 떫은맛을 없애려면 공기

---

* Cooper: 오크통을 만드는 장인. 통장이. - 옮긴이

건조를 좀 더 오래 해야 한다. 이 과정을 마치면 오리건백참나무는 어두운 과일과 톡 쏘는 훈연 향을 선사한다. 마치 달콤한 캔자스시티 바비큐 소스처럼 말이다. 시애틀의 웨스트랜드 증류소는 오리건백참나무 숙성에 있어 획기적인 작업을 행하고 있다.

웨스트랜드 가리아나
Westland Garryana

오리건백참나무 오크통에서 숙성한 아메리칸 싱글 몰트다. 캔자스시티 바비큐 소스처럼 새콤달콤하다. 입안에서 포효하지만 달콤한 맥아나 코코아 향을 날려버리지는 않는다. 두 영향이 역동적인 균형을 이룬다.

물참나무(미즈나라 오크)

학명: Quercus mongolica var. crispula

일본에서 자란 미즈나라 오크가 전체 위스키 배럴 중에 차지하는 비중은 아주 적지만, 미즈나라 숙성 위스키에 대한 관심은 뜨겁다. 이 나무는 배럴을 만들 수 있는 성숙기에 도달하는 데 2~5배의 시간이 걸린다. 키가 충분히 커야 할 뿐만 아니라, 구멍이 많은 특징이 있어 위스키가 너무 많이 새지 않게 하려면 더 큰 직경으로 나무통을 절단해야 한다.

미즈나라는 백단향과 향신료 향을 위스키에 넣는다. 오리건백참나무와 마찬가지로 소수의 위스키에만 사용된다.

야마 미즈나라
Yama Mizunara

베인브리지 오가닉 디스틸러스는 발아하지 않은 보리 증류주를 숙성시키기 위해 값비싼 돈을 주고 미즈나라 배럴을 사들였다. 백단향, 열대 과일(단단한 익은 망고), 퍼티, 매운 참나무 향, 그리고 익은 과일, 바쁜 목공장, 바닐라, 올스파이스의 밝은 향이 난다. 돈을 들인 가치가 있다.

루브라참나무

학명: Quercus rubra

내가 여기에 루브라참나무를 넣는 이유는 내가 온타리오주 윈저에 있는 J. P. 와이저 증류소에 간 적이 있었는데 그곳의 마스터 블렌더 돈 리버모어 박사가 루브라참나무 오크통에 숙성한 위스키 샘플을 실험 삼아 시음하게 해주었기 때문이다. 루브라참나무는 잘 새고 축축한 생목의 향이 매우 강해서 특별히 기분이 좋지는 않았다. "이걸로 뭘 하시려는 거예요?" 내가 물었다. 그리고 그는 참을성 있게 답했다. "블렌딩을 합니다." 그가 블렌디드 위스키가 주력인 캐나디안 위스키를 만드는 사람이란 것을 기억했다. 몇 년 후에 나는 그를 다시 만나게 되었는데, 어느 바텐더 무리가 그 위스키를 블렌딩되지 않은 상태로 병에 담아 팔아주길 애원하고 있다고 말했다. 정말 취향에는 끝이 없나보다.

배럴과 함께 만들어지는 풍미

참나무는 향이 강한 나무다. 참나무를 베는 현장에서 갓 자른 참나무의 톡 쏘는 축축한 냄새를 맡아본 적이 있다면, 많은 작업이 남았겠다는 생각이 들 것이다.

향미는 배럴을 만들기 위해 잘리기 전에도 참나무 안에 이미 들어 있다. 하지만 나무를 숲에서 가져오는 시점부터 완성된 배럴에 뉴 메이크 증류주를 넣을 때까지의 전체 과정이 그 향미를 다듬고 새로운 향미를 만든다. 그 원리는 다음과 같다.

—초반에는 대체로 버번 배럴에 관해 설명하겠다. 이 점을 참고하기 바란다. 새 배럴에 담는 위스키는 대부분 버번이기 때문이다. 리필에 대해서는 나중에 알아보겠다.—

톱장이는 이 사슬의 첫 번째 주인공이다. 이들은 전기톱을 들고 숲으로 나가는 사람들이다. 주로 일반 재목을 자르지만, 배럴을 만들기에 적합한 크기의 참나무도 항상 찾고 있다. 후자가 돈이 더 많이 된다. 직경은 참나무의 종류에 따라 다르지만 대체로 14인치(35.6cm)에서 27인치(68.6cm) 사이다. 바람직하게는 첫 가지를 치기 전에 통나무에서 적어도 4피트(1.2m) 높이의 널빤지 세트를 하나 얻을 수 있어야 한다.

가지가 많으면 매듭이 필요해지고, 매듭이 많아지면 안에 든 술이 샐 수 있다.

향미 생성은 통나무가 제재소에 도착할 때 시작된다. 통나무들은 널빤지로 잘릴 준비가 될 때까지 젖은 상태로 유지된다. 물총으로 끊임없이 물을 뿌려서 젖어 있는 동안 탄닌이 나무에서 침출되기 시작한다. 흐르는 물속에서 어두운 색을 볼 수 있다. 유익한 곰팡이가 나무에 자라 비슷한 일을 한다. 탄닌을 분해하고 셀룰로오스로 당을 만든다.

차례가 되면 통나무는 널빤지로 잘린다. 이 시점에서는 여전히 평평하다. 구부러진 모양은 나중에 생긴다. 시즈닝*을 하기 위해 건조장에 쌓는다. 소나기가 내릴 때마다 흠뻑 젖는 야외에서 목재를 건조하는 것이 이상하게 느껴질 수도 있지만, 건조되는 것은 나무 표면이 아니다. 나무의 죽은 세포에서 물이 나오고, 물과 함께 더 많은 탄닌이 나온다.

목재는 개별 증류소의 기호에 따라 건조된다. 일부는 짧게는 3개월, 길게는 24개월 이상이

---

* seasoning: 목재를 건조하는 것. - 옮긴이

걸린다. 그런 다음 주로 가마^{kiln}에서 인공건조를 한다. 수분 함량을 균일하게 해서 모든 널빤지가 모양을 만들 때 성질이 똑같도록 하기 위해서다.

널빤지는 거기에서 쿠퍼리지로 이동해 배럴로 만들어진다. 수분 함량은 균일할 수 있지만, 이때쯤에는 아주 특이한 일이 발생하지 않는 한 하나의 나무에서 잘린 널빤지들은 마당 전체에 흩어져 있고 같은 통으로 만들어질 가능성은 거의 없다. 혼돈을 통한 균일성이라고 할 수 있다. 각 배럴마다 여러 널빤지를 통해 임의의 여러 나무의 구성이 들어 있게 된다.

널빤지는 일정한 길이에 한쪽(바깥쪽)이 반대쪽보다 약간 더 넓은 모양이 되도록 절단한다. 원형 배럴의 모양으로 잘 맞추어질 수 있도록 하기 위해서다. 너비는 어쩔 수 없이 비슷하지 않다. 4등분한 통나무의 패턴 때문이다. 그런 다음 쿠퍼들은 널빤지를 당겨서 원형 지그*에 놓고 배럴을 '올리고', 놀라울 정도로 유사한 치수에 맞추어 만들어낸다. 눈으로만 보고 작업해서 같이 들어갈 만한 널빤지의 크기인지를 판단한다. 1분 정도밖에 걸리지 않는다. 관찰하는 재미가 쏠쏠하다.

이제 나무를 유연하게 만들기 위해 널빤지를 잠시 증기에 찐 다음 케이블을 조여 두 끝을 함께 당겨서 단단히 밀봉한다. 놀랍게도 이것 역시 향미를 다시 만들기 시작한다. 참나무에 있는 리그닌**은 건조(시즈닝)하는 동안 설탕과 바닐린으로 ―이름처럼 바닐라 향이 나는

성분으로 인공 바닐라 향료에 사용된다.― 분해되는데, 굽히는 과정에서 가해지는 물리적 응력은 그 과정이 계속 이루어지게 하고, 다음 단계가 이를 가속화한다.

다음은 열을 가할 차례다. 복사열로 천천히 구울 수도 있고 ―토스팅^{toasting}이라고 한다.― 활활 타오르는 불꽃으로 직접 그을려 검은 숯이 만들어지도록 태울 수도 있다. ―'차링^{charring}'이라고 한다.― 증류소에서 원하는 사양에 따라 다르다. 열은 참나무에 물리적·화학적 변화를 일으켜, 단순한 목재 용기를 화학 반응 용기이자 여과 장치이자 주입 용기로 거듭나게 한다.

배럴을 만드는 쿠퍼리지에 첫 번째 단계는 나무를 굽는 것이다. 전기 요소로 가열하거나 혹은 더 전통적인 방법으로 아직 열려 있는 배럴을 나무 조각으로 피운 작은 불 위에 올려놓을 수도 있다. 토스팅은 나무 표면의 당의 구성을 바꾸거나 캐러멜화한다. 모든 증류소에서 토스팅을 요구하는 것은 아니다.

토스팅은 선택 사항이지만, 차링은 버번 배럴이 되기 위해서는 반드시 거쳐야 한다. 개방 가스 화염으로 하는 이 고강도 처리는 배럴 내부를 말 그대로 태워서 탄화시켜, 캐러멜을 생성하고 더 많은 리그닌을 분해해 더 많은 당과 바닐린을 생성한다. 이 성분들은 숯 바로 아래에 있는 '붉은 층'에 집중되어 있다.

---

* jig: 물건을 잡고 작업 공구가 그 쪽으로 향하도록 유도하는 장치. - 옮긴이
** lignin: 강도와 구조를 주는 '목질부' 성분.

평범함을 거부하는 도전: 버팔로 트레이스의 싱글 오크 프로젝트

1999년에 켄터키주 프랭크퍼트에 있는 버팔로 트레이스 증류소의 사람들은 그 핵심에 아주 특이한 것이 있는 야심 찬 프로젝트를 시작했다. 배럴 제조업체인 인디펜던트 스타브 컴퍼니(ISC, 세계 최대 위스키/와인 배럴 제조사)와 협력해 96그루의 참나무를 잘라 배럴을 만든 후 나무의 상단과 하단 부분의 널빤지 하나하나를 주의 깊게 추적했다.

시즈닝을 한 후 ISC의 쿠퍼들이 각 상단과 각 하단의 널빤지를 합쳤다. 각 상단으로 하나의 배럴을 만들고, 각 하단으로 하나의 배럴을 만들어 총 192배럴을 만들었다.

7가지의 변수를 다르게 했다. 매시빌(밀 또는 호밀 버번), 알코올 도수(105° 또는 125° 프루프), 통 시즈닝(6개월 또는 12개월), 나뭇결 크기(촘촘한, 평균 또는 거친), 숙성창고 유형(콘크리트 바닥 또는 목재 바닥), 배럴의 숯 레벨(3 또는 4), 그리고 중요한 요소인 목재의 부위, 즉 배럴의 목재가 참나무의 상단 아니면 하단에서 왔는지가 있었다. 여기서 '상단'은 나무의 하단 통나무의 바로 윗부분을 말하는, 흔히 '머니 로그'라고 하는 부분이다. 그보다 더 위쪽은 주로 철도용 침목이나 팔레트용으로 잘리고, 톱장이들에게 지불하는 가격도 낮게 책정된다.

채워진 배럴은 8년 동안 숙성된 다음, 증류소에서만 알고 있는 다양한 변수가 지정된 숫자를 태그한 상태로 병에 담겨 시장에 출시되었다. 고객들은 다양한 의견을 온라인에 입력할 수 있었다.

버팔로 트레이스는 이 크라우드소싱된 데이터를 수집해 거대한 스프레드시트를 만들었다. 상위권으로 올라간 12개 중에서도 1위는 125° 프루프, 4번 깊이로 탄 배럴에 넣은, 평균적 나뭇결에, 나무의 아래쪽 절반에서 자른 널빤지로 만들어, 12개월 동안 공기로 시즈닝하고, 콘크리트 바닥 숙성창고에서 8년 동안 숙성한 호밀 레시피 버번이었다.

하지만 이 실험에서 얻은 진정한 교훈은 이것저것 적당히 섞였을 때 좋은 위스키가 나온다는 것이라고 버팔로 트레이스의 마스터 디스틸러인 할렌 휘틀리는 말한다. 내가 말했던 '혼돈을 통한 균일성'이다. "우리는 일반 버번은 무작위로 들어온 통나무로 만든 배럴로 만들어야 한다는 깨달음을 얻었습니다"라고 휘틀리는 말했다. "상단만 고르는 것도 아니고, 하단만 고르는 것도 아니고, 랜덤으로요. 제각각 뭔가를 제공하니까요." 물론 버팔로 트레이스의 마크 브라운 사장이 지적했듯 숲을 돌아다니면서 나무 밑동만 벨 수도 없는 노릇이다.

숯은 알코올에서 원하지 않는 향미를 끌어내는 매우 효과적인 필터다. 숯 레벨은 숯의 깊이에 따라 1에서 7까지의 척도로 측정한다. 대부분의 위스키 배럴은 3에서 4 사이다.

이제 배럴의 뚜껑을 맞춘다. 뚜껑도 굽거나 까맣게 태운다. 일부 증류소는 뚜껑을 태우지 않고 굽기만 해서 더 많은 양의 구운 당과 캐러멜을 증류주에 노출되도록 한다.

이제 배럴은 완성되었다. 적어도 풍미를 만드는 작업에 관련된 부분은 끝이다. 이제 주입구를 뚫고 주입구 크기에 맞는 마개를 만들고, 물을 부어 넣은 후 마개를 끼우고 압력을 가해 물이 새는 곳이 있는지 확인한다. 물이 새는 곳이 있으면 목재로 된 쐐기나 마개와 갈대를 —균열 속으로 미끄러져 들어갈 정도로 가늘고 그 후에 부풀어 올라 틈새를 막는다.— 사용해서 고치고, 방수를 확인하면 배럴을 배송한다.

훗날 위스키로 채워질 와인 통도 크기와 모양은 다르지만 거의 같은 방식으로 만들어진다. 유럽산 참나무는 4등분 톱질이 아닌 쪼개는 방식으로 만든다. 이런 배럴은 일반적으로 굽기만 하고 태우지는 않는다.

믹터스 토스티드 배럴

Michter's Toasted Barrel

구운(태우지 않은) 배럴로 마무리된 위스키다. 참나무의 스파이크가 있는 바닐라와 오르차타가 풍부한 향을 가득 채운다. 미각에 약간의 열기가 느껴지지만, 바닐라와 가벼운 향신료의 부드러운 파도가 달콤하게 달래준다. 사랑스럽다.

브라운포맨 쿠퍼리지(켄터키주 루이빌 소재)에서 새로운 배럴을 묶고 있다.

배럴 뚜껑을 불에 그을리고 있다.

마개: 또 다른 목재

위스키 통은 주입구를 통해 증류주를 채우고, 그 주입구는 나무 마개로 막는다.

이 마개는 주로 참나무가 아닌 포플러로 만든다. 일부 증류소는 참나무 마개를 쓰기도 한다. 메이커스 마크는 호두나무 마개를 사용한다. 하지만 대다수는 포플러를 사용한다.

왜 포플러를 쓸까? 포플러는 저렴하고 양도 많고 적당히 부드러우며, 잘 팽창해 단단히 밀봉된다. 중요한 부분은 그것이 위스키의 풍미에 영향을 미치는지인데, 풍미에는 거의 영향을 미치지 않는다. 포플러라서가 아니라 숙성창고 작업자가 일을 제대로 한다면 배럴이 쉬는 몇 년 동안 마개는 맨 위 널빤지에 있기 때문이다. 누출을 최소화하기 위해 그런 식으로 배치한다. 따라서 마개는 위스키에 직접 닿지 않으므로 향미에 영향이 없다. 간단한 원리다.

나무 마개, 쐐기, 말뚝못 모음

통입 도수

'통입 도수 Entry Proof'는 뉴 메이크 증류주가 배럴에 들어가는 시점의 알코올 도수다. 아메리칸 위스키의 경우 법적으로는 최대 125° 프루프까지 가능하다.

증류소는 도수가 높은 위스키를 배럴에 넣고 싶은 유혹을 받을 수 있다. 그렇게 하는 것이 더 경제적이기 때문이다. 도수가 높은 위스키를 넣으면 더 많은 위스키를 더 적은 배럴에 넣을 수 있다. 배럴을 사는 데는 돈이 들고, 배럴을 보관하는 숙성창고의 자릿세도 든다. 하지만 통입 도수를 높게 하는 것은 전통적이지 않다. 일부 증류소들은 통입 도수가 낮아야 위스키 맛이 더 좋아진다고 믿고 실천하고 있다. 그것이 더 비쌈에도 불구하고 말이다.

일부 증류소에서는 비용을 들일 만한 가치가 있는 일이다. 어떤 증류소에서는 그것은 특별히 선호하는 위스키의 특성이 아닐 수 있다. 통입 도수가 낮은 위스키가 더 맛이 좋을까? 그렇게 생각하는 사람들도 있지만, 버팔로 트레이스 싱글 오크 프로젝트의 블라인드 크라우드소싱 시음 결과를 떠올려보자. 그 조사에 따르면 사람들은 통입 도수가 높은 위스키를 선호했다. 위스키에 있어 많은 것들이 그렇듯, 낮은 통입 도수는 좋지도 나쁘지도 않고, 그저 선택해야 하는 부분이다.

배럴과 팔레트

배럴의 주입구는 전통적으로 측면 널빤지 중 더 넓은 것에 뚫는다. 이 주입구를 아무리 단단히 잘 막아도 여기에서 술이 샐 가능성이 다른 곳보다 제일 크기 때문에, 숙성창고 직원들은 배럴을 선반으로 굴릴 때마다 배럴이 제자리에 도착했을 때 주입구가 위쪽을 향하도록 계산해서 굴려야 한다. —이 마개를 영어로 'bung'이라고 하기 때문에 주입구를 'bunghole'이라고 하고, 주입구가 있는 널빤지는 'bung stave'라고 한다.

그들은 경험을 통해 통마다 마개가 있는 널빤지를 어느 방향에 두고 굴려야 하는지 알고 있다. 이 위치는 각 배럴이 굴러 들어갈 때마다 바뀐다.

일부 증류소는 배럴을 세워서 팔레트 위에 놓기 시작했다. 이 경우 마개는 배럴 뚜껑에 있다. 배럴에 증류주를 채우고 나면 일반적으로 하나의 팔레트에 배럴 4개를 묶고, 팔레트를 지게차로 들어 숙성창고로 옮긴다. 매우 비싸고 평범한 지게차로 말이다.

이렇게 팔레트화된 창고는 훨씬 더 오밀조밀하게 배치된 배럴을 지탱할 수 있다. 배럴의 힘과 팔레트의 힘만 있으면 쌓을 수 있으니 사람의 근력으로 배럴을 옮기고 배치하기보다는 훨씬 쉽다. 단점은 특정 배럴을 꺼내기 위해 분리하기가 더 어렵고 공기 순환이 원활하지 않다는 것이다. 그리고 배럴 뚜껑 목재와의 접촉이 절반으로 줄어든다. 태우지 않고 구운 뚜껑을 쓸 때는 문제가 될 수 있다.

팔레트화는 개별 증류소가 선택할 문제다. 이 방식으로도 좋은 위스키를 만들 수 있다.

배럴 채우기

숙성 관련 장에서 좀 더 자세히 다루겠지만, 위스키가 배럴과 상호작용하는 첫 몇 년 동안 어떤 일이 일어나는지 간략히 이야기해보자. 여러 번 말했듯이 배럴은 위스키의 풍미에 가장 큰 영향을 준다. 하지만 설명하기는 비교적 쉽다. 매우 집중적이고 직접적이기 때문이다. 참나무 안에 향미가 들어 있고, 알코올과 물이 이것을 끄집어낸다.

배럴을 처음 채우기 위해 도착하는 곳은 거의 항상 미국의 증류소다. 새 배럴이 부여하는 강한 향미는 다른 위스키에는 너무 압도적이라고 여겨진다. —단, 위에서 언급한 것처럼 이 규칙에는 몇 가지 예외가 있다. 여러 제조업체가 계속해서 실험하고 있다.

뉴 메이크가 위스키가 되면서 까맣게 태운 새 오크통 안에서 무슨 일이 일어나는지 생각할 때마다 윈스턴 처칠의 명언이 떠오른다. 정치인이자 작가이자 모험가였던 그는 "술이 나에게서 앗아간 것보다 더 많은 것을 나는 술에서 얻었다"라고 말한 것으로 알려졌다. 그가 정확히 무슨 의미로 그 말을 했는지는 알 수 없어도, 새 배럴에서 위스키가 숙성되는 과정은 양방향으로 진행되는 흡수에 관한 문제라 할 수 있다.

알코올보다는 물에 관한 것이다. 참나무의 향미 성분 중에 알코올보다 물에 더 잘 녹는 성분이 있다. 이런 성분은 위스키에 건조하고 떫은맛을 주는 경향이 있다. 물이 이런 물질을 목재에서 끄집어낼 때, 배럴에서 공기 교환이 느리게 일어나면서 그 물질들이 산화된다. 물을 더 많이 넣으면 더 많은 떫은 화합물이 산화되고, 위스키의 맛은 더욱 부드러워진다.

알코올과 물은 둘 다 용매다. —엄밀히 말하면 이 둘이 섞여 있을 때 둘 중 더 높은 비율로 존재하는 것이 용매이고 나머지 하나는 용질이다.— 이 둘이 숯과 붉은 층을 뚫고 들어가면서 색깔을 흡수한다. 이 색이 위스키의 색이 된다.

또 당, 바닐린 등 향미도 끄집어낸다. 오크 락톤에는 두 이성질체isomers가 있는데, 시스-락톤cis-lactone은 위스키에 달콤한 바닐라 코코넛 특성을 준다. 트랜스-락톤trans-lactone은 정향과 코코넛의 더 매운 조합이지만 더 약하다. 살리실산메틸methyl salicylate은 백참나무에 소량으로 존재하며, 어린 위스키에 민트 향을 준다.

한편 알코올은 목재의 건조 단계에서 시작된 장기간에 걸친 리그닌 분해 작업을 계속 이어나간다. —이것은 긴 과정이다.— 이로 인해 당과 알데하이드가 추가된다. 이것들은 분해되어 에스테르가 되고 무화과 향, 담배 향, 계피/향신료, 연기 향을 준다. 알코올이 계속해서 목재의 다른 부분을 분해하는 동안, 멜라

노이딘melanoidin이 생성되어 향미를 더 깊게 만들고 색깔을 추가해준다. 다른 화합물들은 버터스카치, 가벼운 캐러멜, 견과류 향을 줄 수 있다.

반대 방향으로는 숯이 작용하고 있다. 숯은 알려진 물질 중 가장 효과적인 필터 중 하나이며 내부가 놀라운 구조로 되어 있다.

이렇게 생각해보자. 숯 1g은 지표면적 200㎡ 내에 바람직하지 못한 방향족 화합물을 잡아 둘 수 있다. 증류기에서 구리를 피해 빠져나온 옥수수의 황 화합물은 모두 숯에게 잡힌다.

숯 층은 풍미를 생성하지는 않고 제거만 할 수 있다. 하지만 그 제거 효과 덕분에 다른 풍미가 더해질 수 있도록 해준다. 오크통의 숯 덕분에 디스틸러는 증류 과정에서 덜 엄격해도 된다. 숯이 없다면 증류 과정에서 나쁜 물질을 모두 제거하기 위해 좋은 향미도 희생해야 하겠지만, 다행히 둘 다 좀 더 남겨두면 나중에 숯이 정리해줄 수 있다.

링컨 카운티 공정

잭 다니엘스(또는 조지 디켈)는 버번인가? 이 질문을 하면, 미국의 위스키 애호가들 사이에서 소동을 일으킬 수 있다.

나는 이 질문으로 술집에서 쫓겨난 적이 있다. 잭 다니엘스와 조지 디켈은 처음엔 버번으로 시작하지만, 테네시 위스키가 된다. 그래서 더는 버번이 아닌지에 대해서는 의견이 분분하다.

하지만 한 가지는 확실하다. 증류주가 링컨 카운티 공정Lincoln County Process이라고 불리는 과정을 거치기 직전까지는 분명히 버번이다.

이 과정은 증류주를 3.5m 깊이(디켈의 경우 4m)의 사탕단풍나무 숯 층에 통과시켜 여과하는 과정이다. ─증류소에서는 '순화mellowed'라고도 한다.

잭 다니엘스는 현장에서 숯을 직접 태우고, 디켈은 숯통을 식히는 등 세부적으로는 약간 차이가 있지만, 기본은 간단하다. 숙성하기 전, 최종 증류가 끝나고 배럴에 들어가기 전에 증류주를 숯에 통과시켜 여과한다.

이 공정이 풍미를 만들거나 바꾸는 차이를 만들까? 나는 디켈의 비어 스틸에서 나온 뉴 메이크를 맛본 적이 있다. ─달콤하고, 거칠고, 뒤죽박죽 섞인 맛이었다.─ 그리고 더블러를 통과한 후에도 맛보았다. ─더 깨끗하고 옥수수 증류주의 특성이 더 잘 느껴졌다.─ 하지만 숯으로 여과한 뒤에는 옥수수 오드비처럼 아주 순수하고 집중적인 맛이었다. 여과 과정으로 물질이 제거되어 다른 성분들이 빛을 발하게 된 것이다.

누군가는 이렇게 하는 것이 좋고, 이렇게 하면 위스키가 더 깨끗해진다고 주장할 수 있다. 혹자는 나쁜 것이라고, 어떤 향미든 없애는 것은 손실이라고 주장할 수도 있다. 다만, 나는 이것만 말하겠다. 이 공정은 실제로 효과가 있다. 속임수나 마케팅이 아니다. 아마 그래서 이 공정이 지금까지도 계속 테네시 위스키 제조 과정에 포함되는 것 같다.

이렇게 만들어진 위스키가 버번인지 아닌지를 논쟁하고 싶다면, 그날 바텐더가 내게 말했듯이 다른 곳을 알아봐야 하겠다. 이 책에서는 하지 않기로 하자.

잭 다니엘스 싱글 배럴
Jack Daniel's Single Barrel

잭 다니엘스 싱글 배럴은 배럴에 넣기 전에 숯을 통해 여과한다. 배럴의 참나무 향 약간과 함께 코에 스모키한 깊고 달콤한 옥수수 향이 느껴진다. 크고 달콤한 익힌 옥수수 맛, 부드러운 맛, 참나무의 열이 여운으로 남는다.

잭 다니엘스 증류소의 건초 마당에서 숯을 만들고 있다.

캐스크? 배럴?

'배럴'과 '캐스크'는 거의 같은 의미로 사용된다. 그런데 실제로는 의미에 차이가 있을까? 딱히 그렇진 않다.

'혹스헤드^{hogshead}'는 225~250리터 용량의 배럴을 의미하고, '아메리칸 스탠다드 배럴(미국 표준 배럴)'은 버번 업계에서 53갤런(200.6리터) 배럴을 말한다. 하지만 수식어 없이 그냥 '배럴'이나 또는 '캐스크'라고 하면 우리가 잘 아는, 강철 고리로 묶인 참나무 널빤지로 만든 친숙한 둥근 용기, 즉 오크통을 의미한다. '캐스크 스트렝스^{cask strength}'와 '배럴 프루프^{barrel proof}'는 위스키를 오크통에서 꺼내 부었을 때의 알코올 도수로 병입했다는 뜻의 동의어다.

스코틀랜드 사람들은 대체로 '캐스크'라고 하고, 미국과 캐나다에서는 '배럴'이라고 하는 편이다. 하지만 위스키의 철자를 whiskey로 해야 하는지 whisky로 해야 하는지에 관한 태도와는 달리, '캐스크'와 '배럴' 단어 선택에 대해서는 아무도 진지하게 따지지 않는다. 둘 다 거의 같다.

혹시 위 설명이 위스키 맛의 50%를 결정하는 원천이라고 여러 번 강조한, 배럴에서 일어나는 모든 일에 대한 설명이라고 하기에는 너무 간단하게 느껴진다면 이것을 기억하자. 숙성창고에서, 숙성 중에 풍미가 만들어지는 과정에 관한 설명은 두 장이 더 남아 있다. 여기서는 아직 그 잠재력만 보고 있다.

자, 이제 배럴을 버번으로 '처음' 채웠다. ―셰리와 포트 캐스크는 다루었다고 치자. 이 책은 셰리 풍미에 관한 책이 아니니.― 이제 스카치, 아이리시, 캐나디안, 재패니즈 증류소에 남겨진 것이 무엇인지 중요한 질문을 할 차례다.

각 업계 사람들은 이와 관련 농담이 있다. 미국 증류소 사람들은 배럴을 한 번 쓰고 나면 안에 향미가 남아 있지 않으니 다른 증류소에 기꺼이 주겠다고 한다. 다른 나라에서는 목재의 거친 면을 버번이 흡수해주고 나면 드디어 '진짜 위스키'를 만들기에 적합한 배럴이 된다고 말한다. 둘 다 유쾌한 농담이지만, 근본적으로는 둘 다 맞는 말이다. 첫 번째 숙성은 배럴에서 많은 것들을 빼낸다. 그래서 다음에 통에 들어가는 위스키에는 좀 더 절제된 향미를 주게 된다.

퍼스트필, 엑스필, 리필이란?

먼저 새 배럴과 재사용 배럴에 관한 용어를 정의할 필요가 있다.

새로운new, **그을린**charred: 클래식 버번 배럴. 새 배럴의 안쪽을 불에 그을려 태운 것. 아메리칸 위스키를 제조할 때 한 번만 사용된다.

엑스 버번ex-bourbon: 버번을 처음 숙성시키고 난 '중고(재사용)' 배럴.

엑스 셰리ex-sherry: 셰리를 처음 숙성시키고 난 재사용 배럴.

퍼스트 필first fill: 엑스 버번 오크통이나 엑스 셰리 오크통을 처음으로 채운 것. ―엄밀히 따지면 버번이 첫 번째니 이것은 두 번째로 채운 것이라고 할 수 있다.

세컨드 필second fill, **리필**refill: 재사용 배럴을 두 번째로 채운 것. 일부 증류소에서는 퍼스트필 이후는 횟수를 세지 않고 모두 '리필'로 분류한다.

버진 버번 배럴virgin bourbon barrel: 헷갈리게도 버번이 아닌 다른 증류주를 숙성시키고 있는 새 그을린 오크통을 말한다. 마무리 숙성 배럴로 자주 사용된다.

버진 오크virgin oak: 새 배럴, 그을려 태운 것이 아니라 구운 것. 통상 재사용 배럴에 숙성되는 증류주를 숙성시키는 데 사용된다. 종종 마무리 배럴로 사용된다.

반면 중고 셰리 캐스크를 고려해보자. 뉴 메이크 버번은 알코올 도수가 50% 이상으로, 목재에서 향미를 많이 뽑아낸다. 반면에 셰리는 알코올 도수가 약 18%여서 좀 더 온순하고, 따라서 목재에서 성분을 많이 빼앗지 않기 때문에, 첫 리필로 들어가는 뉴 메이크가 끌어낼 수 있는 성분이 더 많이 남아 있다. 물론 두 번째 리필 시점으로 가면 결국 두 오크통은 서로 비슷해진다.

갓 사용한 버번 캐스크를 스카치, 아이리시, 캐나디안, 재패니즈의 뉴 메이크로 채우면, 버번이 참나무에서 가져온 캐러멜, 바닐라, 코코넛, 스모크와 약간의 감귤류 향의 흔적을 느낄 수 있다. 갓 사용한 셰리 통에 채우면 유럽산 참나무가 주는 말린 과일, 초콜릿, 향신료의 풍미를 좀 더 많이 (남은 것을) 얻을 수 있다.

이제 스튜어트 맥퍼슨이 이번 장의 시작 부분에서 말한 것으로 돌아가보자. 퍼스트 필 캐스크가 뉴 메이크에 주는 풍미는 이전에 배럴에 담겼던 내용물보다 배럴의 목재의 특성에 더 가깝다. 일반적인 통념으로는 재사용 오크통에 숙성하면 그 전에 그 오크통에 담겼던 버번, 라이 위스키, 셰리 등에서 많은 풍미와 색이 나온다고 알려져 있다. 그러나 맥퍼슨의 연구에 따르면 버번의 향미는 미국산 백참나무에서, 셰리의 향미는 유럽산 참나무에서 오고, 리필에 사용되는 뉴 메이크도 그 정도가 약하긴 하지만 마찬가지로 그 오크통에서 향미가 스며든다. 스카치, 아이리시 등 무엇이 되었든 마찬가지다. 뉴 메이크는 오크통에 남아 있는 극소량의 버번이나 셰리의 맛을 마치 장기간 혼합 솔레라* 시스템처럼 가져오는 것은 아니라는 말이다.

더 가벼운 셰리(피노, 만자닐라, 올로로소)를 담았던 캐스크 간의 차이는 훨씬 작을 것이며, 풍미가 참나무의 영향을 많이 받을 것이다. 맥퍼슨은 "우수한 페드로 히메네스 캐스크에서는 당 함량이 높을 때 훨씬 더 큰 차이를 볼 수 있습니다. 포트, 페드로 히메네스, 마데이라와 같이 당도가 높은 와인이 더 그런 것 같습니다. 차이점을 확실히 느낄 수 있습니다."

중고 배럴 숙성에 관해 이야기할 때, 캐스크를 티백에 많이 비유한다. 여러 번 쓰면 맛이 덜해진다. 그렇다면 증류소는 왜 퍼스트 필 엑스 버번, 퍼스트 필 엑스 셰리 이외의 배럴을 사용할까? 그 이유는 그러한 배럴의 그러한 풍미가 너무 압도적이어서 증류주의 특성을 완전히 가려버릴 수도 있기 때문이다. 이럴 때 블렌더는 버번이나 셰리주를 한 번 담고 나서 새로운 증류주 숙성에 한 번 더 사용한 리필 캐스크를 일부 추가한다. 이런 식으로 덜 강한 캐스크는 가벼운 위스키, 다른 맛과 잘 섞이는 위스키, 또는 아주 오랜 시간 동안 길고 긴 숙성을 해야 하는 위스키를 만드는 데 사용할 수 있다.

중고 배럴은 재사용 주기 중 언제든지 회수해서 분해, 재제작해 더 큰 배럴을 만들 수 있다. 버번 혹스헤드는 어떤 버번 배럴보다도 크지만, 스코틀랜드 숙성창고에 맞게 제작된다. 이런 배럴은 다시 태울 수도 있다. 이렇게 하

---

* solera: 강화 와인을 만드는 스페인의 전통적 방법으로, 오래된 와인에 새 와인을 섞어주는 작업. - 옮긴이

면 새로운 당과 캐러멜, 바닐라, 연기 등을 표면으로 가져올 수 있다.

많은 증류소는 배럴을 한 번 또는 두 번 정도만 리필한다. 비용은 더 많이 들겠지만, 맛은 더 뚜렷하다. 최대 5회까지 배럴을 재사용하는 증류소도 있다. 이 시점이 되면 배럴은 누출이 너무 심해서 폐기해야 할 수도 있다.

배럴에 관한 첫 번째 이야기는 여기서 끝이다. 다음 장에서는 배럴이 어디로 가고 거기에서 풍미가 발전하기 위해 어떤 일이 일어나는지에 대해 이야기해보자. 그런 다음 길고

긴 시간 동안 배럴로 돌아가 숙성 과정에서 무슨 일이 일어나는지 알아보겠다.

글렌드로낙 15
GlenDronach 15

페드로 히메네스와 올로로소 셰리 캐스크에서 15년 숙성되었다. 셰리 폭탄이다. 풍성한 말린 과일, 가구 광택제, 희미한 베이킹 향신료, 이 모든 것이 혀에서 반복적으로 느껴진다. 좋은 참나무 향미가 붙잡으며 긴 여운을 남긴다.

스코틀랜드 브로라 증류소 안에 있는 클리넬리시 위스키 배럴들. 이 증류소는 1983년에 문을 닫았고 2020년에 다시 문을 열기 위해 재단장하고 있다.

BONDED STORAGE
BLDG N

제10장

숙성창고

배럴은 위스키에 소중한 풍미를 제공하는 데 큰 역할을 한다. 이전 장에서 말했듯 오크통에는 많은 당과 바닐린과 기타 향미가 들어 있을 뿐만 아니라 증류주의 덜 바람직한 향미를 걸러 내주는 숯 층이 있다. 잔에 담긴 위스키의 풍미에 배럴이 미치는 영향은 아무리 강조해도 지나치지 않다. 위스키의 색깔은 100% 배럴에서 나오고 풍미도 배럴의 비중이 제일 크다.

배럴 혼자 모든 것을 할 수는 없다. 지지자가 둘 필요하다. 그중 하나는 다음 장의 주제인 시간이다. 배럴이 풍미를 만들고, 목재에 있는 화합물을 위스키로 옮겨 풍성하게 하고 변형시키려면 시간이 필요하다. '천사의 몫'이라고 부르는, 증류주의 작은 비율을 공기에 양보하는, 숙성 과정에 매우 중요한 현상에도 시간이 필요하다. 사라진 액체 자리를 대신할 산소가 천천히 목재를 통과해 들어올 시간이 필요하다.

그동안 배럴도 살 곳이 필요하다. 그 집이 바로 숙성창고다. 그리고 위스키의 풍미에 영향을 미치는 다른 여러 요소와 마찬가지로 어리둥절할 정도로 다양한 종류가 있다. 낮은 단층 숙성창고가 있는가 하면 한 층마다 50,000배럴 이상을 수용할 수 있는 우뚝 솟은 7층짜리 거대 건물도 있다. 세계에서 가장 긴 위스키 창고인 켄터키주 캐슬앤키의 벽돌 숙성창고는 길이가 152.4m 이상이고 약 33,000배럴을 담을 수 있다.

숙성창고는 벽돌로도 만들 수 있고, 석재, 콘크리트, 강철, 판금으로 씌운 목재 구조로도 만들 수 있다. 소규모 증류소는 차고나 트럭 트레일러나 선적 컨테이너를 창고로 사용하기도 한다. 난방이 되는 숙성창고도 있다. 대부분은 그렇지 않고 온도 변화에 있어 전적으로 기후에 의존한다. 배럴은 흙바닥에 쌓을 수 있고, 팔레트 위에 올려놓을 수도 있고, 랙에 굴려놓을 수도 있다.

배럴은 몇 달, 몇 년, 혹은 수십 년 동안 창고에서 보관한다. 간혹 숙성창고 안에서 배럴을 이동하는 증류소도 소수 있지만, 대부분은 배럴이 창고에 배치되면 수확할 때까지 거기에 그대로 둔다. 이제 숙성 과정이 위스키의 풍미에 어떤 영향을 미치는지 이야기해보자.

먼지와 습기

위스키에 대한 가장 오래 기억에 남는 것 중 하나는 달모어를 방문한 때의 일이다. 나는 크로마티 퍼스와 ―머리 퍼스와 북해로 연결되어 있는 강어귀다.― 너무 가까운 자갈밭에 주차해 큰 돌을 물에 밀어 넣을 뻔했다.

증류소를 둘러본 후 ―앞서 이날 일을 몇 번 언급했다.― 우리는 '더니지dunnage' 숙성창고 중 한 곳으로 가게 되었다.

더니지 숙성창고는 오래된 전통적인 숙성창고다. 일반적으로 슬레이트 지붕이 있는 벽돌이나 돌로 되어 있고 낮다. 흙바닥이 있고, 배럴이 굴러갈 수 있는 나무 경사로가 있는 곳도 있다. 배럴은 세 통 높이로 서로 쌓여 있다. 스코틀랜드에서는 숙성창고를 이렇게 지었다. 사실 예전에는 모든 생산지에서 이렇게 지었지만, 스코틀랜드에는 아직도 남아 있다고 하는 것이 맞겠다. 1950년대에 산업의 성장으로 인해 선반형 다층 강철 창고가 도입되었음에도 옛것 중 일부는 살아남는다.

달모어 숙성창고는 내 위스키 공부 여정의 이정표이자 계시였다. 내부는 어둡고 시원하며 축축했다. 가이드가 문을 닫았을 때 두꺼운 벽으로 둘러싸인 공간에 뚜렷한 침묵이 흘렀다. 발아래에는 딱딱한 흙바닥이 있고, 짙은 얼룩이 묻은 배럴은 지붕의 작은 구멍에서 내려오는 햇빛을 통해 표류하는 먼지 티끌로 강화된 장면에 끝없는 세월의 공기를 불어 넣었다.

그러나 몇 년 동안, 그리고 다른 수많은 숙성창고 방문을 거치고 나서도, 잊히지 않는 인상을 남긴 것은 우리가 본 광경이 아니라 그곳에서 맡았던 냄새였다. 나는 그날의 노트를 꺼내 들었다. "여기 향은 독특하다. 소금, 가지 있는 포도, 맥아."

짠내는 만에서 불어오는 소금기 있는 공기가 창고에 스며들어 나는 것이었다. 맥아는 분명히 배럴의 호흡과 누출에 영향을 받는다. 가지 있는 포도 향*의 출처는 셰리 캐스크였고 그 향은 강력했다. 땅 자체의 축축한 냄새가 모든 것을 덮고 있었다.

달모어 15년
The Dalmore 15 Year Old

더니지 숙성창고의 맛이 느껴지는가? 나는 덜 익은 포도 향이 느껴진다. 미네랄 느낌이 살짝 더해진 과일과 참나무 맛이 난다. 확실한 현장감이 있다.

---

* stemmy grape: 주로 와인 시음에서 포도 가지를 같이 발효시켰을 때 나는 일종의 쓴맛을 가리킴. - 옮긴이

달모어 증류소(스코틀랜드 소재)의 던니지 숙성창고

더니지 숙성창고는 이렇다. 두꺼운 벽과 슬레이트 지붕과 흙바닥은 온도 변화를 느린 속도로 유지한다. 습기는 증기 교환에서 생기는 손실을 줄인다. 쌓인 배럴 사이로 공기가 자유로이 순환할 수 있다. 단점은 배럴을 이동할 때마다 한 번에 하나씩 모두 사람의 노동으로 옮겨야 한다는 점이다.

상당히 큰 달모어 더니지를 훨씬 더 유명한 다른 물가의 더니지 숙성창고와 비교해보자. 아일라 섬에 있는 보모어 증류소에 위치한 넘버 원 볼트No. 1 Vaults는 그 역사가 19세기로 거슬러 올라가며 전 세계에서 가장 오래된 위스키 창고로 알려져 있다. 그 석조 구조물은 아일라를 거의 둘로 가르는 로크인달 바다 호수의 기슭에 자리 잡고 있다. 실제로는 벽 뒤에 있다. 호수를 가로지르는 세차게 불어오는 바람이 지역 전체에 물을 뿌리는데 벽이 일부 덮개를 제공해준다. 더 중요하게는 넘버 원 볼트의 바닥이 해수면 바로 아래에 있어, 벽이 방파제 역할을 해준다.

보모어 스몰배치
Bowmore Small Batch

바닷가에서 엑스 버번 캐스크에 숙성했다. 바닐라, 소금기 있는 훈연, 부드러운 과일의 매혹적인 조합으로, 혀에서는 생동감이 느껴진다. 바닐라와 연기가 왔다 갔다 하다가 해변으로 데려간다.

(158페이지에 계속)

재해

때로는 숙성창고에서 보관하는 것이 위스키의 풍미를 완전히 파괴할 수도 있다. 수천 배럴의 위스키가 한 곳에 모이면 항상 재해를 당할 가능성이 있다. 엄청난 양의 위스키가 한 번에 영향을 받거나 망가질 수 있기 때문이다.

숙성창고를 파괴하는 재해가 일어날 수도 있다. 그렇기 때문에 숙성창고에 위스키 배럴을 채울 때는 3일 동안 A창고를 채웠으면, 그 다음 7일 동안은 B창고를 채우는 식으로 번갈아가며 채워 넣는다. 만약 특정 기간 동안 한 창고만 사용하면 예컨대 어느 날 그 증류소의 모든 5년 된 위스키가 사라지게 되는 일이 생길 수 있기 때문이다.

숙성창고는 배럴의 무게 때문에 구조적 결함에 취약하다. 속이 가득 찬 53갤런(200.6리터) 버번 배럴의 무게는 약 500파운드(약 226.8kg)다. 수천 개를 합치면 엄청난 무게다. 잘못된 방법으로 싣거나 내리면 랙에 스트레스가 가해져 붕괴될 수 있으며, 창고가 너무 낡아 무게를 지탱할 수 없게 될 수도 있다. 2018년에 켄터키주 바즈타운에 있는 오래된 바톤 1792 증류소의 숙성창고 중 하나가 두 단계에 걸쳐 붕괴되어 수천 개의 배럴이 유출되고 일부가 부서졌다.

글렌피딕도 2010년 스코틀랜드에서 숙성창고 붕괴 사고로 피해를 보았다. 이것은 폭설로 인해 발생했다. 눈의 무게 때문에 결국 여러 창고의 지붕이 부서지고 이로 인해 많은 눈과 영하의 추위가 배럴에 쏟아졌다. 반면 증류소 관리자는 여기에서 기회를 보았고, 극한의 추위에 노출된 배럴을 모아 스노우 피닉스라는 싱글 몰트 위스키를 만들었다.

마찬가지로 2006년에는 토네이도가 발생해 켄터키주 프랭크퍼트에 있는 버팔로 트레이스 증류소에 있는 '숙성창고 C'의 지붕과 벽돌 벽의 일부를 찢어놓았다. 재건은 상당히 빨리 시작되었지만 오래된 건물은 섬세하게 수리해야 하기 때문에, 많은 배럴이 야외에 노출된 채로 여름철의 대부분을 보냈다. 증류소에서는 이 배럴들을 혼합해 E. H. 테일러 주니어 웨어하우스 C '토네이도 서바이빙'이라는 버번 상품으로 만들었다.

토네이도 피해를 입어 뒤틀려진 버번 숙성창고가 몇몇 있다. 켄터키에서 토네이도는 꽤 흔한 일이다. 건물 자체가 저기압 바람의 힘에 휘어진다. 그저 미학적 문제라고 생각할 수 있지만, 내부의 랙이 모두 뒤틀려 버렸고 더는 배럴을 빼낼 수 없게 된다. 짐 빔의 마스터 디스틸러인 프레드 노는 거대한 볼라드 기둥을 여럿 설치하고 강력한 윈치의 케이블을 창고에 연결해 토네이도 피해로 휘어진 숙성창고 중 하나를 다시 펴보려 했다고 내게 말했다. "우리는 그걸 펼 수 없었습니다." 그는 말했다. "결국 그 창고를 분해하고 가능한 한 많은 배럴을 꺼내야 했죠."

숙성창고에 닥칠 수 있는 최악의 재해는 화재다. 지난 수십 년 동안 켄터키에서 여러 숙성창고에 화재가 발생했으며 화재는 계속되고 있다. 5,000톤(4,500미터톤)의 건조된 참나무와 도수 60% 이상의 알코올에 불이 붙는다고 상상해보자. 배럴이 폭발해 공중으로 날아간다. 그 열은 200미터가 떨어진 곳에서도 느껴진다.

1996년 켄터키주 바즈타운의 헤븐힐에서 발생한 화재는 내가 기억하는 화재 중 최악이었다. 배럴 약 90,000개와 증류소 자체가 소실되었다. 화염은 48.3km 떨어진 곳에서도 볼 수 있었고, 0.3m가 넘는 불의 강이 언덕 아래로 굴러 내려갔다. 모든 것이 끝났을 때, 증류소는 녹은 금속으로 뒤덮인 콘크리트판이 되었다. 숙성창고는 그저 강철 고리 더미로 보였다. 나머지는 전부 타거나 녹아서 없어졌다. 헤븐힐은 재건되었고 업계는 화재를 진압하기 위해 스프링클러를 설치하고, 불타는 액체가 퍼지는 것을 막기 위해 숙성창고 주변에 둑을 쌓아두는 등의 새로운 규칙을 만들었다.

그런가 하면 크릴링creeling이 있다. 한 번은 헤븐힐의 숙성창고에서 문 바로 안쪽에 다림추가 달려 있는 걸 본 적이 있다. 분필로 약 1.2m 너비의 원이 그려져 있었고, 중앙에 추가 매달려 있었다. 나는 그것을 올려다보았다. 그 다림추는 숙성창고 꼭대기에 구멍을 통해 매달려 있었다.

"저건 뭔가요?" 내가 물었다. "저 동그라미 보이시죠?" 가이드가 답했다. "저 매달린 추가 동그라미 밖으로 나와 있으면 비상구를 찾아 탈출하세요. 크릴링이니까요." 그 어디에서도 들어본 적 없는 단어였다.

헤븐힐의 마스터 디스틸러 코너 오드리스콜은 내가 이 원고를 완성하기 불과 한 달 전에 이 내용을 확인해주었다. '크릴링'은 창고가 회복 지점을 지나 기울어지고 배럴의 무게가 계속해서 끌어당기는 상황을 말한다. 문을 향해 뛰어갈 시간이다. 출구를 잘 골랐기를 바란다.

넘버 원 볼트의 안은 어둡고 그곳에는 다양한 크기의 캐스크가 빽빽이 들어차 있다. 이쪽엔 버번 배럴, 저쪽엔 장기 숙성 포트 파이프, 저기 저쪽에는 거대한 마데이라 드럼이 있다. 배럴의 호흡으로 인해 공기가 무겁다. 거의 술에 취할 것 같다. 이것은 보모어에서 가장 아끼는 배럴 중 일부가 보관되는 곳이다. 여기에서 시음하는 것은 머리가 돌아가는 경험이다.

더니지 창고는 과거와의 연결고리다. 그렇다면 더니지에서 숙성된 위스키가 더 정통의 맛을 낸다는 뜻일까? 꼭 그렇지는 않다. 이곳의 위스키는 현대적인 랙 창고에 보관된 위스키와 같은 방식으로 만들어진다. 습한 환경이 더 유리하게 작용할까? 이것도 증류소 관리자가 선택해야 할 사항이다.

어떤 배럴은 더니지 창고에서, 어떤 배럴은 랙 창고에서 숙성되지만, 블렌더는 가리지 않고 다 가져간다. 보모어처럼 특별한 숙성창고가 있을 수도 있다. 관리자가 거기에 유망한 특별한 배럴을 아껴놓을 수도 있지만, 아마 그보다는 더니지 창고가 온도와 습도가 더 안정적이고 빨리 변하지 않는 편이기 때문일 것이다. 혹은 전통문화로 만들어진 업계에서 완전히 무시할 수 없는 일부 미신 때문일 수도 있다.

일본의 증류소에도 구식 더니지 창고 ─낮고 시원하지만 콘크리트 바닥으로 되어 있다.─와 거대한 현대식 랙 스타일 창고가 있다. 산토리에서 최근에 새로 지은 두 창고는 각각 약 130,000개의 캐스크를 수용할 수 있다. 위스키 숙성창고 세계의 슈퍼탱크다.

대형 아일랜드 증류소에도 마찬가지의 조합이 있다. 부시밀즈는 더 현대적인 창고로 확장을 진행하고 있다. 미들턴 증류소는 현대식 랙하우스를 거의 독점적으로 사용하며, 비교적 작은 증류소 캠퍼스를 가득 채우고 있다. 새로운 툴라모어 듀 증류소는 새로운 랙 스타일 창고로 성장하고 있다. 킬베간에는 커다란 콘크리트 퀀셋 오두막처럼 보이는 이상한 창고가 하나 있는데, 그래도 위스키 맛은 괜찮다. 그러니 그 증거는 마셔보면 알 수 있다고 할 수 있겠다.*

---

* 백문이 불여일견과 비슷한 뜻의 영어 속담인 '푸딩의 증거는 맛에 있다(The proof of the pudding is in the eating)'를 변형한 표현. – 옮긴이

랙하우스와 릭하우스

업계 전반적으로 가장 일반적인 아메리칸 위스키 숙성창고는 '아이언클래드ironclad' 또는 '랙하우스'로 불리는 유형이다.

3~9층 높이의 구조물이 올라가면서 내장된 선반과 함께 참나무 프레임이 올라간다. 완성된 프레임은 비교적 얇은 골판지 금속 시트로 덮여 있다. 53갤런(200.6리터)의 미국 표준 배럴을 각 층의 나무 선반으로 굴려 넣는다. 일반적으로 10통 깊이에 높이는 3열이다.

이런 창고를 '랙하우스rackhouse' 또는 '릭하우스rickhouse'라고 부르는 것을 들을 수 있다. 이 둘은 사실 조금 다르다. '릭하우스'는 켄터키주의 거의 모든 랙하우스를 건설하는 가족 소유 회사인 버즈윅 건설Buzick Construction의 특허 시스템을 사용해 지어진 창고다. 따라서 모든 위스키 창고가 '릭하우스'는 아니지만 —일부는 이 회사가 창립되기 전에 만들어졌다.— 너무 많아서 일반적인 이름이 되었다. 하지만 '랙하우스'라는 말도 물론 듣게 될 수 있고, '숙성창고'라고 부르는 것도 당연히 들을 수 있다. 단어가 '거의' 비슷하다 보니 혼란스럽다. 발효 과정에 추가되는 사워 매시를 '셋백' 또는 '백셋'이라 부르는 것만큼이나 혼란스럽다.

숙성창고 동물원

버팔로 트레이스 증류소는 때때로 증류소라기보다는 살아 있는 역사 전시관 같다. 그곳에서는 현재 1870년대에 지어진 안이 구리로 된 벽돌 발효조에서 위스키를 만들고 있다. 이 발효조는 얼마 전까지만 해도 보관용 건물의 콘크리트 바닥 아래에 묻혀 있었다.

그들의 숙성창고는 오래된 것, 새로운 것, 실험적인 것이 공존하고 있다. 오래된 것들에는 1800년대와 1900년대 중반의 다양한 벽돌, 석조, 콘크리트가 있다. 뒤에 두 개는 과거 사무실 공간으로 쓰다가 최근에 개조해 현재 다시 배럴을 보관하고 있다. 다양한 유형의 숙성창고는 마스터 디스틸러인 할렌 휘틀리가 위스키를 만들 때 더 많은 풍미 옵션이 되어 준다.

그런가 하면 새롭거나 완전히 독특한 숙성창고도 있다. 예를 들어, 숙성창고 V는 배럴 1개밖에 들어가지 않는 아주 작은 숙성창고로, 전통적으로 이 증류소의 기념비적인 배럴을 보관한다. 2018년 9월에 증류소의 700만 번째 배럴이 축하의 환호를 받으며 이곳에 들어갔다.

숙성창고 P는 숙성창고 보관에 있어서 새로운 발상이다. 이는 진정으로 극단적인 프로젝트다. 숙성창고 P는 냉장 시설이 갖추어져 7.2℃의 일정한 온도로 유지된다. 계획은 최대 50년 동안 버번과 기타 위스키를 ―사제락은 여러 곳에 증류소와 합작 회사가 있다.― 이 온도에서 숙성시키는 것이다. 이것은 완전히 새로운 발상이고, 풍미 생성 측면에서 무엇을 기대해야 하는지 아무도 모른다.

그들은 또한 위스키 수요를 앞서기 위해 일반 철갑 숙성창고를 ―각각 약 69,000통을 저장할 수 있는 숙성창고 30채― 짓고 있다. 거대한 사업이지만 적절한 계획이 있으면 가능하다.

마지막으로, 2006년에 숙성창고가 토네이도에 강타당한 후 외부 환경에 노출된 배럴로 버팔로 트레이스에서 출시한 '토네이도 서바이빙' 버번을 기억하는가? 이 일을 계기로 버팔로 트레이스 사람들은 이런 생각을 하게 되었다. 랙하우스가 정말 위스키를 최적의 상태로 유지할까?

그래서 그들은 5개의 구획과 아주 비싼 공기 처리 시스템을 갖춘 작은 '숙성창고 X'를 지었다. 실험용으로 버팔로 트레이스의 정규 뉴메이크인 호밀 버번 매시빌로 채워진 통을 보관했다.

4개 구획은 각각 최대 30개의 배럴을 넣을 수 있으며, 일정한 조명, 조명 없음, 일정한 온도, 많은 기류, 기류 없음 등 다양한 조건에 노출된다. 다섯 번째 구획은 지붕이 있고 양쪽 끝에 잠긴 문이 있는 산들 바람길로, 토네이도 서바이빙 위스키가 처했던 환경과 유사하게 만들어 대조군으로 사용된다.

증류소 사장인 마크 브라운은 위스키를 숙성시키는 새로운 방법을 찾을 생각을 하며 흥분하고 있다. 그러나 동시에 그는 대조군 구획에 보관하는 위스키가 가장 우수할 가능성도 있다는 점을 씁쓸하게 지적한다. "우리가 이렇게 오랜 세월 동안 숙성창고를 짓는 수고를 해왔는데, 사실은 배럴을 그냥 들판에 쌓아두고 텐트와 울타리만 치면 되는 거였다면 우리는 제대로 원숭이 무리처럼 보이겠죠." 우리는 숙성창고 동물원의 원숭이, 아주 명석하고 혁신적인 원숭이였던 것일까?

이 크고 넓은 창고는 50,000배럴 이상의 숙성 위스키를 보관할 수 있으며, 저층의 시원하고 부드러운 베이스부터 최상층의 뜨거운 소프라노 고음에 이르기까지 저마다 조금씩 다른 숙성의 노래를 부르고 있다. 그 대부분은 대류 열전달 때문에 발생한다. 여름 태양이 그 금속 피부에 내리쬐면 숙성창고가 뜨거워진다. 뜨거운 공기는 위로 올라간다. 대형 창고의 최상층은 여름에 57.2℃까지 올라갈 수 있다. 나는 거기에 있어 봤기 때문에 잘 안다. 비교적 건조하긴 하지만 이마에서 땀이 뚝뚝 떨어질 것이다.

열은 위스키를 팽창시키고 '붉은 층' 안으로 깊숙이 밀어넣어 설탕과 바닐린을 보통보다 많이 가져가게 하고 탄닌에도 더 손을 대게 한다. 업계에서는 이러한 최상층 배럴에서 만들어지는 상쾌하고 결핍된 특성을 나타내는 위스키를 '높고 건조한' 위스키라고 부른다. 여기에서 가죽, 열, 불타는 참나무 향신료 향미를 얻을 수 있다. 그리고 이러한 현상은 더 빠르게 진행된다. 증발률이 훨씬 더 높다. 심호흡하면 거의 취할 수 있을 정도다.

에반 윌리엄스 23년
Evan Williams 23 Year Old

클래식 '하이 앤 드라이' 버번의 수출용 상품이다. 날카로운 참나무 향, 뜨거움과 약간 달콤함이 혀에서 뜨겁게 번쩍인다. 참나무와 마른 옥수수, 약간의 산도가 느껴진다. 끝맛은 길고 건조하다. 물이 있으면 좀 더 부드럽고 달아진다.

아래층들은 더 시원하게 유지된다. 열이 위로 올라가기 때문이기도 하고, 최상층을 달구기 위해 상승하는 뜨거운 공기를 대체하려 신선한 공기가 들어오기 때문이다. 아래층 배럴은 건너뛰는 블렌더들도 있다. 어떤 블렌더는 아래층은 위스키 이외의 숙성주를 위해 사용하기도 한다. 만약 여러분이 20년 이상 된 버번이나 라이 위스키를 마시고 있다면, 이곳에서 오랜 세월을 보냈을 가능성이 크다.

기억 속에서 잊혀서 그런 것일까? 그렇지 않다. 하지만 아래층 배럴은 뜨거운 배럴에 생기는 강한 떫은맛 없이 더 깊은 나무 향이 발달하고, 과도하게 숙성되어 무거운 아세톤 향으로 변할 가능성이 적다. 낮은 추출량 때문에 특별히 달지도 않다.

사이클링: 숙성창고 온도 조절하기

브라운포맨은 샤이블리와 베르사유(우드포드 리저브) 부지에 그들이 '사이클링' 숙성창고라고 부르는 석조·벽돌 창고들을 여럿 가지고 있다.

이 공정은 1800년대로 거슬러 올라간다. 추운 날씨에 증기 열을 사용해 약 10일 동안 창고를 천천히 약 26.7℃까지 올린 다음 다시 원래 온도로 내려가게 한 후, 10일 동안 11~14℃ 온도를 유지하고, 이 사이클을 반복한다. 버팔로 트레이스 증류소는 1886년부터 비슷한 방식으로 벽돌 숙성창고를 증기로 가열해왔다.

이것은 일반적인 랙하우스 숙성창고에서는 할 수 없는 일이다. 그만한 이유가 있다. 단열되지 않은 금속 벽 때문에 이 공정을 실행한다면, 숙성창고 바깥을 '난방'하려고 하는 거나 마찬가지다. 반면 옛 스타일의 단단한 벽돌 창고는 열을 유지하고 경제적으로 에너지를 사용할 수 있다.

흥미로운 사실이다. 하지만 이것이 위스키의 풍미에 영향을 줄까? 대부분 애호가들은 사이클링 숙성창고는 더운 계절에 일어나는 목재 향미가 추출되는 현상을 겨울에도 계속되게 해서 숙성 과정을 앞당기기 위해서라고 생각한다.

얼마 전에 브라운포맨의 마스터 디스틸러인 크리스 모리스와 같이 한 사이클링 창고에 있을 때 나는 그에게 이에 대해 물었다. 그는 위스키를 더 빨리, 더 좋게 숙성시키는 것이 아니라 다르게 숙성시키는 것이라고 말했다. "차이가 있죠"라고 그가 말한 것을 기억한다.

브라운포맨과 모리스는 바로 그곳 루이빌에 이 숙성창고와 그들만의 쿠퍼리지를 가지고 있다. 브라운 가문은 항상 혁신에 과감한 도전을 해왔다. 모리스와 그의 팀은 목재 숙성 트릭을 실험할 기회와 의지가 모두 있으며, 우드포드의 다양한 끝맛을 내는 와인이나 홈이 있는 배럴에 숙성한 신제품 쿠퍼스 크래프트 버번 같은 것으로 자주 모험하고 있다.

위스키 통으로 가득 찬 창고를 16.7℃에 맞추어 난방하려면 많은 양의 증기가 필요하고, 이는 저렴하지 않다. 풍미에 영향이 없었다면 굳이 이렇게 하고 있을 것 같진 않다.

우드포드 리저브

Woodford Reserve

단식과 연속식 증류기 위스키가 혼합되어 있으며 모두 사이클링 창고에서 숙성되었다. 바닐라, 구운 견과류, 베이킹 향신료, 토피가 풍부하며 입안에서는 더 밝은 노트와 단단한 참나무가 느껴진다.

한편 중간층에서는 여러분도 예상했겠지만 배럴이 균형을 이루고 있다. 참나무의 톤은 강하지만 거칠거나 찌르지 않는다. 단맛은 좀 더 많다. 추출이 활발히 일어나지만 탄닌을 지나치게 흡수할 만큼 깊게 팽창하지는 않기 때문이다. 이 위치는 많은 증류업자가 가장 좋아하는 '허니 배럴'을 찾을 수 있는 곳이다.

창고에서 위에서 아래까지, 같은 유형의 배럴과 같은 증류주라도 차이가 많이 날 수 있다. 이것이 가장 큰 차이를 만들지만, 더 많은 것들이 있다. 배럴은 태양을 더 많이 받는 남향 벽에 얼마나 가깝냐에 따라 다르게 숙성된다. 바람도 숙성창고에 영향을 미친다. 기류가 모두 수평이고 층간의 차이가 적은, 바닥이 닫힌 벽돌 숙성창고도 있다. 배럴이 얼마나 오랫동안 뜨거운지, 얼마나 빨리 냉각되는지, 얼마나 많은 기류가 있는지에 따라 모든 것이 달라지며, 이 모든 것이 증발 손실과 목재 성분이 추출되는 데 영향을 미친다.

릭하우스는 위치가 매우 다양하다는 점이 흥미롭다. 숙성창고는 우세한 바람을 잡기 위해 언덕 위에 있거나, 토네이도를 피하기 위해 낮은 곳에 있을 수 있다. 햇빛의 양을 최대한 받기 위해 남북으로 정렬할 수도 있고, 우세한 바람이 문을 통해 불 수 있도록 동서 방향으로 정렬할 수도 있다. 창문이 있는 것도 있고, 창문이 없는 것도 있다. 시원한 공기를 얻기 위해 개울이나 강에 짓기도 하고, 습기를 피하기 위해 강에서 멀리 떨어진 곳에 짓기도 한다.

숙성창고를 환기하고 있는 모습

놀라운 동굴

나는 '가장 독특하다'는 말을 싫어한다. 독특하다는 말 자체가 독보적이다는 뜻인데 어떻게 최상급 표현이 가능한가. 무언가가 유일한 존재이면 독특한 것이고, 여럿이 존재한다면 독특하지 않다고 하면 되지 않나.

하지만 여기에서는 나도 그 표현을 써야겠다. 메이커스 마크의 숙성 동굴은 내가 본 것 중 가장 독특한 위스키 숙성창고다. 킬베간의 콘크리트 하프 파이프는 이상했고, 루이빌 시내의 새로운 올드 포레스터 증류소의 철제 난간 위스키 상자는 완전히 영화적이었다. 그러나 둘 다 더 셀라The Cellar는 이기지 못한다.

메이커스 마크의 '메이커스 46'은 오크통 업체 인디펜던트 스타브 컴퍼니와의 합작품이다. 구운 참나무 널빤지 10개를 숙성이 완료된 버번의 배럴 안에 식품 등급 플라스틱-강철 인서트를 통해 집어넣어 6주간 추가 숙성해서 만든다. 훌륭한 프로젝트였지만, 그들은 겨울 동안 '추가 숙성'한 배럴이 훨씬 더 맛이 좋다는 것을 곧 깨달았다. 따뜻한 계절에는 과잉 추출이 일어났다. 증류소 명예 회장인 빌 사무엘스 주니어가 말했듯이 더는 '맛있는' 맛은 아니었다.

메이커스 46을 계속 생산하고 시원하게 유지하기로 결정했기 때문에, 증류소 부지 언덕에 거대한 구멍을 다이너마이트로 뚫기로 했다. 거기에 아주 큰 문과 선반과 유리 내부 벽을 장착했다. 메이커스 마크는 동굴에서 프라이빗 셀렉트 시음 세션을 운영한다. 거기에서 배럴을 구입하면 메이커스 마크 배럴에 걸 추가 널빤지를 직접 선택할 수 있다. ─나도 다른 위스키 작가 세 명과 같이 해봤다. 우리는 그것을 '구두쇠의 블렌드'라고 이름 지었다. 맛있고 재미있었다.

놀라운 위스키의 동굴. 숙성창고의 혁신은 어디까지인지 놀랍다.

메이커스 46
Maker's 46

메이커스 46은 구운 널빤지를 마무리로 추가한다. 코끝에 참나무 열이 나는 풍부한 스위트콘과 가죽 향이 느껴진다. 바닐라, 캐러멜, 구운 옥수수와 참나무 프레임 풍미가 달콤하고 따뜻한 끝맛을 선사한다.

메이커스 마크의 지하 숙성창고로 들어가는 입구(켄터키주 로레토 소재)

버팔로 트레이스 증류소의 '숙성창고 X'

이러한 모든 결정은 디스틸러의 이전 경험을 바탕으로 나온다. 일종의 '켄터키 풍수지리'라고 생각하면 된다. 아시아에서 건물 짓는 방향을 신경 쓰는 것처럼 말이다. 말이 되는 것들도 있다. 예를 들어, 숙성창고 주위에 나무나 덤불이 없도록 유지하는 것이 그렇다. 이렇게 하면 일조량을 규칙적으로 유지할 수 있고 나무가 너무 높이 자라서 숙성창고 위로 쓰러지는 일도 없을 것이다.

하지만 대부분은 헤븐힐 마스터 디스틸러였던 고故 파커 빔이 내게 했던 말로 요약할 수 있다. "그건 그저 어떤 한 사람이 '내 경험으로는 이게 효과가 있었어. 그래서 그렇게 하는 거야'라고 말하는 것일 뿐입니다. 다른 사람은 '뭐야, 이건 전혀 효과가 없잖아'라고 말하는 것이죠." 익숙하지 않은가? 숙성창고의 위치는 위스키 풍미를 위해 내려야 하는 또 하나의 결정이다.

나는 아메리칸 위스키 숙성창고에 관해 영향을 미친 인물 중 내가 가장 좋아하는 사람을 마지막에 소개하기 위해 아껴두었다. 버팔로 트레이스 증류소에서 오랫동안 숙성창고 관리자로 일했던 고故 로니 에딘스는 숙성창고 옆 켄터키 강에서 불어오는 일정한 안개와 그것이 창문에 바로 젖어 들어오는 방식이 위스키에 '더 달콤하고, 더 부드러운 맛을 더해준다고 말했다. 뭐, 꼭 아닐 이유는 없다. 위스키에 대한 모든 것을 설명할 수 있는 것은 아니니까.

숙성창고는 버번과 라이 위스키에 다양한 특성을 줄 수 있다. 블렌딩에 관해 배울 때 좀 더 자세히 이야기하겠다. 같은 매시빌, 발효, 증류, 배럴로 다른 버번을 만들 수 있는 방법이다. 버번과 라이 위스키 맛의 70%가 배럴에서 나온다고 하지만 실제로는 배럴과 창고에서 보내는 시간의 조합이다.

낮은 집

다른 버번 증류소들이 5층, 7층짜리 랙하우스를 짓고, 다양한 온도와 기류 차이로 만들어진 훌륭하고 다양한 버번을 블렌딩하는 동안, 포어 로제스는 모든 위스키를 단층, 강철 벽 숙성창고에서 숙성시킨다. 때로는 '플랫 하우스'라고도 한다. 비교적 작고, 버번 컨트리의 몇몇 지역에 상당히 밀집되어 있다.

그 이유는 무엇일까? 메이커스 마크와 마찬가지로 포어 로제스는 숙성 과정이 배럴에 미치는 영향을 일정하게 통제하려고 노력하는 것이다. 메이커스는 배럴에서 바로 나오는 브랜드가 하나이기 때문에 이렇게 한다. 나머지 메이커스 마크 상품은 메이커스 46과 프라이빗 셀렉트 라인처럼 추가로 공정을 사용해서 변화를 준다.

하지만 포어 로제스는 두 매시빌과 효모 균주 열 개의 조합에서 나오는, 서로 다른 스트레이트 버번 배럴 열 개의 조합을 혼합하는 고유 시스템에 의존한다. 그들은 이 열 가지 품종 각각의 위스키가 가능한 한 균일하길 원하기 때문에 위스키를 단층의 작은 창고에 보관함으로써 창고가 컸을 때 발생할 수 있는 차이를 제한한다. 이렇게 하면 열과 공기가 가능한 한 동일하게 순환되고 유지된다. 또 다른 맛을 내기 위한 선택이다.

보세 창고

캐나다의 디스틸러들은 배럴 묶음을 '본드Bond'라고 부른다. 모든 위스키가 정부 요원이 관리하는 보세 창고에 들어가야 했던 시절에 유래된 말이다. 그들은 여전히 블렌딩을 하기 위해 선택된 많은 배럴을 본드라고 부른다. 모두 함께 움직이기 때문인 것 같다.

캐나다의 숙성창고는 대체로 낮고 넓은 단층으로 되어 있다. 하지만 도시 환경에는 벽돌 창고와 일부 다층 숙성창고도 있다. 더 이상 보세 창고에 보관하지는 않지만, 종종 팔레트화해 보관한다. 팔레트는 배럴을 숙성창고 안팎으로 옮기기 훨씬 수월하게 한다. 한 번에 네 통씩 팔레트에 묶인 배럴은 서로가 서로를 지탱해주어 천장 끝까지 높게 쌓을 수 있다.

팔레트화에는 단점이 있다. 팔레트화를 한 숙성창고는 공기 순환이 덜 되는 편이다. 쌓여 있는 배럴들이 서로 지지하기 위해 가까이 배치되기 때문이다. 수직 숙성의 장점은 위스키가 증발하면서 모든 널빤지에 계속 닿기 때문에 손실이 최소화된다는 것이다. 한편, 크라운 로열은 수평 랙에서 팔레트화로 전환하기 전에 수년간 비교 시음을 했고, 차이가 없었다고 말했다. 나는 그들의 시음 능력에 깊은 인상을 받았던 적이 있으므로 경의를 표하겠다.

캐나다 증류소들은 다른 증류소만큼 자주 숙성창고를 열지 않는 것 같다. 나는 단 7, 8군데 캐나다 숙성창고에 방문해보았는데 ―캐나다 증류소들은 대체로 숙성창고 투어를 하지 않는다.― 가본 곳마다 문을 열고 술기운 나는 공기의 해일에 부딪혀보는 정도였다.

웃을 일이 아니다. 한 번은 걸을 때 신발에서 불꽃이 생길까 걱정되어 신발에 튀어나온 금속은 없는지 확인하기도 했다. 나는 탐지기를 들고 있는 기술자와 함께 크라운 로열 창고에 들어갔다. 3분의 1 정도 들어갔을 때 갑자기 "여기까지입니다. 이제 떠나야 합니다"라고 말했다. 탐지기가 빨간색으로 깜빡이고 있었다. 알코올 도수가 너무 높았다.

무슨 일이 일어나고 있던 것일까? 알코올을 머금는 것은 열을 머금고 있다는 뜻이고, 이는 곧 더 많이 추출된다는 뜻이기도 하다. 하지만 이는 캐나다 기준이다. 여름에도, 대초원에서도, 켄터키만큼 덥지는 않다. 그래서 더 많이 추출되어도 당과 캐러멜이 더 많이 추출될 뿐, 켄터키처럼 '높고 건조한' 효과는 일어나지 않는다.

하이우드 90 20
Highwood 90 20

술기운이 가득한 캐나다 창고에서 20년을 보냈다. 버터스카치와 뜨거운 캐러멜이 있는 풍부한 향에 백향목의 찌름이 곁들여 있다. 많은 바닐라와 캐러멜, 가벼운 버터스카치가 느껴진다. 그리고 끝맛에 약간의 백향목이 있다.

발명의 어머니

크래프트 증류소들은 한정적인 예산으로 운영되는 경우가 많고, 이 사실이 티가 나기도 한다. 임대료가 낮은 도시의 위험한 동네나 시골에 위치해 있거나, 좋은 위치에 있다 해도 비용을 절약하기 위해 재사용 팔레트로 시음 바를 만든 곳도 있다. 흔히 볼 수 있는 시럽, 곡물 등의 선적 컨테이너로 쓰이는 식품 등급 플라스틱 통을 발효조로 쓰기도 한다.

'숙성창고'는 종종 그저 방 하나, 혹은 방의 한 구석 강철 선반에 배럴을 쌓아놓은 곳이다. 이 장의 시작에서 언급했듯, 일부 증류소들은 선적 컨테이너를 사용하기도 하고, 기둥으로 된 헛간을 사용하기도 하고, 어떤 곳은 트럭 트레일러를 사용하기도 한다. 목표는 모든 배럴을, 잠글 수 있고 불꽃으로부터 안전하며 온도 변동에 영향을 받을 수 있는 위치에 두는 것이다.

재고가 늘어나거나 53갤런(200.6리터) 미국 표준 배럴로 완전히 전환하게 되면 숙성창고를 확장해야 한다. 추가 공간을 임대하기도 하고, 새로 짓기도 한다. 여기서 쉽지 않은 일은 위스키를 일정하게 유지하는 것이다. 그동안 햇빛을 받는 선적 컨테이너에서 숙성하다가 갑자기 그늘진 계곡의 콘크리트 건물로 가면 곤란하다. 위스키의 맛이 바뀔 테니 말이다.

숙성창고 보관에서 더 흥미로운 특징 중 하나는 제퍼슨의 브랜드가 되살린 오래된 기술이다. 그들은 배에 배럴을 몇 개 실어서, 항해 중 일어난 흔들림과 온도 변화를 겪게 했다. 배에 따라, 경로에 따라 다른 버번이 만들어지는 것 같았다. 시애틀에 있는 프리몬트 미스

치프 증류소는 약간 다른 방식을 취했다. 그들은 라이 위스키 배럴을 알래스카 어선에 올려서 스톰 토스드 라이라고 부르는 다양한 변종을 만들었다.

숙성창고는 언덕, 강가, 바닷가에 있을 수 있다. 숲이 우거진 빈터, 드넓은 들판, 또는 도시의 거리에 있을 수도 있다.

나무로, 벽돌로, 아니면 돌로 짓기도 한다. 키가 작은 창고도 있고, 탑처럼 높이 솟은 창고도 있다. 모두 위스키에 영향을 줄 수 있다. 다음 장에서는 위스키를 배럴에 넣은 다음 창고에 넣고 중요한 재료인 시간을 추가할 때 어떤 일이 일어나는지 살펴보자.

프리몬트 캡틴 시그 한센스 스톰 토스드 라이
Fremont Capt. Sig Hansen's Storm Tossed Rye

베링해에서 한센의 어선 노스웨스턴호 F/V Northwestern 선상에서 두 시즌 동안 숙성되었다. 밝은 꽃과 목캔디 향이 난다. 약 같은 맛과 달콤한 맛에 상쾌한 미네랄이 번뜩인다. 독특하다.

레인저 크릭 양조장/증류소(텍사스주 샌안토니오 소재)의 저층, 소형 배럴용 숙성창고

제 11 장

우리는 이제 위스키를 만들었다. 1주일도 채 걸리지 않은 시간에 곡물을 제분하고 담그고 발효했고, 이틀 정도 걸려서 증류도 마쳤다. 그리고 배럴에 넣었는데, 작은 증류소에서도 마개를 망치질하는 것을 포함해 배럴당 몇 분 이상 걸리지 않는다. 그런 다음 우리는 그것을 트럭에 싣고 —또는 손으로 굴리거나 지게차를 이용해— 숙성창고로 옮겨, 이 배럴을 놓을 적절한 위치를 골라 옮겨놓고, 그 위치를 기록했다. 최대 열흘 정도 걸리는 과정이다.

그리고 이제 기다려야 한다. 신생 크래프트 증류소라면 몇 달일 수도 있고, 스코틀랜드나 캐나다의 증류소라면 40년이 넘을 수도 있다. 하지만 그 기간이 어찌 되었든 거의 대부분의 숙성창고에서 배럴의 잠을 유일하게 방해하는 것은 이따금 이루어지는 샘플링이다.

매일매일 아무 일도 일어나지 않는 것처럼 보인다. 배럴은 강철로 묶인 큰 목재 덩어리처럼 길게 줄을 서서 제자리에서 움직이지 않고 가만히 있다.

뭔가가 일어나고 있다는 명백한 단서가 있다. 제일 확실한 것은 냄새다. '위스키 숙성창고'에서는 풍부하고 잘 익은 향이 굴러다닌다. 아무 일도 없으면 냄새가 전혀 나지 않을 것이다. 냄새는 오크통이 '호흡'하고 있음을 증명한다. 약간 투과성이 있는 참나무 목재가 제 역할을 하고 있어 외부의 공기를 내부의 물과 알코올(과 목재 방향족)과 천천히 교환할 수 있다. 이것은 위스키 숙성의 필수적인 부분이며, 자연적으로 발생하는 놀라운 현상이다. 증류 시 구리와 황 함유 화합물의 반응처럼 말이다. 위스키의 풍미를 더 훌륭하게 해줄 뿐 아니라, 위스키를 위스키로 만들어주는 과정이다.

또 다른 단서는 일부 배럴의 널빤지 사이에서 느리고 끈적끈적한 누출이 있다는 것이다. 나는 그것을 '배럴이 흘리는 침' 또는 '배럴의 캔디'라고 부른다. 증발 교환을 일컫는 '천사의 몫' 손실에 비하면 추가 손실이 거의 발생하지 않을 만큼 매우 느린 속도로 누출된다. 그리고 그것은 창고에서 달콤하고도 달콤한 냄새를 만든다.

최근에 에이 스미스 보면 증류소의 마스터 디스틸러가 되었던 고故 트루먼 콕스와 함께 그곳 숙성창고에 있었던 것을 기억한다. 우리는 내용물이 꽤 많이 새고 있는 통을 발견했다. 콕스는 손가락을 핥고 새는 곳 중 하나를 따라 천천히 훑다가 다시 핥았다. "해보실래요?" 그가 나에게 재촉했다. "맛있어요." 그래서 나도 따라 해보았다. 끈적거리고 약간 먼지가 있었지만, 맛있었다. 캐러멜, 메이플 시럽, 바닐라, 약간 탄 설탕 맛이 났다.

우리는 외부에서 냄새를 맡고 약간의 증거를 엿볼 수 있기 때문에 배럴이 무언가를 하고 있다는 것을 알 수 있다. 위스키가 잠자는 동안 안에서는 무슨 일이 일어나고 있을까?

위스키 통 안에서 일어나는 화학적 상호작용의 실제 규모는 현기증이 날 정도이며, 이 책에서 모두 다루기에는 너무 방대하다. 연구는 계속되고 있으며 위스키가 숙성됨에 따라 어떤 일이 일어나는지 완전히 알 수 없을 수도 있다.

피해야 할 것은 어떤 한 반응에 초점을 맞추는 것이다. 이런 편견을 피해야 한다. 가능성의 수가 거의 끝이 없을 때 우리가 할 수 있는 최선은 그것을 인정하고 진행 중인 주요 활동을 살펴보는 것이다.

먼저 첫 번째 것들

가장 먼저 일어나는 일은 색상 추출이다. 배럴이 두 번째 또는 세 번째 리필이 아닌 한, 뉴메이크 위스키는 처음 몇 달 동안 나무에서 많은 색상을 끌어낸다.

추출은 일부 크래프트 증류소에서 선호하는 소형 배럴에서 훨씬 더 빠르게 일어난다. 증류주 부피 대비 목재 표면의 비율이 더 높기 때문이다.

색상은 이미 목재에 있는 색상에서 부분적으로 나온다. 이 현상은 탄닌을 함유한 초목이 위치한 개울이나 습지에서도 볼 수 있다. 특히 버드나무, 소나무, 참나무가 쓰러져 있는 곳을 보면, 강물이 탄닌 성분으로 어두운색을 띠고 있다. 마치 진하게 우려낸 홍차처럼 말이다.

색상은 배럴의 열처리된 부분인 붉은 층에서도 나온다. 캐러멜화된 당이 나무에서 증류주로 흘러나오고, 색도 함께 나온다. 이것은 위스키에 색을 입히는 데 사용되는 색소로 쓰는 캐러멜과 같은 종류이지만, 색소의 경우 그 당은 나무가 아닌 맥아에서 나온다.

배럴에 대해 다룬 이전 장에서 설명했듯이 맛과 향은 나무에서도 직접 나온다. 알코올과 물의 용매 효과에서 기인한 간단한 화학 반응은 나무 자체와 붉은 층에서 풍미를 끌어낸다.

중고 배럴은 나무에 남아 있는 향미를 술에 넘겨주고, 이전에 담겨 있었던 액체(위스키, 와인. 럼 등)에서 남은 향미도 가지고 있어, 좀 더 다양한 풍미로 느껴진다. 여러 국가의 위스키 규정마다 다른 방식으로 이를 해결한다.

단순한 추출 외에도 시간이 지남에 따라 다양한 화학 반응으로 풍미가 만들어진다. 알코올, 목재의 다양한 폴리머(헤미셀룰로오스, 리그닌 등), 목재 속의 산과 에스테르, 증류액, '퓨젤 오일'이라고 부르는 고급 알코올, 그 외에도 참나무 도가니 같은 배럴 안에서 반응하고 있는 200가지 이상의 다양한 화합물이 있다. 목재가 아닌 다른 용기에서 위스키를 숙성시키면 위스키가 될 수 없다. 규정 때문이 아니라 참나무에 있는, 혹은 자연 건조하고 굽고 태우는 과정으로 참나무에서 생성되는 놀라운 향미, 그리고 목재 성분과 증류주 간의 상호작용으로 생성되는 향미 때문이다.

풍미는 외부 환경과의 느린 상호 작용에서도 생성된다. 그것은 우리가 낭만적으로 '천사의 몫'이라고 부르는 극단적인 슬로 모션 증류처럼 알코올과 물이 배럴에서 천천히 빠져나와 증발하는 것이다.

레인저 크릭 .36 텍사스 버번
Ranger Creek .36 Texas Bourbon

텍사스의 더위 속에서 5갤런(18.9리터)과 10갤런(37.9리터) 배럴에서 숙성해 색 변환이 빠르게 일어났다. 매우 어두운 색과 참나무 향, 참나무와 옥수수의 달콤함은 12점. 하지만 막상 막하로 승부를 가리는 싸움이며, 몰입하게 하고 잔인할 정도로 맛있다.

천사의 몫

여러분도 모두 이 용어를 들어봤을 것이라고 짐작한다. 이 책에서도 이미 몇 번 언급되었다. 위스키가 증발해서 배럴을 빠져나갔을 때 어디로 가는지에 대한 낭만적인 상상에서 나온 이름이다.

위스키 숙성창고에 가본 적이 있다면 위스키가 어디로 사라지는지는 매우 분명하다. 위스키는 바로 여러분 주위에 있다. 때로는 너무 무거워서 그냥 걸어 다니는 것만으로도 공기 중에 윙윙거리는 소리를 들을 수 있다. 과장이 아니다. 나는 두 명의 작가와 한 창고를 둘러본 후, 차를 몰기보다는 걸어가서 점심을 먹기로 결정했다.

위스키는 통에 오래 담겨 있을수록 더 많이 증발한다. 재사용된 배럴은 위스키를 더 빨리 잃는다. 작은 배럴일수록 더 빨리 잃는다. 시원하거나 습한 기후에서는 손실이 더 느리다. 열대 기후에서는 무섭도록 빠르고 결코 멈추지 않는다. 위스키 숙성의 진정한 종점이다. 그래도 계속 두면 결국 천사들은 너무 많이 '나누어 먹어서' 위스키가 법적 알코올 도수 한계 아래로 떨어지거나 —추운 기후에서 일어날 가능성이 더 크다.— 참나무 구름처럼 옅은 증기의 모습으로 사라져버린다.

끔찍한 일이지만 위스키 숙성에 꼭 필요하다. 이 교환이 없으면 위스키는 제대로 숙성되지 않는다. 배럴로 유입되는 산소와 열이 화학적 변화를 유발한다. —이 때문에 가속화된 숙성 계획은 종종 이 두 가지 요인에 중점을 둔

다.— 산소는 떫은맛을 감소시키고 탄닌으로부터 새로운 풍미를 생성하며 또한 색상을 증가시킨다.

배럴의 나무 벽을 통한 산화 현상은 위스키 숙성에 있어 중요한 요소이기 때문에, 거대한 스테인리스 증류기 탱크에 태운 나무 조각을 잔뜩 집어넣고 증류주를 집어넣는 방식으로는 위스키를 만들 수 없다. 스테인리스 스틸 탱크는 나무통보다 훨씬 저렴하겠지만 투과성이 없어 공기가 통하지 않는다. 그리고 다른 곳에서 말했듯이 참나무로 만든 배럴은 이미 충분히 방수가 된다.

참나무로 만든 배럴에서 숙성된 위스키에서 나오는 향미는 매우 다양하고, 이러한 맛과 향을 만들어내는 경로는 너무 복잡해서 모두 기록되지 않았다. 위스키와 관련된 다른 많은 일과 마찬가지로, 숙성이 진행되면서 과학이 한 발짝 물러나 예술과 경험적 지식에 자리를 양보해야 하는 시점이 온다. "이렇게 하면 이런 냄새가 난다"는 것이 여전히 위스키가 만들어지는 방법이다.

리필은 느리다

미국산 위스키는 대부분 안쪽을 불로 그을린 새 오크통에서 숙성한다는 사실은 잘 알려져 있다. 버번 위스키와 라이 위스키는 규정상 반드시 그렇게 해야 한다.

다른 대부분의 위스키는 사용된 배럴에서 숙성하는데, 대부분은 버번 배럴에서 숙성한다. 첫 번째로 채워진 내용물은 일반적으로 바닐라, 코코넛, 캐러멜과 같은 풍부한 맛과 나무에서 약간의 색상을 끌어낸다.

당연히 세컨드필(두 번째 채움)은 배럴에 이미 증류주가 들어갔었기 때문에 추출할 수 있는 물질이 줄어든다. 색상이 축적되는 속도가 상당히 느리며, 캐러멜 색소를 첨가하지 않으면 세컨드필 캐스크에서 숙성한 20년된 위스키도 상당히 색이 옅을 수 있다. 풍미 또한 얻기가 더 어렵다. 배럴 종류에서 오는 특징적인 맛은 덜하고 산화로 인해 만들어지는 풍미가 주를 이룬다. 증류소의 개성이 많이 들어간 뉴 메이크 증류주와 훨씬 더 비슷한 맛이 날 수 있다.

배럴에 대한 장에서 산화에 대해 이야기했지만 더 많은 것이 있다. 산화는 적절하게 재사용된 배럴에서 더 잘 작동한다. 나는 시애틀 웨스트랜드 증류소의 디스틸러인 맷 호프먼에게서 배웠다. 자연 건조 목재는 인공 건조 목재보다 리필 배럴로서 더 적합하다.

"가장 중요한 것 중 하나지만 아무도 실제로 알지 못합니다." 그는 말했다. "어떤 시점이 지나면, 촉매가 없으면 산화가 일어나지 않습니다. 산소는 자연적으로 O_2로 존재하지만 산화는 단일 산소 원자에서만 발생합니다. [분자를 쪼개는] 촉매가 없으면 효과를 얻을 수 없습니다."

"그것이 자연 건조의 이점 중 하나입니다"라고 그는 말을 이었다. "산화를 일으키는 페놀산이 만들어집니다. 다른 모든 변수가 같다면 자연 건조 목재의 위스키는 더 발전할 수 있지만 인공 건조 목재는 그렇지 않습니다."

이것은 복잡하다. 무엇이 무엇에 영향을 미칠지 알 수 없으며 모든 것이 맛을 좌우한다.

와일드 스코츠맨 모트라크 13년

Wild Scotsman Mortlach 13 Year Old

엑스 버번 캐스크에서 숙성된 싱글 몰트이며 색이 상당히 옅다. 꿀과 딱딱한 사탕 향과 약간의 열이 코끝에 느껴진다. 바닐라와 다크 캐러멜, 스파이시 참나무 노트, 후추와 다크 쿠키가 입안에서 길고 달콤하고 스파이시한 끝맛을 선사한다.

크기의 문제

배럴의 크기는 숙성 속도에 영향을 미친다. 경제성에도 영향을 미치므로 배럴 사이즈를 판단할 때는 어느 정도 주의가 필요하다.

배럴이 클수록 숙성 과정이 길어지고 증발 속도가 느려진다.

여기에는 장단점이 있다. 시간이 더 오래 걸리면 더 많은 비용이 들고 증발이 적으면 비용을 줄일 수 있다. 직관에 반대되게도, 큰 배럴은 실제로 숙성창고에서 공간을 더 적게 차지한다. 부피는 배럴 반지름의 제곱이기 때문이다. 큰 배럴은 단위 부피당 비용이 적게 들기 때문에 더 큰 배럴을 사용하면 상당한 비용 절감 효과를 얻을 수 있다.

하지만 단지 비용 절감 효과만 있는 것은 아니다. 큰 배럴은 어느 시점을 지나면 숙성 과정이 최적의 속도로 작동하기 위해 필요한 충분한 증발이 일어나지 않는다. 또 표면 대 부피 비율이 목재를 효과적으로 추출하기에는 너무 낮다. 게다가 엄청나게 무거워지고 움직이기 어려워지며, 귀중한 위스키를 옮길 때 기울어지고 부서지기 쉽다. 위스키 숙성에 일반적으로 사용되는 가장 큰 통은 포트 파이프(550리터)와 마데이라 드럼(최대 650리터)이지만 대부분의 위스키는 200~250리터 크기 통에서 숙성된다.

규모의 반대편 끝에는 소형 배럴이 있다. 주로 크래프트 증류소에서 사용한다. 최소 크기는 2갤런(7.6리터)이다. 소규모 증류소에서 사용하는 10갤런(37.9리터)과 15갤런(56.8리터) 배럴도 꽤 있다. 소형 배럴은 위스키를 더 빨리 숙성시킨다. 표면 대 부피 비율이 훨씬 더 크기 때문에 증류주는 색과 향미를 빠르게 얻는다. 그러나 문제는 그 향미가 모두 바람직하지 않을 수도 있다는 것이다. 테이스터들은 '작은 배럴의 특성'에 대해 이야기한다. 탄닌이 지나쳐 증류주의 풍미를 압도하는 것을 가리킨다고 한다.

작은 배럴은 비용 문제도 있다. 가격은 거의 풀사이즈 배럴만큼 비싸고, 노동력도 비슷하거나 그 이상이 들어간다. 증발 손실도 상당히 더 빠르다. 10갤런(37.9리터) 배럴이 5년이 지나자 거의 비어 있었던 경우를 들은 적이 있다. 그것이 꼭 나쁜 것만은 아니다. 작은 배럴 위스키는 대부분 미국에서 만들고, 주로 안을 검게 그을린 새 오크통에서 숙성한다. 따라서 2년 숙성이 평균적이다. 2년 이상이 되면 배럴의 향미가 너무 압도할 수 있다.

작은 배럴의 풍미와 특성에는 더 미묘한 문제가 있다. 위스키 화학자인 친구 스콧 스폴버리노가 있는데, 그는 '숙성aging'과 '성숙maturation'에는 차이가 있다고 한다. "숙성은 병에 표기하는 내용입니다. 배럴에 넣은 지 몇 년이 흘렀는지를 가리키는 말이죠." 그는 말했다. "목재의 화합물, 목재 기반 향미, 추출, 그리고 오크통 안에서 보낸 시간이죠. 반면 성숙은 화학 반응과 증발의 절정입니다."

시간이 걸리는 물리적 과정도 있다. 배럴의 크기는 아무런 상관이 없다. 이를 '에탄올 클러스터링ethanol clustering'이라고 한다. 에탄올과 물의 구조적 통합으로 인해 미각에서 에탄올의 감각이 더 부드러워진다. "작은 배럴은 이걸 강제로 할 수 없습니다." 그는 말했다. 위스키 애호가들이 뭐라 하든, '부드러운'은 성숙한 위스키를 설명하는 단어라고 한다.

그건 그렇다고 해도, 나는 꽤 우수한 작은 배럴 아메리칸 위스키를 여럿 만난 적이 있다. 증류소들은 작은 배럴의 이점을 활용해 증류주를 조절하는 방법을 알아냈다. 어떤 증류소에서는 사업 초기에만 작은 배럴을 사용한다. 병에 담아 신속하게 판매하고 현금을 확보한 다음, 더 큰 30갤런(113.6리터) 또는 표준 53갤런(200.6리터) 배럴로 전환한다. 하지만 일부 증류소에서는 블렌드에 추가하기 위해 최소한 몇 개의 작은 배럴을 사용해 팬들이 처음으로 끌렸던 풍미를 유지한다.

킹스 카운티 피티드 버번
Kings County Peated Bourbon

킹스 카운티는 작은 배럴을 고수하고 있다. 피트, 녹색 옥수수, 반짝이는 참나무. 뜨겁고 피트 느낌의 신선한 옥수수 끝맛이 달콤함과 부드러운 연기 속으로 미끄러져 들어간다.

도망가는 시간

배럴은 싸지 않고 숙성창고는 비싸다. 세금은 결코 내려가지 않는다. 그러나 위스키를 만드는 데 드는 가장 큰 비용은 시간이다.

좋은 위스키를 만드는 데는 분명히 시간이 걸린다. 하지만 그 시간이 지나는 동안, 몇 개월, 몇 년, 몇 십년이 지나는 동안, 위스키는 전혀 돈을 벌지 못한다. 오히려 돈이 나간다. 숙성 창고 유지보수, 보안, 숙성창고 직원, 세금, 세금, 그리고 세금. 더 큰 문제는 그냥 돈만 나가는 것이 아니다. 말 그대로 증발해서 1년에 1~10%씩 사라진다. 물론 위스키의 숙성에 필요한 과정이라고는 하지만, 팔 수 있는 위스키가 남는 것도 중요하다.

이러니 증류소들이 위스키 숙성 과정을 앞당겨서 시간을 이겨보려는 유혹을 계속 받는 것이 이상하지 않을 수밖에 없다. 과거에 증류소들은 배럴을 가열하는 것도 시도했다. —사이클링이 아니라 가열이었다.— 위스키에 산소 버블을 통과시켜보기도 하고, 초음파로 휘저어 섞는 시도를 하기도 했다. 내가 들어본 것만 해도 이렇다. 이것들 모두 실패했다. 내가 어떻게 아냐고? 모든 사람이 아직도 여전히 위스키 배럴을 숙성창고에 쌓아두고 있지 않은가.

아, 거의 모든 사람이라 해야겠다. 가속 숙성 실험의 새로운 물결이 일어나고 있다. 디스틸러들은 음파 교반^sonic agitation^을 시도하고 있다. 즉, 숙성의 진행을 가속화하기 위해 위스키를 진동시키는 것이다. 특정 화학 물질을 제거하고 다른 물질의 농도를 조절하고, 고강도 조명으로 위스키를 때리는 등 정교하게 계획하고 있다. 그리고 그들은 여전히 위스키에 산소 버블링을 하고 있다.

이것이 성공했을까? 이 공정으로 달성하고자 하는 목적에 따라 답이 다르다. 만약 100달러짜리 15년 버번을 6개월 안에 얻으려 했거나, 20년 아일라 위스키를 1년 안에 얻으려 했다면, 현재로서는 그런 일은 일어날 리 없다. — 흥미롭게도 내가 알고 있는 한 모든 가속 숙성 계획은 버번이나 몰트 위스키에 관한 것이다. 그것도 주로 피트로 훈연한 피티드 몰트 위스키다.— 나는 여러 다양한 가속 숙성 위스키를 맛보았다. 어떤 것은 블라인드, 어떤 것은 오픈 라벨로 시음했다. 그리고 나는 감동하지 않았다. 블라인드 시음 5번 중 4번은 가속 숙성 위스키를 구분할 수 있었다.

반면 좋은 블렌디드 스카치 위스키에 50달러를 내고 사는 것이 지겹거나, 주말에 하이볼을 만들기 위해 버번 한 병이 필요한데 거액을 들이고 싶지 않다면, 이런 위스키 시장이 있을 수 있겠다. 어떤 증류소들은 그 이상을 목표로 하고 있다. 나는 그들의 갈 길이 한참 남았다고 생각한다. 그러나 일부 증류소는 상품용 위스키를 만들려고 하고 있으며, 이는 손이 닿는 범위 내에 있다.

한 사람은 아주 간단한 방법을 고수했다. 버지니아 산속에 있는 스페리빌에 있는 코퍼 폭스 증류소의 릭 와스먼드는 100% 몰트 위스키에 더 많은 목재 특성을 넣고 싶었다. 그래서 위스키를 배럴에 넣을 때 나무 조각 자루를 추가한다. 참나무나 사과나 복숭아 같은 과일나무였다. 자루는 12개월 동안 배럴 안에 보관하고 위스키는 배럴에서 추가로 2개월 정도 보관한다. 2년 미만의 몰트 위스키치고는 놀랍도록 부드럽고 맛있게 나온다.

어떤 위스키를 구입할 때와 마찬가지로 그 안에 무엇이 들어 있는지 알아야 한다. 누가 만들었는지, 무엇을 위해 돈을 지불하고 있는지 말이다. 계속 말하지만, 모든 것은 선택의 문제다.

코퍼 폭스 피치우드 몰트
Copper Fox Peachwood Malt

피치우드 칩 '티백'으로 마무리된 위스키다. 향기는 달콤하고 도톰하며 녹색 나무로 되어 있다. 혀끝에는 드라이 몰트가 느껴지고 복숭아나무가 약간 느껴진다. 그리고 참나무의 드라이함으로 과일 끝맛이 점점 가늘어진다.

실례지만 몇 살이세요?

우리는 누군가의 나이를 직접적으로 묻는 것은 실례라고 배웠다. 하지만 위스키는 때때로 라벨에 나이를 표시해 쉽게 알게 해준다. 그런데 사실 조금 복잡하긴 하다. 라벨에 나이가 15년이라고 표시되어 있으면, 병에 넣은 여러 제품들 중에 가장 어린 위스키의 나이가 15년이라는 뜻이기 때문이다.

거기에는 오래된 위스키도 있을 수 있다. ― 다만 솔직히 현재로서는 20년 전처럼 숙성된 위스키가 넘쳐나던 시절만큼의 가능성은 거의 없다.― 좀 더 성숙한 위스키를 추가해 복합적인 깊이를 더할 수 있기 때문이다.

몇 년 되었는지 쓰여 있지 않으면 어떻게 될까? 요즘은 무연산이라고도 하는 NAS^{No Age Statement} 위스키가 꽤 있는데 예전보다 많은 것 같다. 이는 위스키 재고가 부족하기 때문일 가능성이 크다. 여러분과 저와 같은 사람들이 더 많은 사람에게 좋은 위스키를 마시라고 이야기한 직접적인 결과다. 사람들이 나가서 더 많은 위스키를 사면서, 우리가 구할 위스키가 줄어들고 있다.

오만하고 냉소적인 사람들은 증류소에서 돈을 절약할 방안 중 하나로 우리에게 더 어린 위스키를 팔려고 NAS 병입이 늘어난 것이라고 믿는다. 나는 사람들이 위스키의 가치를 가늠하는 척도로 연령 표시가 중요하다고 말하는 것을 봤다.

증류소들은 이에 반대한다. 그들은 NAS 위스키는 '시계가 시키는 대로' 혼합되는 것이 아니라, 풍미가 준비되었을 때 혼합되는 것이라고 말한다. 그들은 또한 아드벡의 우가달, 로트 넘버 40, 부커스, 제임슨 레러리스트 빈티지 리저브, 새로운 닛카 프롬 더 배럴과 같이 애주가들과 비평가들의 찬사와 열광적인 사랑을 받는 NAS 병입 제품들을 가리키며 지적한다.

다음 장에서는 블렌딩에 대해 다룰 예정이다. 블렌더가 병입할 위스키를 어떻게 고르는지 알아보자. 15년 싱글 몰트와 12년 싱글 몰트가 나이만 다른 같은 제품이 아닌 이유를 알아보자. 우리는 위스키에 15년이라고 표기되어 있으면 적어도 그만큼 숙성된 것으로 간주하겠다.

30년, 40년, 심지어 50년 된 스카치 위스키는 어떤가? 얼마 전 내가 마셔본 41년 캐나디안 위스키도 꽤 특별했다. 버번은 왜 그렇게 오래 숙성되지 않을까? 아이리시 위스키는? 다른 것들보다 덜 좋은 위스키일까? 당연히 좋은 위스키다. 아일랜드의 증류소들은 오래된 위스키를 몇몇 병에 담았고, 정말 훌륭하다. 하지만 그들은 일반적으로 배럴보다는 증류주의 균형에 더 많은 노력을 기울이고 있다.

미국의 위스키는 완전히 다른 형태를 가지고 있다. 다양한 위스키에 대해 이미 여러 번 말했지만, 한 가지 유형을 고수하는 위스키 애호가는 다른 모든 위스키를 해당 기준으로 측정하거나 아예 시도도 하지 않는 편인데, 이는 좋은 태도가 아니다.

로트 넘버 40

Lot No. 40

로트 넘버 40은 완성될 때 완성된다. 숙성연수 표기가 없다. 호밀과 참나무가 팔짱을 끼고 유리잔 밖으로 행군하고, 배경에는 말린 씨 과일이 있다. 풍부한 참나무·가죽 층에 호밀 스냅과 캐러멜 단맛이 있다. 나이가 뭐가 중요할까?

숙성연도를 표기하는 위스키가 줄어들고 있는 것이 우리가 점점 더 어린 위스키를 마시고 있다는 의미일까? 꼭 그렇지는 않다.

'기후 변화'

우리는 지금껏 켄터키의 더운 기후에서 버번이 얼마나 빨리 숙성되는지에 대해 이야기했지만, 잠시 물러서서 카발란(대만), 암룻 증류소(인도), 폴 존(인도), 람푸르(인도) 증류소의 경우는 어떨지 생각해보자. 그곳 증류소들은 적도에 수백 마일 더 가까운 기후에서 위스키를 숙성시켜야 한다. 증류소 안은 뜨겁고 숙성창고는 더 뜨겁다. 인도 고아에 있는 폴 존은 상황을 조금이라도 개선하기 위해 지하 창고를 지었다.

이 증류소들은 탐욕스러운 천사들과 마주하고 있다. 잔인한 더위 속에서 매해 위스키의 10퍼센트 이상을 증발로 잃게 된다. 반면 3년에서 5년 사이에 훌륭하게 숙성된 위스키가 나올 수도 있다는 점을 생각하면 이 기후의 매력을 찾을 수 있다. 비교적 젊은 이 회사들은 자연적인 숙성 가속화 상황을 아주 쉽게 마스터했다. ─카발란은 인정받는 목재 과학의 대가인 고故 짐 스완 박사의 도움을 받았다.─ 나는 이 위스키를 만날 때마다 기쁘게 시음한다.

맥미라와 같은 증류소는 다른 문제가 있다. 맥미라는 스웨덴 스톡홀름에서 북쪽으로 약 177km 떨어진 곳에 있으므로 위스키 숙성 속도가 더 느려진다. 그곳 증류소들은 위스키에 더 많은 풍미를 더하기 위해 배럴에 더 흥미로운 나무를 사용했다. 같은 문제에 직면한 다른 스칸디나비아 증류소는 작은 배럴을 사용하고 있다.

버번의 세계를 생각해보자. 아메리칸 위스키는 곡물을 발효하고 증류해 더 쫄깃한 증류주를 만든다. 위스키에 엄청난 풍미를 더하는 새 오크통에서 숙성한다. 게다가 스코틀랜드, 캐나다, 아일랜드 또는 일본에 비해 미국, 특히 켄터키의 기후를 생각해보자. 새로운 배럴일 뿐 아니라, 7층짜리 랙하우스 숙성창고 꼭대기에 열기가 집중된 뜨거운 여름이 되면 위스키가 배럴에 흠뻑 깊숙이 침투한다.

40년 동안 그 상태를 유지하면 타르처럼 어둡고 탄 나무 맛이 나는 배럴 안에는 위스키가 고작 500밀리리터 정도가 남게 될 것이다. 쉽게 말해 그렇게 오랫동안 숙성하는 것은 불가능하다. 나라면 6년 또는 8년 버번 또는 2년 라이 위스키를 사겠다. 그 증류주가 내 취향에 있어 더 적합하기 때문이다.

위스키가 어떻게 만들어지고 어떻게 위스키가 고유한 범주에 속하는지에 대해 더 많이 알수록, 그 맛이 어떤지, 그리고 디스틸러와 블렌더가 위스키를 만드는 일을 얼마나 훌륭히 해냈는지 더 많이 이해하게 될 것이다.

피니쉬

1980년대 후반에서 1990년대 초반에 놀라운 우연의 일치로 스코틀랜드의 몇몇 마스터 블렌더들은 거의 동시에 같은 아이디어를 생각해냈다. 싱글 몰트를 한 오크통에서 ─예를 들어, 버번이 담겼던 오크통─ 숙성시킨 후, 이 위스키를 다른 오크통에 ─예를 들어, 셰리나 포트를 담았던 오크통─ 옮겨 담는 것이다. 그러면 위스키는 버번 배럴의 향미를 얻게 되고, 그 위에 과일과 견과류의 층이 추가로 얹어지게 된다.

그 작업은 성공적이었다. 그리고 이 작업은 '피니쉬finishing'라고 일반적으로 불리게 되었고, 업계 전체로 퍼져나가서, 결국 다른 위스키 생산지로도 넘어갔다. 그런데 라벨 표기에 있어 약간의 문제가 있었다. 일부 규제 당국에서는 새로운 오크통의 도입을 규정에서 금지하는 '향미를 추가하려는 의도적 시도'로 보았다. 하지만 모두 이를 가능하게 하는 방법을 찾아냈다.

성공적인 것도 있고, 호불호가 갈리는 것도 있었다. 아일라 싱글 몰트를 토카이* 배럴로 마무리한 피트 괴물을 기억한다. 그다지 추천할 만하지 않은 맛이었다. 소노마커트러 샤도네이 배럴로 마무리된 우드포드 리저브는 나는 좋다고 생각했지만 그렇지 않은 사람도 많았다. 페어 오드비 캐스크**에서 마무리된 생 조지 몰트를 마셔보았는데 인상적이었다.

---

* Tokaji: 헝가리의 토카이에서 생산되는 화이트 와인. - 옮긴이
** 배로 만든 브랜디를 숙성시켰던 통. - 감수자

마무리된 위스키는 업계 풍경의 일부가 되었다. 유리잔에 흥미로운 풍미를 더하는 또 다른 방법이다. 다양한 마무리 숙성에 대한 블렌더의 과격한 흥분은 다소 가라앉았지만, 실험은 계속되고 있으며 미래에는 의심할 여지 없이 더 많은 깜짝 선물이 있을 것이다.

발베니 캐리비안 캐스크
Balvenie Caribbean Cask

럼 캐스크로 숙성한 14년 싱글 몰트다. 바닐라, 데메라라 설탕, 무성한 과일이 잔에서 튀어나온다. 몰트, 과일, 참나무 등의 맛이 혀에는 분명히 위스키라고 말하지만 그 틀은 모두 럼주다. 흑설탕, 바닐라, 고급 과일 향이 난다. 균형이 적절하다.

'위스키 도둑' 도구를 사용해서 배럴에서 버번을 꺼내 병을 채우는 모습

제12장

블렌딩

이제 마지막 단계 중 하나인 블렌딩^{blending}에 대해 이야기할 시간이다. 얼굴을 찡그리는 분들이 보이는 것 같다. 블렌디드 위스키 취향이 아닌가? 소다와 얼음을 섞을 때나 필요한 하위 위스키의 일종이라고 생각하는가?

그렇게 느낀다면 여러분은 제임슨 레어리스트 빈티지 리저브, 캐나디안 클럽 크로니클스, 로열 살루트 21, 히비키 21 같은 아름다움을 놓치고 있다. 게다가 우수한 싱글 몰트, 싱글 포트 스틸 위스키, 우수한 버번도 모르고 있을 듯하다. 무엇보다도 여러분은 얼음과 믹서와 완전히 상쾌한 위스키가 만나는 톨 하이볼이 주는 단순한 즐거움을 놓치고 있다!

'블렌딩'을 이해하려면 '블렌디드'를 이해할 필요가 있으니 이것부터 살펴보자.

다른 부분에서는 아주 세련되고 지식이 풍부한 위스키 애주가들이, 특히 미국 애주가들이 하는 말 중에 가장 슬픈 말은, 블렌디드 위스키를 '갈색 보드카'라고 말하는 것이다. 이 말에는 연속식 증류기로 뽑아낸 보드카 도수의 중성적 증류주를 대량으로 넣고, 소량의 위스키를 섞어 저렴하게 만든 위스키라는 의미가 담겨 있다.

이 문제의 핵심은 아메리칸 위스키의 용어를 정의한 위스키 규정에 있다. 규정에 따르면 그러한 것이 블렌디드 위스키의 정의다. 앞서 살펴보았던 미국 연방 규정집 제27편(Code of Federal Regulations, Title 27, Subpart C, Section 5.22, the "standards of identity.")에는 이렇게 나와 있다.

'블렌디드 위스키(위스키-블렌드)'는 스트레이트 위스키 또는 첨가된 무해한 색소에서 오는 알코올은 제외한 프루프 갤런 기준으로 20% 이상의 스트레이트 위스키, 향료, 블렌딩 재료, 또는 위스키 또는 중성 증류주의 혼합물이다.

다시 말해, 미국에서 '블렌디드 위스키'라는 라벨을 붙이기 위해서는 혼합물의 25% 정도만 위스키를 넣고, 나머지 75%는 '중성 증류주'을 넣으면 된다. '중성 증류주neutral spirit'이라는 말은 업계에서 GNS(또는 NGS)라고 하는 것으로, '곡물 중성 증류주grain neutral spirit'(또는 '중성 곡물 증류주')를 말한다. 증류소는 대량 GNS를 전문 제조업체에서 750밀리리터 병당 1달러 미만 정도에 구입할 수 있다. 그것이 '블렌디드 위스키'의 80%라면 풍미와 복잡성과 함께 가격이 훨씬 낮아진다.

이것이 미국에서 블렌디드 위스키 브랜드의 인기가 그리 많지 않은 이유다. 크기와 관계없이 유일한 미국산 블렌디드 위스키는 시그램의 7 크라운으로, 여전히 연간 200만 케이스를 생산한다. —1970년대에는 800만 상자를 팔았다.

'블렌디드 위스키'가 모든 지역에서 의미가 같다고 생각하면 오산이다. 하지만 여러분은 그보다 더 똑똑하리라 믿는다. 주요 위스키 생산지 중에서 블렌디드 위스키가 이렇게 저열한 혼합물이 될 수 있는 곳은 미국이 유일하다.

시그램 7

Seagram's 7

위스키 25%, GNS 75%. 향은 대부분 알코올의 달콤한 향과 약간의 바닐라와 갈색 설탕 향이다. 가벼운 입맛과 다시 달콤함과 약간의 열이 있다. 섞어 마시기에 좋다.

7&7과 보일로

나는 앞서 아메리칸 블렌디드 위스키를 한 대 때렸다. 그랬다. 그것을 '저열한 혼합물'이라고 불렀다.

내가 너무 경솔했다. 미국산 블렌디드 위스키도 재미있고 맛있는 용도가 있다. 가장 잘 알려진 것은 시그램의 7 크라운과 세븐업의 하이볼 믹스에 취향에 따라 레몬 슬라이스를 곁들인 아이코닉 '7&7 음료다. 대학 다닐 때 많이 마셨던 기억이 난다. 우리는 젊은 시절 칵테일을 마시는 세련된 젊은이였다. 그 음료는 옅은 금색이고 톡 쏘는 탄산이 있으며, 달콤한 맛에 탄산음료에서 나온 감귤류 향이 느껴지고, 술을 마시고 있음을 알릴 만큼 충분한 위스키가 들어 있으며, GNS는 알코올의 힘을 주었다.

펜실베이니아 북동부의 석탄 지역에서 전통적인 휴가용 펀치인 보일로^{Boilo}도 있다. 나는 친구에게 받은 가족 레시피를 가지고 있다. 보일로는 추운 겨울에 방문한 손님에게 뜨겁게 대접한다. 펀치 베이스는 물, 설탕, 꿀, 캐러웨이, 정향, 계피 스틱, 통 오렌지, 0.5갤런(1.75리터)의 저렴한 위스키다. ─저렴할수록 최고다.─ 전통적으로는 레어드('애플잭'을 만든 회사)가 만든 블렌디드 위스키인 포 퀸스 101을 넣는다.

나도 보일로를 만들어봤다. 7&7처럼 즙이 많고 기분 좋은 재미있는 음료다. 그리고 여기 이 음료가 특별하고 주목할 가치가 있는 이유가 있다. 이는 매우 사교적인 음료다. 휴일 모임에서 김이 나는 보일로가 가득 찬 커피 머그를 건네거나 신나는 하우스 파티에서 이슬처럼 차가운 7&7 텀블러를 건네면 아무도 파티를 멈추고 당신이 어떤 위스키를 넣었는지 묻지 않고, 한 모금 마시고 미소를 지으며 계속 이야기를 할 것이다. 위스키는 블렌디드, 스트레이트 또는 다른 어떤 방법으로 마셔도 좋다.

이것이 바로 블렌딩

이제 '블렌디드 위스키'가 다른 세계에서 어떤 의미를 가지는지를 이야기해볼 차례다.

세부 사항에 얽매이지 않고 주요 차이점을 말하자면, 블렌디드 위스키는 1장에서 정의했듯이 실제 위스키로 만들어진다. 곡물을 발효하고 증류하고, 나무로 만든 배럴에서 숙성해서 만든 술이다.

마지막 여섯 어절에 주의를 기울이자. 그것이 큰 차이가 나는 부분이다. 모든 것이 규정에서 비롯된다. 미국 규정에서는 '위스키'를 위스키로 간주하기 위해 오크통에서 불특정 시간을 보내야 한다. 파브스트는 최근 숙성 기간을 5초로 표기한 위스키를 출시했다. 그러나 스코틀랜드, 아일랜드, 캐나다에서는 위스키를 '위스키'로 표시할 수 있으려면 최소 3년 동안 숙성해야 한다. ㅡ일본도 현재 위스키에 숙성연수 제한이 없다.

예를 들어, 제임슨 같은 아이리시 블렌디드 위스키는 몰트 위스키, 싱글 포트 스틸 위스키 또는 둘 다를 곡물 위스키와 혼합한 것이다. 기억하겠지만, 그레인 위스키는 다양한 곡물을 담그고, 발효하고, 연속 증류기에서 증류해 일반적으로 96%보다 약간 아래의 매우 높은 알코올 도수로 맞춘 위스키다. ㅡ나는 그 시점에서 캐나다의 뉴 메이크를 접했는데, 놀랍게도 그 높은 도수에서도 주재료 곡물을 구별하는 것이 가능했다.ㅡ 그레인 위스키는 배럴에 담은 후 최소 3년 동안 숙성된다.

거의 모든 방울은 블렌디드 위스키를 만드는 데 사용된다.

블렌디드 스카치 위스키와 거의 모든 캐나디안 위스키도 마찬가지다. 상대적으로 낮은 도수로 증류된, 단식 증류기에서 만든 위스키가 있다. 그런가 하면 높은 도수로, 연속식 증류기로 만들어진 위스키가 있다. 둘 다 최소 3년 동안 배럴에서 숙성한 다음 블렌디드 위스키를 만드는 데 사용한다.

왜 이런 식으로 이루어질까? 냉소적인 태도로 "수백만 명의 사람들이 그렇게 마시는 것을 좋아하기 때문에"라고 말할 수도 있지만, 이 답은 약간 후진적이다. 사람들이 그 위스키를 좋아하는 이유는 블렌디드 위스키 안의 각각의 위스키가 무언가를 가져오고 전체가 부분의 합보다 더 크기 때문이다. 그런 블렌딩은 실제로 맛을 만들어내는 것이지 단순히 조합하는 것이 아니다.

블렌딩에 추가하는 것 중에 가장 간단한 것부터 시작하자. 그레인 위스키는 종종 '입에 닿는 느낌' 또는 '크리미함'을 블렌디드 위스키에 더한다고 한다.

그레인 위스키는 맛이 가볍지만 —내가 증언 한다.— 재사용 오크통에서 숙성되는 과정이 약간의 바디감과 약간의 풍미와 속성을 더해 서 이것들이 입안의 충만함을 더해준다.

그렇게 간단한 문제였다면 블렌더는 그냥 한 증류소에서 나오는 동일한 그레인 위스키를 적절한 비율로 넣어서 모든 블렌디드 위스키 를 만들면 되겠지만, 실제로는 대체로 세 개 이상의 그레인 위스키를 더해서 만든다.

예를 들어, 캐나다에서는 이것이 일반적이다. 그들이 블렌드를 만드는 방식 때문이다. 옥수 수, 밀, 호밀의 매시빌을 섞는 대신, 캐나다의 표준 관행은 휘트 위스키, 콘 위스키, 라이 위 스키를 담가서 따로 숙성시키는 것이다. 숙성 후에 함께 블렌딩되어 최종 위스키에 혼합된 다. 그 이유는 무엇일까? 그것이 그들이 해온 방식이고 최종 블렌드를 만드는 데 필요한 위 스키 풍미를 생성하기 때문이다. 훨씬 더 복 잡한 경로로 만드는 곳도 있다. 2년 후에 배럴 에서 쏟아내고 다른 위스키 또는 같은 위스키 를 더 넣고 다시 블렌딩해 다른 배럴에 넣는 다. 일정한 풍미라는 이름으로 이 모든 작업 을 한다.

40 크릭 컨페더러시 오크
40 Creek Confederacy Oak
호밀의 매운맛, 갈색 설탕, 삼나무, 연필 끝의 향이 코에 느껴진다. 미각에는 호밀 기름, 딱 딱한 흑설탕, 스파이시 참나무, 무화과가 정 말 내 머리를 돌린다. 블렌디드 위스키라고? 정말 화려한 위스키다!

이제 캐나다인이 '향미 위스키flavoring whisky'라 고 부르는 것, 스코틀랜드인과 아일랜드인이 '몰트 위스키'라고 부르는 것, 또는 아일랜드 인이 '싱글 포트 스틸 위스키'라고 부르는 것 을 더해보자. 재패니즈 위스키는 일반적으로 스카치처럼 블렌딩하지만 매실주를 담았던 캐스크나 일본산 오크통에서 숙성할 수 있다. 혹은 현재 벌어지고 있는 위스키의 심각한 품 귀 현상을 충당하기 위해 스코틀랜드나 아일 랜드에서 구입한 벌크 위스키와 혼합하기도 한다. —재패니즈 위스키 규정을 설명해주신 재패니즈 위스키 작가 브라이언 애시크래프 트에게 감사드린다!

물론 그렇게 간단하지는 않다. 조니 워커의 이름부터 타고난 마스터 블렌더 짐 베버리지 의 예를 들어보자. 디아지오의 28개 몰트 위 스키 증류소의 모든 자원과 참으로 거대한 캐 머런브리지 증류소에서 만든 다양한 그레인 위스키를 통해 베버리지는 어마어마한 양의 후보 위스키를 보유하고 있다.

하지만 조니 워커에 다른 위스키도 들어갈 수 있다. 블렌딩을 목적으로 서로 위스키 배럴을 교환 거래하는, 증류소 사이의 '상호주의'로 알 려진 오랜 전통적 비즈니스 계약 덕분에 블렌 더는 더 넓은 선택지를 가지고 일할 수 있다.

(194페이지에 계속)

"몇 달에 한 번, 나는 맛을 본다"

블렌딩에 대해 제대로 조사하기 전까지 나는 새로운 위스키를 블렌딩하는 일이 2주 정도 만에 완성되는 작업이라고 생각했다.

'블렌더들은 당연히 각각 위스키가 어떤 맛인지 잘 알고 있겠지? 적절한 비율을 찾고 어떤 위스키가 얼마나 들어갔는지 주의 깊게 기록하는 문제이지 않을까? 물론 지속 가능성을 고려해서 미래에 사용할 수 있는 위스키와 혼합해야 하지만, 그래도 누구나 맥주를 섞어보거나, 칵테일을 만들어보거나, 위스키를 섞어 마셔본 적이 있잖아. 어려워 봐야 얼마나 어렵겠어?'

이렇게 생각했던 나는 고故 데이브 피커렐과 그가 만든 휘슬피그 제품에 대해 이야기하고 있었다. 아마 올드 월드 라이 마데이라 피니시였던 것 같다. 그는 마데이라 피니시, 소테른 피니시, 포트 피니시(10밀리리터 정도)에 다양한 비율을 시도했다고 설명했다. 나는 그가 샘플을 가져가서 여러 회의가 있었던 긴 하루를 마치고 돌아간 호텔 방 안에서도 블렌딩하고 있다는 것을 깨달았다. 진지한 일이었다. 생각보다 시간이 오래 걸릴 수도 있겠다고 생각했다.

약 1년 후, 아드벡은 새로운 안 오를 출시하기 위해 나와 다른 작가 몇몇을 아일라로 데려갔다. 우리는 안 오 블렌딩의 중요한 마지막 단계인 '결혼(혼합)'이 이루어지는 증류소의 새로운 시설 '라운딩 룸'에 있었다. 안 오는 마스터 블렌더 빌 럼스덴 박사가 말한 아드벡의 강력한 피트 캐릭터인 '벨벳 장갑을 낀 철권'을 접근하기 쉬운 버전으로 기획한 것이다.

그는 엑스 버번, 엑스 페드로 히메네스 셰리, 그리고 버진 버번 배럴에 숙성한 위스키를 함께 넣고, 그의 제자인 브렌던 맥캐런과 함께 왔다 갔다 하면서, 맥캐런의 블렌딩이 옳다고 생각했지만 그들이 원한 것과 정확히 일치하지 않았음을 이야기하고 있었다. 그래서 럼스덴은 그들이 다른 일을 하는 동안 병을 책상 위에 두고 왔다.

그런 다음 그는 "몇 달에 한 번씩 맛을 봅니다"라고 말했다.

럼스덴은 이때 정확히 그가 원하는 안 오를 완성하기 위해 블렌드에 필요한 것은 함께 보내는 시간이라는 것을 깨달았다. 샘플이 계속 좋아지고 있었기 때문이다. 중고 프렌치 오크로 —다공성, 구멍이 더 많고 산소 교환이 더 많이 일어나는 특성이 있다.— 만든 통 안의 라운딩 룸에서 시간을 보냈다. "결혼은 자주 일어나지 않습니다." 그는 말했다. "돈이 많이 들고, 아주 골머리가 아프거든요." 하지만 이 블렌드에 있어서는 정말 모든 것을 완성해주었다.

한편 나는 이 블렌드를 만드는 데 1년이 걸렸다는 사실을 깨닫고 놀라서 서 있었다. 매주 정기적으로 아드벡 10, 글렌모렌지 오리지널 등을 병입하고, 희귀한 와인 배럴을 소싱하고, 글렌모렌지와 관련해 새로운 일을 —사람들이 기대하기 때문에— 찾으면서, 이 엄청난

일을 하고 있었다. 아, 무지한 기자들과 대화
하는 것도 포함해서 말이다.

블렌딩은 어느 오후에 여러 위스키를 마구 합
치는 작업이 아니다. 아주 힘든 일이고, 위대
한 것을 성취하는 데 무엇이 필요한지 인식할
수 있는 지점에 도달하기 위해 수년 동안 연
습해야 하는 일생일대의 일이다.

아드벡 안 오 - 블렌딩이 열심히 일할 때
Ardbeg An Oa—Blending hard work

아드벡 안 오는 셰리 향 표현이 강하다. 마른
베리와 신선한 뽕나무 사이로 젖은 연기가 피
어오른다. 맥아 한 덩어리가 연기를 달게 해
주고, 그 연기는 무겁게 다가오고, 과일은 그
전체를 관통한다. 적절히 섞여 있다.

아드벡에서 안 오 제조에 사용한 '모으는 통'

블렌더는 3개 이상의 위스키를 섞으면 그중 일부는 향미가 다른 위스키의 성분으로 가려질 수 있다는 점을 고려해야 한다. 블렌더는 주어진 시간에 사용할 수 있는 모든 위스키의 특성을 알아야 한다.

달모어, 주라, 화이트 앤 맥케이 위스키의 유명한 블렌더인 리차드 패터슨은, 블렌딩은 칵테일 파티고, 모든 위스키는 개성 있는 인물들이라고 생각한다고 한다. 흥미로운 파티로 만들기 위해 게스트 목록을 작성한다. 일부는 사교계 인물들, 일부 예술가, 학자 또는 변호사, 일부 엔지니어, 그리고 아마도 몇 명의 자전거 타는 사람들도 포함해서 말이다. "그다음은 '안녕하세요?' 하고 인사하는 시간입니다." 그는 무표정이지만 반짝이는 눈빛으로 말했다.

블렌더가 사용 가능한 모든 위스키의 향과 맛을 파악하고, 어떤 창고에서 어떤 풍미가 나오는지에 대한 지도를 작성하면, 작업이 다음 단계로 넘어간다. 블렌더는 냄새만으로도 모든 위스키의 맛을 유추할 수 있는 감각을 개발해야 한다. 왜냐하면 하루에 120개의 위스키를 시음하면, 심지어 단 5밀리리터뿐이라도, 혀가 마비되고 뇌가 축축해지기 때문이다. 장기적으로 건강에 영향을 미치는 것은 말할 것도 없다. 블렌더는 위스키가 50%, 40%, 20%에서 각각 어떤 냄새가 나는지 터득하고, 50개 정도의 다양한 위스키를 각각 블렌딩했을 때의 맛이 어떤지도 공부해야 한다.

쉽지 않은 작업이다. 하지만 여러분이 약간의 연기 한 조각을 블렌딩하는 방법, 블랙베리 향미를 꺼내는 방법, 맥아와 과일과 백단향과 약간의 모닥불을 섞어 숲을 연상시키는 방법, 캐러멜과 토스트와 약간의 생강, 후추와 삼나무의 포효하는 물결을 만들어 위스키가 할 수 있는 모든 것을 보여주는 방법을 터득하게 되면, 여러분은 방금 위스키만 만든 것이 아니다. 명성을 쌓은 것이다.

숙성창고 시음

블렌더는 종종 단독으로 일하며, 어떠한 합의에 도달하기 위해 블렌드를 시험할 시음 전문가의 지원을 받는다.

블렌더는 또한 최고의 배럴이 어디에 있는지에 대한 탁월한 감각을 가진 숙성창고 직원의 도움도 필요하다. 과거에는 배럴에서 냄새를 맡고 몰래 샘플링을 했기 때문이었다. 숙성창고에서 가장 좋은 배럴은 광택이 나는 통이라는 블렌더의 전설이 있다. 왜냐하면 숙성창고 직원이 한 모금 훔쳐 마시기 위해 몸을 기대고 있을 때 작업복과 가죽 앞치마가 오크통과 마찰하기 때문이다.

샘플링은 배럴을 굴려서 마개가 빠지도록 낮추고 '도둑'으로 알려진 사이펀 같은 장치로 샘플을 꺼내서 이루어졌다. 그런 다음 이 과정을 거꾸로 해서 배럴을 제자리에 가져다 놓았다. 요즘에는 배럴 헤드에 스파크가 일어나지 않는 전기 드릴로 구멍을 내어 흘러나오는 위스키를 샘플 튜브에 담고, 구멍에 작은 나무 마개를 두드려 넣는다. 이 모든 일은 1분이면 끝난다. 이런 속도 덕분에 더 많은 샘플을 만들 수 있고 모든 배럴에 바코드를 사용하기 때문에 정확도가 높아진다.

블렌더는 —또는 어떤 곳에서는 디스틸러, 직함과 담당업무는 다양하다.— 실제로는 모든 배럴을 샘플링하지 않는다. 확실히 대기업에서는 그렇게 하지 않는다. 블렌더는 대표적인 샘플의 향과 맛을 본다. 한 숙성창고 구역당 배럴 두세 개로 충분하다. 시간이 지나 위스키가 점점 숙성되면 돌아가서 다시 맛을 본다. 수년에 걸쳐 블렌더는 하우스들의 독특한 부분을 알게 될 것이며 아마도 가장 좋아하는 부분이 생길 것이다.

오랫동안 버팔로 트레이스 증류소 숙성창고 관리자로 일했던 로니 에딘스가 고인이 되기 약 3년 전에 했던 말이 생각난다. "인생에서 15년 버번에게 배울 기회는 단 두 번뿐입니다." 그는 말했다. "첫 번째 것이 있고, 그걸 통해 배운 모든 것을 두 번째 버번에 적용합니다. 두 번째 것이 완성될 때쯤이면… 보통은 은퇴할 시기죠."

그렇기 때문에 블렌더에게는 또 다른 중대한 업무가 있다. 바로 후임자 양성이다.

부커스 테레사 배치 2019-01
Booker's, Teresa's Batch, 2019-01

블렌더처럼 시음해보자. 풀보어 62.9% 버번이다. 뜨거운 갈색 설탕, 바닐라, 계피가 코를 풀고 싶게 한다. —여기 부끄러운 성격은 없는 듯하다.— 그 모든 것과 하드코어 참나무가 미각을 자극한다. 부커스는 단순한 위스키가 아니다. 하나의 경험이다.

한 방울의 순수함

블렌더의 역할은 블렌디드 위스키를 많이 만드는 것으로 끝나지 않는다. 블렌디드 위스키는 스카치와 아이리시, 캐나디안, 재패니즈 위스키 판매량의 큰 비중을 차지한다.

그 전에 싱글 몰트, 싱글 포트 스틸, 그리고 물론 버번과 라이 위스키가 만들어져야 한다. 그러고 나서 블렌더의 기술이 필요해진다. '블렌디드 위스키'가 아니라 해도 블렌딩 작업이 들어간다. 조금 헷갈릴 수 있지만, 싱글 배럴 위스키를 제외하면 모든 위스키는 둘 이상을 혼합한 위스키다.

이 주제에 대해 더 많은 어휘가 있다면 도움이 될 것이다. 아무도 우리가 전통적으로 '블렌디드'라고 부르는 유형이 아닌 위스키에 '블렌드'라는 단어를 넣고 싶지 않을 수 있다. 이 개념을 구별하기 위해 위스키를 만드는 데 사용되는 여러 배럴을 '섞는다' 또는 '결혼시킨다'라고 표현하기도 한다. 하지만 그 과정은 궁극적으로 블렌딩이다.

왜 그럴까? 왜 같은 종류의, 숙성연수가 같은 배럴을 여럿 가져와서 합치면 안 될까? 이 책의 앞부분을 읽지 않고 이 장으로 바로 건너 뛰어온 것이 아니라면, 이 질문을 하기 전에 답을 알 것이다. 증류소 관리자가 위스키를 균일하게 만들기 위해 기울이는 모든 노력에도 불구하고, 위스키에 영향을 주는 수많은 요소가 모두 합쳐져서 배럴들이 조금씩 달라지기 때문에, 위스키를 병에 담기 전에 균일하게 만들기 위해 조정해야 한다. 그래서 대부분의 증류소는 블렌딩 담당자를 제일 중요하게 여긴다.

블렌딩은 간단하게 보이지만 제대로 하려면 매우 어려운 작업이다. 일반인들은 다소 이해하기 어려울 수 있다. 위스키에는 마치 인간에게 이해되기를 자연히 거부하는 것 같은 성격이 있다. 블렌딩은 그 핵심 중에 하나다. 예를 들어,

---

1. 캐나다의 1/11 법칙은 모든 병이, 예를 들어, 9% 자두 와인이라는 뜻이 아니다.

---

2. 같은 증류소에서 같은 매시빌을 사용하는 거의 나이가 같은 두 버번은 '라벨/가격만 다른 같은 위스키'가 아니다.

---

3. 18년 싱글 몰트(또는 블렌드)는 같은 증류소의 12년 위스키와 숙성연수만 다른 같은 위스키가 아니다.

이 문제에 답을 하자면, 캐나다 규정에 따르면 블렌디드 위스키의 9.09%(1/11)는 다른 알코올 음료일 —목재에서 숙성되어야 한다.— 수 있다고 정하고 있다. 하지만 반드시 그래야 한다는 내용은 없다. 문의하고, 웹사이트를 확인하고, 무엇보다 맛을 보고 확인하길 바란다. 여러분의 마음에 든다면, 그런 것이 정말로 중요한 사항일까?

같은 증류소에서 같은 매시빌로 만든 버번이라도 숙성 기간과 숙성 위치가 다르다. —포어 로제스는 예외다. 이에 대한 자세한 내용은 잠시 후에 하겠다.— 예를 들어, 블랑톤의 버번은 항상 버팔로 트레이스 증류소의 숙성창고 H에서 나온다. 랙하우스에서 —그들의 다른 창고는 석재와 벽돌이다.— 더 빠른 사이클로 버번을 목재에 밀어 넣기 때문이다. 이것은 숙성창고 I와 K의 중간층에서 나오는 엘머 T. 리와는 현저하게 다른 버번이 된다. '같은 레시피'로 만들어진 버번임에도 말이다.

포어 로제스는 2개의 매시빌과 5개의 효모를 사용해, 단층 숙성창고에서 개별적으로 일정하게 숙성하는 10가지 버번을 만든다. 그런 다음 이 10가지를 블렌딩해 각기 다른 버번을 만든다.

싱글 몰트 위스키가 단순히 시계만으로 만들어진다면 얼마나 지루한 세상일까? 땡땡! 12년이 완성되었습니다. 땡땡! 15년 완성입니다. 땡땡! 21년입니다. 이러한 방식으로 수행되는 부분도 있지만, 자사의 다양한 위스키를 선보일 기회를 놓치지 않는 블렌더들도 많다.

아마도 12년은 모두 퍼스트필 엑스 버번 배럴에서 완성될 것이다. 바닐라, 코코넛, 캐러멜의 둥글고 달콤한 디저트 맛, 부드러우며 평범한 위스키를 마시는 사람에게 편하게 다가온다. 15년을 만들 때는 이제 셰리 캐스크 위스키를 꺼낼 준비가 되었다. 퍼스트필과 세컨드필에, 믹스에 향신료와 과일을 더하고, 12년과는 다른 증류소 고유의 성격을 넣는다. 그런 다음 21년은 아마 세컨드필 배럴과 퍼스트필 엑스 셰리 약간의 혼합일 수 있겠다. 갑자기 아주 다른 위스키가 되었다. 숙성연도 표기와 훨씬 더 높은 가격에서 원하는 것이 바로 이런 것 아닌가.

캐나디안 클럽 41년
Canadian Club 41 Year Old

오랜 숙성은 재앙일 수도, 경이로운 일일 수도 있다. 백향목·캐러멜·달콤한 과일 향, 캐러멜·토피·참나무 스파이스의 향미와 가벼운 백향목이 어우러져 41이라는 나이에 놀랍도록 생동감이 넘친다. 인상적이다.

향미를 첨가한 위스키

이 말을 먼저 해야겠다. 나는 향미를 더한 위스키를 별로 좋아하지 않는다. 내게는 일반 위스키도 충분히 맛이 있다. 하지만 나는 그 위스키를 좋아하는 사람을 무시하지는 않는다. 그 위스키가 여러분이 좋아하는 위스키라면 존중한다.

적어도 그 위스키 회사의 매출은 늘었고, 그것은 장기적으로 보면 항상 좋은 일이 아닌가.

향미를 어떻게 더하는지 궁금하다면, 아주 간단하다. 우리가 배운 대로 위스키를 만들고 나서 향료를 첨가한다. 주입일 수도 있고, 시럽일 수도 있고, 에센스일 수도 있다. 만약 설탕을 더 넣었다면 아마 위스키가 리큐르나 코디얼이 되었을 수도 있다. 증류주를 알코올 도수 40% 미만으로 희석했다면, 많은 나라에서 규제상 '위스키'로 인정받지 못할 수도 있다.

여기까지가 내가 설명할 수 있는 한계다. 이 책은 위스키의 풍미가 어떻게 만들어지는지에 관한 것이고, 이는 단순한 첨가다. 그 음료가 '위스키'인지 아닌지는 규제 당국과 여러분의 개인적인 의견에 맡기겠다. 존중하며 즐기기 바란다.

블렌더가 만드는 위스키

매일 판매되는 위스키 대부분이 브랜드 위스키라는 사실은 놀랍지 않다. 우리가 늘 가는 상점 선반에 항상 진열되어 있는 상품들이 있다. 잭 다니엘스의 올드 넘버 7, 글렌피딕 12년, 제임슨, 조니 워커 레드, 크라운 로열, 야마자키 12년, 그 외에도 연간 수백 가지 종류의 위스키가 생산된다. 열광적인 흥분과 설렘을 불러일으킬 수 있는 일회성 한정판 출시 제품이 아니라, 애주가들과 술집들이 망설임 없이 계속해서 구입하는 제품이다.

이러한 일반 주력 제품들을 혼합하는 '레시피'가 있다. 이런 종류의 통 몇 개, 다른 통 몇 개를 오크통에서 쏟아내고 섞는다. 증류소에 따라 여러 위스키가 최대 한 달 동안 함께 '결혼'할 수 있게 하기도 한다. 일부는 병입 라인에 공급되는 탱크를 채울 때까지만 함께하기도 한다.

병입 전에 배치가 그 제품의 표현에 대한 지침을 충족하는지 확인하기 위해 블렌딩 팀에서 샘플을 시음한다. 지침을 충족하면 버튼을 누르고 레버를 당기고, 병에 채운다. 정확하지 않으면 마스터에게 돌아가고, 조정이 이루어진다. 어느 곳의 배럴을 몇 개 더 추가하는 식이다. 이런 일이 자주 발생하지는 않는다. 어찌 되었든 결과적으로 블렌드는 항상 적절하게 나온다. 그것이 블렌더의 역할이다.

블렌딩하면 위스키가 된다. 정말이다. 블렌더는 농부, 브루어(양조사), 효모, 배럴, 숙성창고가 만들어낸 것들을 가져와서 예술과 개성으로 일정한 위스키를 만든다.

계속 반복해서 말하게 되는데, 모든 경주로마다 필요한 말이 있는 법이다. 평범한 플래그십 블렌디드 스카치 위스키나 4년 버번 위스키, 섬세하게 균형 잡힌 50년 싱글 몰트, 혹은 오랫동안 사라진 싱글 포트 스틸 레시피를 솜씨 있게 재해석한 제품… 블렌더는 본사에서 무엇을 요구하든 자신에게 주어진 역할이 무엇인지 이해한다. 싱글 캐스크 병입도 마찬가지다. 그 캐스크를 선택하는 일을 하는 사람이 블렌더일 가능성이 매우 크다. 그 일에 이들보다 더 적합한 사람이 누가 있을까.

배리 크로켓 레거시
Barry Crockett's Legacy

소년에서 청년으로. 크로켓과 아이리시 위스키. 이것은 졸업식 연설이다. 레드브레스트의 즐거운 과일 그릇, 깊은 캐러멜, 구운 디저트의 성숙한 버전으로, 모든 것이 기름칠한 유리처럼 매끄럽다. 걸작이다.

제 13 장

병에 담기

위스키에 대해 많이 읽어봤다면, 위스키가 병에 담기면 바뀌지 않는다는 것을 읽어본 적이 있을 것이다. 아직 몰랐다면 지금 언급하겠다. 위스키는 일단 병에 담으면, 개봉하기 전에는 변하지 않는다.

사실 그것은 아주 정확한 사실은 아니다. 위스키가 햇볕에 놓이거나, 극심한 열이나 추위에 노출되거나, 기울어져서 위스키가 코르크에 닿거나, 코르크가 더러워지면 풍미가 변할 수 있다. 그러나 아주 간단한 최적의 조건에서는 ─직사광선이 없는, 상온이나 좀 더 시원한 장소에서─ 위스키의 풍미가 병입 상태와 개봉 상태 사이에 변함이 없다.

그것이 사실이라면 위스키의 풍미가 어떻게 만들어지는지에 대한 책에 왜 병입에 대한 장이 따로 있는지 궁금하지 않은가? 그 이유는 위스키를 오크통에서 꺼내고 섞고 블렌딩 또는 '결혼'한 후에도 위스키를 병에 넣기 전, 그리고 위스키가 여러분의 잔에 닿기 전에, 풍미를 더하거나 바꾸거나 제거할 수 있는 몇 가지 요소들이 남아 있기 때문이다.

여과, 도수 맞추기, 색깔 맞추기, 포장, 운송 과정 모두 영향을 미칠 수 있다. 맛은 주관적인 특성이 있어서, 병의 모양, 위스키 이름 또는 가격조차도 개인이 느끼는 위스키 풍미에 영향을 줄 수 있다. 이 부분은 마지막 장에서 더 이야기하겠지만, 이 장에서도 위스키 병을 여는 감각적인 경험에 관해 이야기하겠다. 먼저 위스키를 병에 담아 잔으로 옮겨보자.

여과

숙성된 위스키는 몇 가지 여과 단계를 거친다. ―테네시 위스키 제조 공정 중 숯으로 여과하는 과정인 링컨 카운티 공정은 숙성 전에 이루어진다.― 숙성된 위스키를 배럴에서 꺼낼 때 간단하게 여과를 하는데, 이때는 배럴 안에 들어 있는 숯 조각을 거르는 간단한 체를 쓴다. 좀 더 많은 재료를 제거하기 위해 여러 겹의 패드를 통과시키기도 한다.

냉각 여과chill filtration라고 하는 또 다른 단계가 있다. 위스키에는 단백질이 있는데, 용액에 있는 것이다. 극한의 추위는 이러한 단백질을 변성시켜, 약한 분자 결합이 끊어지면서 분자 수준에서 변화가 일어날 수 있다. 이렇게 변한 물질들은 용액에 녹아 있지 못하고 나와서 위스키를 탁해지게 만든다. 이 뿌연 물질은 마셔도 이상은 없지만, 미관상 결함처럼 보일 수 있고 소비자가 위스키를 고를 때 구매 대상에서 제외하는 요인이 될 수 있다.

이 문제를 피하고자 증류소는 위스키를 냉각 여과할 수 있다. 위스키를 0℃ 이하로 냉각해서 뿌연 안개를 만든다. 그런 다음 위스키를 패드나 시트를 통과하게 해서 안개 입자들을 걸러낸다. 이제 문제가 해결되었다. 그런데 맛은 어떨까? 풍미가 빠졌을까?

약간의 논쟁이 있을 수 있는 문제다. 확실히 뭔가를 걸러내는 과정이기는 하지만, 패드의 냄새와 약간 기름진 느낌으로 판단하고, 여과된 위스키와 여과되지 않은 위스키를 블라인드 시음한 결과, 그 차이가 결정적이지는 않은 것 같다.

하지만 그런 가능성을 바탕으로 냉각 여과를 하지 않기로 택한 증류소도 있다. 어려운 문제는 아니다. 위스키를 알코올 도수 46% 이상으로 병에 담으면 안개가 생기지 않는다. 여러분이 이 도수를 선호한다면 이것으로 문제가 해결되었다.

프루핑: 도수 맞추기

알코올 도수가 맛과 무슨 상관이 있을까? 모두 물과 관련이 있다. 무색, 무취, 무미한 바로 그 물 이야기다.

어떤 사람들은 물이 위스키에 일어날 수 있는 최악의 상황이라고 생각할 수도 있다. 위스키를 즐기려면 이렇게 해야 하고 저렇게 하면 안 된다고 일일이 간섭하며 자기 지식을 자랑하고 잘난 체하는 사람들이 있다. 온갖 잔소리로 위스키의 재미를 빼앗아가는 그들은 위스키를 '제대로' 마시는 유일한 방법은 물이나 얼음을 넣지 않고 위스키만 깔끔하게, '니트 neat'로 마시는 것이라고 알려줄 것이다. 잔에 위스키를 따르고 마시기 전에, 위스키를 '열기 위해' 샘물 몇 방울을 떨어뜨릴 수 있지만, 꼭 그 위스키를 만든 증류소와 수원이 같은 물이어야 하고 스포이트를 써서 해야 한다고 말할 것이다.

나는 이런 사람들에게 병입 과정에서 '프루핑'이라고 불리는 과정에서 거의 모든 위스키에 —캐스크 스트렝스 위스키는 제외— 상당한 양의 물을 추가한다는 점을 지적한다. 그런 다음, 그들의 머리가 폭발하는 모습을 보는 것을 좋아한다.

예를 들어, 위스키를 배럴에서 꺼냈을 때 알코올 도수가 55% 정도인데, 병에 든 제품은 40%다. 물을 더하지 않고서는 불가능하다.

물론 고도로 정제된 물이고, 탈이온화, 증류 —재미있는 아이러니이지 않은가?— 또는 역삼투 같은 과정을 거쳐 물에서 가능한 모든 향미를 제거해 위스키의 풍미에 영향을 미치지 않도록 한다. 문제는, 영향이 없지 않다는 것이다. 다양한 알코올 도수의 위스키 제품이 시중에 나오는 이유 중 하나다.

'프루프'는 증류주의 알코올 정도를 나타내는 오래된 단어다. Britannica.com의 연구자들에 따르면 이 단어를 사용한 것은 16세기 영국으로 거슬러 올라간다. 소량의 화약을 증류주로 적셔서 증류주의 힘을 테스트('검증')했다고 한다. 이렇게 적신 화약에 불이 붙으면 그 술은 '증명된 증류주proof spirit'로 인정하고 더 높은 세율로 세금을 매겼다.

이 테스트에는 명백한 문제가 있었다. 만든 공장마다 화약의 구성이 달랐고, 테스트는 온도의 영향을 받았다. 따뜻한 증류주는 더 쉽게 불이 붙는다. 1816년에 분석 방법이 발전하면서 이 테스트는 중단되었다. 증류주의 비중*이 최소 57% 알코올 함량에 해당하면 프루프 증류주다.

---

* specific gravity: 같은 부피의 물과 비교한 상대적 무게.

오늘날에는 비교적 간단한 분석 테스트로 프루프를 판단하는데, 일반적으로는 부피로 알코올 함량을 검사한다. 병에 담을 때 어떤 프루프여야 하는지를 결정하는 것은 다른 문제다. 경제적인 이유가 분명히 있다. 많은 냉소적인 애주가들은 프루프를 낮추면 물을 타서 더 많이 위스키를 만들어 판매할 수 있어서 그렇다고 지적한다. 때로는 이것이 주된 이유이기도 하다.

풍미와 관련 이유도 있다. 프루프는 풍미에 직접적인 영향을 미칠 수 있다. 증류소는 위스키의 용도 ─ "경주로마다 맞는 말이 있다" ─ 그리고 시장을 고려한다. 하이볼용 위스키인가? 더 복잡한 칵테일을 원하는가? 아니면 깔끔하게 니트로 마시고 싶은가? 상황에 따라 각각 적합한 프루프가 다를 수 있다.

마트의 위스키 선반을 살펴보자. 알코올 도수 ABV 40%로 병에 담긴 위스키가 많이 보일 것이다. 5대 생산지를 비롯한 거의 모든 국가에서 40%가 위스키의 법적 최소 도수이기 때문이다. 거의 모든 캐나디안 위스키와 거의 모든 블렌디드 스카치 위스키(2004년 이후), 잭 다니엘스 올드 넘버 7도 여기에 속한다.

위스키를 마시는 사람들은 대체로 이 도수를 선호한다. 위스키를 마실 때 위스키와 물, 위스키와 진저 에일, 위스키와 콜라, 위스키와 주스, 위스키 온 더 락 등 다른 무엇과 섞어 마시는 것을 선호하는 사람들이 많다. 이들이 찾는 것은 위스키의 향과 맛이 나는 기분 전환용 음료, 그 이상도 그 이하도 아니다. 나도 하이볼을 좋아하고, 하이볼을 마실 땐 보통 40% 초반대 범위를 찾는다. 그보다 도수가

높으면 위스키가 술을 압도해버린다.

같은 이유로 40%의 훌륭한 블렌디드 위스키를 그 자체로도 즐길 수 있다. 알코올이 너무 많으면 위스키의 풍미를 죽이고, 향을 뜨겁게 하고, 열의 불꽃이 느껴져 끝맛(피니시)이 너무 밝아질 수 있다. 그렇기 때문에 도수가 낮은 블렌디드 위스키는 데일리 위스키로도 훌륭하다.

선반을 계속 살펴보자. 40% 도수만 있는 것은 아니다. 40.5%부터 70%대 초반까지 점진적으로 올라간다. 이렇게 예외적으로 강한 위스키가 만들어지는 데는 다양한 이유가 있다.

도수가 높은 병은 배럴에서 나온 위스키를 그대로 전하고자 하는 단순한 욕망을 실현한다. 고故 부커 노가 자신의 이름을 딴 회사 부커스의 병입에 대해 말했듯이, 부커스 위스키는 정제수를 첨가하지 않고 여과되지 않은 상태로 디스틸러와 블렌더가 ─그리고 숙성창고 노동자들이 몰래─ 맛보는 것을 그대로 전달한다. 이 캐스크 스트렝스/배럴 프루프 위스키는 배럴에 있는 모든 풍미를 가지고 있다. 물론 배럴에 있던 강한 알코올도 그대로 가지고 있지만, 마시는 사람이 자신의 개인 취향에 맞게 물을 타서 길들일 수 있다.

중간 범위 프루핑은 더 흥미롭다. 우리가 위스키를 마실 때 잔에 물을 넣는 이유를 생각해보면 위스키 병에 물을 넣는 블렌더와 디스틸러의 생각을 엿볼 수 있다. 위스키는 니트로 마셔야 한다고 주장하는 사람들의 말처럼, 위스키에 물을 넣어 '여는' 것이다. 어떤 원리가 숨어 있을까?

DIY 프루핑의 예

물을 넣으면 알코올의 농도가 바뀌어, 맨 앞에서 느껴지는 향이 달라진다. 알코올이 더 많으면 참나무 톤이 강하게 느껴지지만, 알코올을 낮추면 참나무는 뒤로 물러나고 더 풍부한 바닐라 향이 나올 수 있다. 디스틸러들은 최적의 아로마 프로파일을 찾거나 원하는 특정 풍미를 끌어내는 수준을 찾기 위해 위스키를 다양한 수준으로 프루핑한다.

물을 넣는다고 해서 위스키의 풍미를 내는 성분이 바뀌거나 제거되거나 추가되지는 않지만, 그 위스키가 여러분의 감각을 다르게 자극하고, 먼저 느껴지는 향미, 혹은 더 강하게 느껴지는 향미가 바뀔 수 있다. 마치 똑같은 사람이 어떤 옷을 입는지에 따라 조금씩 다른 인상을 줄 수 있는 것처럼 말이다.

달위니 30년 캐스크 스트렝스
Dalwhinnie 30 Year Old Cask Strength

알코올 도수 56.4%다. 단단한 맥아와 흰색 발사믹 식초 향이 코끝에서 느껴진다. 마른 참나무와 다이제스티브 비스킷 맛이 난다. 물을 넣으면 꿀과 바삭한 빵의 향, 꿀을 넣은 맥아와 더 가볍고 매운 참나무가 풍성하게 입에 느껴진다.

위스키 병 속의 나이

"저희 집에 1965년에 출시된 올드 리버보트 12년 라이 위스키가 있어요. 55년 전에 12년
이었으니, 지금은 67년인 거죠?" 내가 자주 듣는 질문이다. 물론 그렇지 않다. 병이 55년
되었을 뿐, 안에 든 건 여전히 12년 위스키다.

물론 병에 담긴 위스키도 오래 지나면 아주
천천히 변화가 일어나긴 하지만, 봉인이 제대
로 유지되어 있고 증발이 많이 일어나지 않는
다면, 일반적으로는 개봉하기 전까지는 병 안
의 위스키는 변하지 않는다. 위스키의 향미가
바뀌려면 목재나 산소와 접촉이 일어나야 한
다. 물론 봉인된 병 안에도 적은 양의 산소가
들어 있지만, 병을 흔들지 않는 한 매우 느리
고 제한적으로 상호 작용이 일어날 뿐이다.

한편, 일단 개봉하고 나면 전혀 다른 문제다.
나는 '40퍼센트의 규칙'이라고 이름 붙인 나
만의 규칙을 따른다. 병 안에 남은 위스키가
40%밖에 없으면, 나머지는 6개월 안에 다
마신다. 더 지나면 풍미에 신선함이 없어진
다. 아껴 마시려다 좋은 위스키를 낭비하지
말고 어서 병을 비우자.

색이 진한 위스키라고 모두 오래 숙성한 건 아니다.

색소

위스키 생산지의 규정에 따라 위스키를 만들 때 색소를 넣을 수 있는 곳도 있고, 넣을 수 없는 곳도 있다.

미국에서는 연방 규정에 따라 위스키를 만들 때 색소를 추가할 수 없다. —단, 블렌디드 위스키의 경우에는 몇 가지 예외가 있다.— 스카치·아이리시·재패니즈·캐나디안 위스키에는 색소를 추가할 수 있다. 그 외 국가들은 나라마다 규정이 다르다.

단, 색소는 '증류주용 캐러멜'이어야 한다. 캐러멜은 설탕을 갈색이 될 때까지 열을 가한 것으로, 식음료에 색을 입히거나 향을 더할 때 주로 사용한다. 위스키에 색소를 넣는 것을 찬성하는 사람들은 항상 위스키를 일정한 색으로 표현할 수 있다는 점을 장점으로 꼽는다. 위스키가 배럴에서 숙성되는 동안 색이 배어 나오는 정도는 배럴마다 차이가 날 수 있다. 같은 위스키여도 어떤 배치는 좀 더 밝고, 어떤 배치는 좀 더 어두울 수 있다. 선반 위에 나란히 놓여 있는 같은 위스키 상품이 병마다 색이 다르면 손님이 당황할 수 있기 때문에, 캐러멜을 약간 신중하게 추가해서 색을 일정하게 맞춘다.

혹자는 정말 일정한 색을 내려고 캐러멜을 넣는 것이 아니라 실제보다 더 오래 숙성된 것처럼 보이려고 색소를 넣는 것이 아닐까 의심한다. —대체로 오크통 안에 더 오래 들어 있을수록 위스키 색이 점점 진해진다.— 합리적인 의심이지만, 답을 알 방법은 없다. 그래서 의심을 피하기 위해서인지 캐러멜색소를 전혀 사용하지 않는 증류소와 독립 병입 업체들도 있다.

하지만 이 책을 읽는 여러분과 나의 궁금증은 캐러멜 색소가 위스키의 풍미에 영향을 미치는가다. 늘 그렇듯 다양한 의견이 있다. 아주 적은 양의 캐러멜도 색을 바꾸기엔 충분하지만, 캐러멜의 맛은 위스키의 달콤한 맛에 쉽게 가려질 수 있다. 아마 단맛을 더해줄지도 모른다. 어쩌면 곡물에서 나오는 견과류 같은 향미를 끌어올려줄 수도, 혹은 전혀 그렇지 않을 수도 있다. 아마 거의 느껴지지 않고 주관적인 수준일 것이다. 하지만 만약 중고 배럴로 숙성했는데, 기묘하게 짙은 색을 띠는 위스키를 맛 볼 때는 고려할 수 있는 요소인 것 같기는 하다.

위스키를
보관하는 방법

이 주제도 마찬가지로 완전히는 아니지만 다소 주관적인 부분이 있다. 제일 주관적인 부분은 포장이 ─병의 모양과 무게, 라벨의 모양, 마개, 병이 들어 있는 상자나 튜브 등─ 위스키의 맛에 미치는 영향이다.

덜 주관적인 부분은 위스키의 운송·보관 방법이 미치는 부정적인 영향이다. 매일 햇빛이 드는 창가 선반에 위스키가 놓여 있는 모습을 실제로 여러 번 보았다. 여름철 위스키를 환기되지 않는 용기에 넣어두는 보관법에 관한 글을 읽어보기도 했다. 여러분 중에도 이런 광경을 보면서 보관법이 위스키에 어떤 영향을 주는지 궁금했을 수도 있다.

요약하자면 열과 빛은 위스키에 좋지 않고, 그중에서도 빛이 훨씬 해롭다. 햇빛이나 전등의 직사광선은 위스키에서 풍미를 내는 화합물들을 더 작은 성분으로 분해할 수 있다. 위스키의 색깔을 내는 분자도 마찬가지다. 위스키를 햇빛 드는 곳에 1년 정도 두면 색이 훨씬 옅어지고 맛이 확연히 달라진다.

열은 대체로 위스키의 풍미를 약간 더 달콤하고 풍성한 쪽으로 바꾸는 것 같다. 하지만 위스키병이 너무 뜨거워지면 알코올이 기체가 되기 시작하면서, 병 안의 압력이 올라가 밀봉된 부분이 뜯어질 수 있다. 밀봉이 풀리면 알코올 증기는 밖으로 빠져나온다. 위스키를 개봉하고 나면 풍미가 바뀌는 이유다.

어느 더운 여름날 예기치 않게 겪은 일이 있다. 펜실베이니아에 있는 우리 집에서 롱아일랜드에 있는 위스키 시음장으로 차를 몰고 가다가 차 안 온도가 거의 38℃까지 올라가서야 에어컨을 틀었다. 브루클린에서 동쪽으로 32km 정도 떨어진 곳에서부터 위스키 냄새가 나기 시작했다. 차를 멈추어 세우고 확인해보니 새 위스키가 코르크를 밀고 그 위에 수축 포장된 플라스틱 포장까지 뚫고 나온 것이었다. 그날 이후로 위스키는 반드시 직사광선을 피해서 보관하게 되었다.

이런 일은 위스키가 도매상의 창고에서 술집으로 옮겨지는 동안에도, 주류상점에서 여러분의 집으로 가는 비교적 짧은 시간 동안에도 일어날 수 있다. 위스키를 살 때 잠시 시간을 내어 입구 쪽 냄새를 맡아봐서 나쁠 것은 없겠다. 위스키 향이 뚜렷이 난다면 봉인이 손상되었을 가능성이 있으니, 그대로 내려두는 편이 낫다.

좀 더 주관적인 부문에 대해 말하자면, 고급스럽고 무거운 위스키병은 기대치를 높여서 위스키 맛에 대한 인식에 영향을 줄 수 있다. 인간의 본성이고, 증류소들도 이를 확실히 알고 있다.

새 위스키를 꺼낼 때를 떠올려보자. 아주 평범한 라벨에 가볍고 병 모양도 평범한 위스키병을 들어서, 플라스틱 뚜껑을 비틀어 열어본다. 다음으로 이제 무거운 병에 담긴 위스키다. 병을 손에 들고, 증류소의 역사와 위스키의 구성 요소에 대해 자세히 양각으로 새겨진 라벨을 만져보고, 코르크 마개 주변의 포일 캡슐 껍질을 벗긴다. 두 번째 병 안에 무엇이 들어 있는지 몰라도 더 많은 것을 기대하게 된다. 어느 날 한 친구와 함께 값비싼 위스키 한 병을 개봉했을 때 그 친구가 말했다. "분명히 맛있을 거야. 이 가격인데 당연히 그래야지."

이것에 대해서는 나중에 더 이야기하겠다. 지금은 이런 효과가 있다는 정도만 기억하자. 실생활에서 위스키를 즐길 때는 이러한 부분은 중력의 존재처럼 당연히 영향을 미치지만, 블라인드 시음을 할 때만큼은 무력해지기도 한다.

마지막으로, 마침내 위스키 마개를 열면 위스키의 맛은 어떻게 될까? 봉인이 깨지는 즉시 산소가 위스키에 닿고, 잔에 따르는 동안, 액체가 움직이는 중에도 산소가 위스키를 공격한다.

그런데 그것이 정말 나쁠까? 실제로 약간 바람이 통했을 때 더 맛있고 복합적인 위스키도 있다. 위스키를 따를 때 더 바람을 통과시켜 산소가 들어가게 하는 장치도 있다. 산소 주입은 위스키 숙성 가속화 시스템의 기본이기도 하니 영향은 확실히 있다고 볼 수 있다.

하지만 산소가 추가되어 생기는 긍정적인 효과는 알코올 손실이 일어나면서 불가피하게 내리막길에 들어선다. 병을 열 때마다 알코올 증기가 빠져나가기 때문에, 처음 우리를 기쁘게 했던 생생한 과일과 꽃의 향미가 사라지고 약간 둔한 맛이 나게 된다. 맛의 특별함이 점점 줄어들고, 처음의 그 맛을 아주 희미하게 떠오르게 해줄 뿐이다. 이렇게 되기까지는 정상적인 조건에서 제대로 마개가 닫혀 있다면 몇 달이 걸린다.

몇 가지 방법으로 이 과정을 더 느리게 할 수도 있다. 가장 쉬운 방법은 와인 애호가들이 개봉한 와인을 보관할 때 쓰는 보존 기체 스프레이를 사용하는 것이다. 이것을 한 번 뿌리고 병을 단단히 닫으면 풍미를 보존하는 데 도움이 된다. 병에 반쯤 남은 위스키를 작은 병으로 조심스럽게 천천히 기울여 디캔팅 decanting해서 위스키 위에 생긴 산소 공간을 줄이는 방법도 있다.

하지만 앞에서 언급했듯 결국 제일 좋은 방법은 맛이 좋을 때 다 마시는 것이다. 서두를 필요까지는 없지만, 최고로 아름다운 모습에 가까울 때 떠나보내는 호의를 베풀어주자. 그렇게 하면 여러분에겐 훌륭한 위스키라는 기억만 남는다. 모든 위스키의 마지막 순간은 이래야 한다.

지미 러셀과 에디 러셀. 아버지와 아들 둘 다 와일드 터키 증류소의 마스터 디스틸러다.

제 14 장

위스키를 만드는 사람들

좋은 위스키를 만드는 데 있어 중요하면서도 정량화하기는 어려운 요소가 하나 있다. 위스키에는 곡물, 효모, 물, 증류기, 통, 시간, 기후 등 많은 요인이 있지만, 우리가 종종 간과하는 매우 중요한 요인이 있다. 그것은 바로 위스키를 만드는 사람들의 의지와 의도와 목적이다.

브루어(양조사), 디스틸러(증류사), 블렌더, 숙성창고 직원뿐만이 아니다. 곡식을 기른 농부, 맥아를 만드는 몰트스터, 참나무를 잘라 목재로 만드는 사람들, 오크통을 만드는 장인들, 숙성창고를 설계하고 짓는 사람들까지 모두가 포함된다. 은퇴하거나 사망한 후에도 계속해서 업계에 영향력을 주고 있는 사람들도 있다.

배럴에 있는 위스키가 우리의 입안에 들어오는 과정에 포함되는 사람들도 있다. 위스키를 병에 담는 사람들, 그 병과 포장을 디자인하는 사람들도 있다. 새로운 상품을 출시하기로 기획하는 마케터, 그것을 설계하고 만들어내는 블렌더와 디스틸러, 그것을 팔러 발로 뛰는 영업사원, 작은 구멍가게 바 매니저, 매장 구매자도 있다. 그들은 위스키를 우리에게 보여준다. 그런가 하면 브랜드 홍보대사는 위스키에 대한 우리의 갈증을 채워준다.

그중 어느 한 사람이라도 없었다면, 이들의 추진력과 실행력이 없었다면, 위스키는 결코 우리의 혀에 닿지 못했을 것이다. 정말 중요하지 않은가. 이 장에서는 사람들의 역할과 위스키가 우리에게 도착할 때까지 그들이 위스키의 맛을 어떻게 발전시키는지 자세히 살펴보겠다.

위스키가 되는
다양한 곡물들

위스키는 곡물에서 시작하고, 곡물은 농장에서 자란다. 위스키용 곡식을 재배하는 농부들도 여러 유형이 있다. 수 톤의 곡물을 재배하는 대규모 농장에서는 한 면이 0.8km인 거대한 밭에 거대한 특수 기계로 곡물을 심고 수확한다.

그들에게 농업은 단위 면적당 수확량을 계산하고 개선하는 일이다. 그들은 이 일에 매우 능숙하다. 미국 아이오와주의 한 농부는 1에이커당 200부셸 이상의 옥수수(4,989kg 이상)를 수확하고, 스코틀랜드 농부들은 1에이커에서 약 2,268kg의 보리를 얻고, 이 중 30%가 증류업이나 양조업 재료가 된다. 이들의 일정한 작물은 증류소의 작업을 수월하게 해주고 일정한 위스키를 만들 수 있게 도와준다.

반면 작은 밭에서 유기농 또는 비유전자변형식품non-GMO 기준에 따른 작물과 같이 특수 작물을 재배하는 농부도 있다. 천연 비료, 등고선재배, 40년 된 트랙터를 사용하며 옛 방식으로 농사를 짓는 '세상의 소금' 유형이 있는가 하면, 밭마다 설치한 블루투스 지원 수분 프로브로 작물을 관찰하는 신기술로 농사 짓는 농부도 있다. 그들은 평범한 상품성 있는 곡물이 아닌 다른 무언가를 만들기 위해 기꺼이 위험을 감수한다. 그리고 그들은 덜 가공되고 더 자연스러운 위스키를 만들 '깨끗한' 곡물을 찾는 증류소들의 수요를 정확히 충족하고 있다. 자기가 만들 위스키의 곡물을 직접 재배하는 사람들도 있다.

블러디 부처Bloody Butcher, 와프시Wapsie Valley, 블루 덴트Blue Dent, 코크스 프롤리픽Cocke's Prolific 등 10종 이상의 종자용 옥수수를 재배하는 펜실베이니아주 일러의 댄싱 스타 팜의 로버트 맥도날드 같은 농부도 있다. 그는 농부들의 이익을 위해 일하고, 증류소와의 관계를 형성하면서 증류소와 직접 같이 일하고 있다. 얼마 전 펜실베이니아 위스키 컨벤션에서 그를 만났는데 그는 소규모 증류소의 반응에 매우 만족하고 있었다.

대중적이지 않은 곡물로 돈을 버는 이런 농사를 해보고 싶어 하는 농부도 있다. 오늘날 농부와 증류업자의 관계는 대략 이렇다. 소규모 증류업자는 더 강하고 차별화된 풍미를 원하고, 이에 대해 기꺼이 비싼 가격을 지불한다.

몰트스터도 디스틸러와 함께 일한다. 40년 전에는 출근해서 곡물을 깨끗이 씻고, 수많은 옅은 색 맥아를 만들기만 하는 일을 했다. 시장이 변하고 위스키의 성격이 변함에 따라 몰트스터들은 시장의 요구에 반응하고 예측하려고 노력하고 있다.

흥미롭게도, 다양한 장소에서 시작해 다양한 맞춤형 서비스를 제공하는 소규모 몰트스터가 있는가 하면, 이러한 요구를 충족시키기 위한 초대형 몰트스터의 움직임도 있다. 나는 최근에 워싱턴주 밴쿠버에 있는 거대한 그레이트 웨스턴 몰팅스를 방문했다. 80년이나 되었고 규모가 너무 커서 우리는 그 주위를 차를 몰고 다녀야 했다. 그들은 이 거대한 장소에서 수제 양조·증류 산업에 서비스를 제공하고 있었고, 현장의 매우 진보된 시범 공장에서 35가지 종류의 맥아를 만들고 새로운 아이디어를 연구하고 있었다. 그들은 곡물에서 새로운 맛을 찾고 싶어 한다.

그레이트 웨스턴 시설에서 해안가를 타고 올라가면, 몰팅 방식을 바꾸고 있는 새로운 회사가 있다. 스캐짓 밸리 몰팅스는 비표준 보리 품종을 재배하는 현지 농부들에게 맞추어, 한 용기 안에서 모든 맥아 제조 과정이 일어나는 몰팅 시스템을 시도하는 현지 엔지니어들이 출발점이 되어 성장했다. 잘 팔리는 인기 보리 품종은 이 지역에서 잘 자라지 않고, 토종과 새로운 잡종 품종은 잘 자랐다. 문제는 어떤 대형 몰팅스도 그 곡물을 원하지 않았다. 문제의 답은 로컬 몰팅이었고, 회사는 더 맛있는 맥아를 원하는 증류소와 양조업자의 요구를 충족시키기 위해 빠르게 개발하고 있다.

이 사람들은 새로운 위스키의 풍미와 특성을 변화시키고 있다. 매년 일부 증류소의 요청에 따라 기존 시스템을 갈아엎고, 골든 프로미스 Golden Promise, 마리스 오터Maris Otter, 민스트렐 Minstrel 등 인기가 없어진 오래된 보리 품종을 재배하는 스코틀랜드의 농부들은 이러한 차이를 만드는 데 도움이 된다. 뭔가 다른 일을 하려는 그들의 의지가 없다면 위스키는 점점 더 서로 맛이 비슷해질 것이다.

목재

나는 한 번 미주리 숲에서 톱질하는 사람과 그의 일꾼들과 ─그리고 그날 실제로 참나무를 베어낸 버팔로 트레이스 증류소의 마스터 디스틸러 할렌 휘틀리도─ 함께 외출했다. 날씨는 뜨거웠고, 나무를 자르는 것은 내가 안전에 대해 배웠던 모든 것에 반하는 전기톱 기술과 관련이 있었다.

돌아와 보니 진드기 여섯 마리가 내 주위를 기어 다니고 있었다. 밖에 나가서 참나무를 베어 오크통을 만드는 일은 아무나 할 수 있는 일이 아니었다. 그들은 아주 능숙했다. 요즘 제재소의 검열관이 적합한 참나무에 대해서만 비용을 지불하기 때문에 배럴로 만들기에 적합한 참나무만 자르고 있다. 직경이 16~22인치(40.6~55.9cm)고, 첫 20피트(6.1m) 동안은 가지가 없고, 약 80~100년 된 나무로, 직선형이어야 하며 북향 경사면에서 자라는 것이 좋다.

적당한 나무를 잘라야 특성이 일정해 위스키를 만드는 배럴을 만들기에 적합한 목재를 얻을 수 있다. 한 지역에서 너무 많이 자르면, 최적의 구역이 아닌 곳에 있는 나무도 수확할 수 있다. 또 나무에서 나오는 풍미가 다른 구역의 나무도 수확해야 하기 때문에 오크통의 특성이 바뀔 수도 있다. 이러한 것은 장기적 관점에서 결정한다. 배럴을 제조하기 위해 벌목을 하는 많은 소규모 회사가 가족의 회사라는 사실이 여기에 도움이 되는 것 같다.

톱질을 하는 사람이 결정을 내리면 목재는 제재소로 이동한다. 공장의 작업자들은 주로 한 조각씩 작업을 하는데 자동화, 레이저 추적 톱, 비디오 검사의 도움을 받는다. 그들의 일은 나무가 매번 같은지 확인하는 것이다. 그들과 함께 일하는 엔지니어는 나무를 자르고, 더 단단하게 결합하고, 손실률을 변경하고, 위스키 숙성 방식을 변경할 새로운 방법을 찾는다. 화학자들과 수목 과학자들은 목재 건조 시간에 따른 참나무의 변화와 가마로 인한 변화를 추적한다. 요즘에는 어떤 처리가 풍미, 유지력, 비용에 차이를 만드는지 확인하는 실험이 항상 진행되고 있다.

오크통을 만드는 장인들 내면에는 전통적인 화염의 수호자와 레이저로 유도된 혁신가가 매혹적으로 교차하고 있다. 그들은 눈과 손으로 통을 들어 올리고, 자동화된 정밀도로 나무를 자르고, 숙련된 기술로 망치를 들어 모양을 만든다.

배럴이 위스키에 많은 풍미를 준다는 것은 잘 알고 있다. 쿠퍼리지의 실험실 사람들은 양조장 사람들과 함께 작업하며, 나무로 실험하며, 맛에 변화를 주기 위해 나무를 처리하고, 가열하고, 굽거나 태우는 새로운 방법을 찾고 있다.

더 물리적인 부분도 있다. 브라운포맨은 탄 배럴 내부에 일련의 홈을 남기는 '치즐링chiseling'이라고 하는 특별한 쿠퍼링 기술로 쿠퍼스 크래프트 버번을 만든다. 깎은 나무는 배럴에 남겨져 있다.

이 모든 것은 나무와 증류주가 닿는 접촉 표면이 더 많아지도록 하기 위한 것이다. 절단, 톱니 모양의 널빤지, 더 세게 태운 오크통 등은 수년에 걸친 수많은 일련의 실험 중 가장 최근에 나온 것들이다.

어떻게 하면 위스키에 더 많고 새로운 풍미를 더해 주는 목재를 만들 수 있을지에 대해 수많은 사람이 매일 고민하고 있다.

쿠퍼스 크래프트 배럴 리저브 100 프루프
Coopers' Craft Barrel Reserve 100 Proof

배럴 내부에는 홈이 파여 있고, 목재 부스러기는 표면적을 추가적으로 늘리기 위해 안에 남겨져 있다. 100° 프루프로, 열파에 강한 참나무와 숯의 향이 난다. 아삭한 배의 맛과 마시멜로가 캐러멜을 감싼다. 끝맛은 참나무로 마무리된다.

기술의 힘

실험에는 데이터가 있다. 그 데이터를 수집하고 추적하는 사람들은 다른 대부분의 산업 분야에서 그러했듯이 위스키의 맛에 변화를 가져왔다.

과거의 위스키 업계는 대체로 늘 해오던 방식을 그대로 고수하고 반복하며 흘러갔다. "절대로 아무것도 바꾸지 말라"는 이 업계의 표어다. ―조지 디켈 증류소의 랄프 덥스 회장이 은퇴하면서 후임자인 존 런 회장에게 실제로 한 조언이다.

물론 예외도 있었고 혁신가도 있었다. 특히 새로운 재료와 기술의 개발은 변화를 가져왔다. 게다가 컴퓨터는 공정 변경의 결과를 추적하는 더 쉽고 확실한 방법을 통해 폭발적인

변화를 일으켰다. 예를 들어, 바코드와 데이터 기록 기술 덕분에 전 세계에 있는 수백 개의 창고를 통과하고 있는 수백만 배럴의 위스키들을, 거의 대부분 배럴에 위스키가 채워지는 시점부터 숙성이 완료되어 비워내는 시점까지 ―그리고 다시 채워지고 다시 비워지는 시점까지도― 추적하고 있다.

그것은 목재 과학의 시작에 불과했다. 연륜연대 학자들은 나무가 어떻게 성장했는지 확인하기 위해 최고의 배럴에서 나이테를 연구했

다. 벌목하는 사람들과 산림을 관리하는 사람들을 모집해서 언덕, 계곡, 북향 또는 남향, 습지 또는 모래 토양 등 벌채된 각 나무의 위치를 추적했다. 절단된 목재가 건조되는 과정 중에 일어나는 화학적 변화를 분석한 결과, 구조와 향미 전구체에서 변화가 나타났다. 배럴에 설치한 프로브는 몇 달, 몇 년 동안 숙성된 위스키의 온도와 압력을 추적했다. 목재 처리와 다양한 숙성창고 위치와 계절적 변화는 모두 쉽게 참조할 수 있는 기록이 된다. 그리고 그것을 바탕으로 결정이 이루어진다.

공정은 더 투명해졌다. 증류 온도, 조리 시간, 발효 시간, 효모 세포 수, 알코올 농도 등 기록할 수 있는 모든 데이터가 디지털화되고 있다. 이러한 데이터 포인트를 뛰어난 시음 전문가의 감각적 평가와 실험실에서 실행하는 화학 검사 결과와 연결하면, 풍미의 변화를 공정의 변화와 연결해 추적할 수 있다.

그런 다음 데이터는 자동화 형태로 해당 공정에 다시 적용된다. 1년 동안 수행한 모든 증류 회차의 증류기 데이터와 설정을 추적하면 그중 가장 결과가 좋았던 것을 찾을 수 있다. 그런 다음 프로그래머가 자동화된 밸브와 프로브 사용 방법을 매뉴얼로 만들면, 매번 최상의 설정값으로 증류기를 돌릴 수 있다. 뿐만 아니라 어느 부분을 조정해야 차이를 만드는지도 알 수 있다.

이와 반대로 어떤 증류소들은 일부러 자동화를 하지 않는다. 디켈은 내가 본 대형 증류소 중 가장 단호하게 자동화를 거부한다. 멀리서 원격 버튼을 누르는 것이 아니라, 밸브를 손으로 직접 돌려서 모든 것을 작동해야 한다.

공정이 지나치게 자동화되면 결국 자신이 무슨 일을 하는지, 왜 그렇게 하는지 전혀 모르는 사람들이 증류소를 운영하게 될 것이라는 우려가 있다. 그렇게 되면 위스키 산업은 '자동조종장치autopilot' 모드로 움직이게 될 수도 있다.

참 낭만적이지 않은가. 나는 다양성의 가치를 믿는다. 다양한 애주가들이 원하는 다양한 위스키가 만들어지려면 이런 다양한 접근 방식이 필요하다. 50년 전 혹은 그보다 더 오래전부터 같은 장비를 쓰는 증류소들이 남아 있는 한, 위스키를 손으로 직접 만드는 장인들이 사라지지 않을 것이라고 믿는다.

기술자들이 업계에 들어오면 사람의 손이 아닌 기계가 위스키를 만들고, 위스키가 숫자 데이터로 축소되는 것처럼 보일 수 있다. 하지만 위스키 애호가의 열정과 데이터 전문가의 기술이 만나면 위대한 일이 일어날 수 있다. 데이터 수집·검색 시스템, 그리고 이러한 시스템을 만들고 적용한 사람들은 이 시스템의 유용성을 처음부터 알아봤고, 지난 40년 동안 위스키의 풍미에 엄청난 영향을 미쳤다. 노동자들의 기여는 사라지지 않았다. 데이터 수집 덕분에 증폭되어 더욱 세밀한 조정이 가능해졌을 뿐이다.

실수와 용서

2013년에 와일드 터키 디스틸링 컴퍼니는 6년 버번과 4년 라이 위스키를 대략 세 가지 비율로 혼합한 제품을 출시했다. 이 블렌디드 위스키의 이름은 'Forgiven'. 증류소 직원들이 실수로 두 위스키를 섞는 바람에 만들어졌다고 한다.

누군가는 해고될 예정이었다. 마스터 디스틸러인 에디 러셀이 그것을 맛보고 팔아도 되겠다고 판단하기 전까지는 말이다. 정말 실화인지는 모르겠지만, 에디는 사실이라고 맹세한다.

사고, 우연 또는 의도하지 않은 결과로 위스키의 풍미가 바뀐 일은 이뿐만이 아니다. 싱글 포트 스틸 아이리시 위스키는 맥아 과세 덕분에 탄생했다. 증류업자들은 세금을 덜 내기 위해 레시피의 일부를 발아하지 않은 생보리로 대체했다. 그들은 돈을 절약했을 뿐만 아니라 맛있는 새로운 유형의 위스키를 발견했다.

스카치 위스키 산업은 19세기 후반에 엄청난 성장기를 맞았다. 증류기를 두 개 담을 수 있는 크기의 석조 창고를 지을 만한 돈만 있으면 너도나도 증류소를 차렸다. 그런 열성적인 기업가 중 일부는 중고 증류기를 직접 보지도 않고 구입했고, 뒤늦게야 증류기가 증류소의 작은 공간에 비해 너무 크다는 걸 알게 되었다. 그들은 작은 공간에 증류기를 밀어 넣기 위해 증류기를 변형했다. 그 결과 증류기의 모양이 전혀 다르게 바뀌고 그에 따라 증류주의 맛도 근본적으로 바뀌었다.

때로는 어쩌다 보니 그렇게 되는 경우가 많다. 우연일 수도 있고, 절망일 수도 있다. 외부의 자극으로 인한 반응일 수도 있다. 결과가 좋지 않았던 우연들은 우리에게 알려지지 않고 잊히겠지만, 잘 된 것들은 위스키 이야기와 풍미의 일부가 된다.

위스키를 만드는 사람들

위스키 제조는 여전히 인간의 감각에 의존해 공정을 측정하는 산업이다.

제분소 작업자는 허용된 표준에 따라 제분소를 운영하지만 여전히 그리스트 입자의 일관성, 열과 냄새를 직접 확인한다. 브루어는 발효가 완료되었는지 확인하기 위해 온도와 당화를 재는 도구를 쓰기도 하지만, 거품과 냄새를 확인해서 파악할 수도 있다.

디스틸러는 냄새와 맛으로 증류 분리가 잘 되었는지 확인하고, 소리를 듣고 시스템이 원활하게 작동하는지 파악한다. "디스틸러 몰래 들어갈 수 없다." 조금이라도 이상하거나 익숙하지 않은 소리가 나면 디스틸러는 바로 알아챈다. 배럴을 옮기고 확인하는 숙성창고 직원들은 창고의 여러 구역에서 나는 냄새를 잘 알기 때문에 좋은 배럴이 어디 있는지 언제든 알려줄 수 있다.

이렇듯 위스키는 일하는 사람들 덕분에 유지되고 전수된다. 그들은 적절한 냄새와 소리와 느낌과 맛을 알고 있고, 일이 잘못되기 전에 막을 수 있다. 이것들은 중요한 작업이지만 새로운 맛을 만들어내지는 않는다. 혹시 새로운 맛을 만들어졌다면 주어진 일을 제대로 하고 있지 못했다는 뜻이다.

새로운 위스키를 만드는 사람들은 매우 숙련되고 경험이 풍부한 소수다. 이 과정은 마케터가 시작하는 경우가 많다. 인정보다는 비난을 더 자주 받는 사람들이지만, 그들의 공을 인정해야 한다. 마케터들은 사무실에서 일하기도, 때때로 정보를 수집하러 술집이나 상점 등 현장에 나가기도 한다. 그들은 대중의 취향을 측정하고, 현재 위스키 판매량과 해당 위스키를 만들기 위해 필요한 배럴의 재고를 파악하고, 신제품 위스키는 어떤 맛으로 낼지 아이디어를 낸다.

마케터의 일은 여러분과 나 같은 사람들 때문에 특히 요즘 더욱 힘들어졌다. 아마 25년 전만 해도 너무 오래되어 마실 수 없게 되거나 모조리 증발해버리기 전에 서둘러 병에 담아 팔아야 하는 숙성된 위스키 재고가 있었기 때문에 마케터가 일하기가 어려웠을 것이다. 이후 나와 내 동료들처럼 여러 사람에게 위스키의 매력을 설명하고 전파한 사람들의 도움 덕분인지, 얼마 지나지 않아 이제는 숙성된 위스키 재고가 너무 없어서, 우리가 좋아하고 살 수 있는 모든 위스키를 만들 수 없다는 것이 새로운 어려움이 되었다. 위스키는 더 귀해지고, 가격은 더 올라갔고, 그래서 마케터가 호출되었다.

"마개구멍을 잘 봐!"

숙성창고에서 일하는 직원들은 힘과 통제력과 빠르게 거리를 파악할 수 있는 능력을 겸비해야 한다.

그들은 500파운드(226.8kg)짜리 배럴을 들어서 조종하고 숙성창고 통로를 따라 내려가면서 정확히 회전하고 멈추게 한다. 현대의 배럴은 놀랍도록 효율적이다. 한 사람이 226.8kg의 화물을 쉽게 처리하고 옮기고, 멈추고, 시작하고, 회전시키고, 돌릴 수 있다.

숙성창고 직원이 일하는 비결은 배럴을 '클러킹clocking'하는 것이다. 즉, 각 배럴이 앞 배럴에 도착해서 멈출 때 주입구 마개가 위로 오도록 계산해서 굴려야 한다. 포플러 마개가 위스키에 닿지 않도록 해야 한다. 마개는 참나무가 아닌데다 투과성이 있기 때문이다.

예를 들어, 첫 번째 배럴을 굴릴 때 두 번 반 정도 회전해서 마개가 위 방향이 되게 멈추었다면, 마개를 아래쪽에 두고 굴리기 시작해야 한다. 하지만 그다음 배럴은 그보다는 대략 4분의 1 정도 덜 굴려야 한다.

이것은 쉽지 않은 일이다. 이보다 더 힘든 것은 잘못 굴린 배럴의 방향을 바로잡기 위해 랙으로 들어가서 226.8kg짜리 배럴과 씨름하는 것이다.

1년에 한 번 숙성창고 직원들이 실력을 뽐낼 기회가 온다. 켄터키 버번 페스티벌에서 열리는 배럴 릴레이는 증류업계 종사자들을 위해 일주일간 열리는 축제의 꽃이다. 개인 레이스와 팀 레이스가 있고, 남성 팀과 여성 팀이 있다. 배럴은 3번의 90도 회전을 포함하는 코스에서 굴린 다음 랙으로 굴려야 한다.

랙에 넣는 데만 시간이 걸리는 것이 아니다. 정확하게 올바른 방향으로 도착하는 배럴마다 경쟁자의 총 경과 시간에서 시간을 깎는다. 모든 배럴의 마개를 맨 위로 오게 하는 데 집중하다 보면, 친구와 가족이 "마개구멍bunghole을 잘 봐!"라고 외치는 소리를 들을 수 있다. 모두가 즐거운 시간이다. 우승자에게는 올해의 자랑권이 주어진다.

마케터와 동료들은 그들의 최선의 판단으로 시대가 요구하는 새로운 위스키를 꿈꾼다. 우리는 그 위스키를 좋아할 수도 있고 좋아하지 않을 수도 있지만, 많은 경우 마케터는 어떤 위스키를 만들어야 하느냐는 질문을 제일 먼저 받는다. 그 후에는 마스터 디스틸러, 증류소 매니저, 숙성창고 관리자, 블렌더가 가능하면 그 아이디어를 실제 위스키로 만든다. —사실 시중에 나온 위스키의 첫 아이디어는 마케터뿐 아니라 디스틸러, 증류소 매니저, 숙성창고 관리자, 블렌더 등 모든 사람에게서 나올 수 있고, 실제로도 그렇다.

증류소와 증류소 관리자는 자사 위스키와 공장과 구할 수 있는 배럴의 조합으로 어떤 맛을 낼 수 있는지 알고 있다. 그들의 지식은 새로운 기술, 새로운 매시, 새로운 증류 경로, 새로운 유형의 배럴을 실험하면서 수년에 걸쳐 새로운 프로젝트의 방향을 제시한다. 증류기를 다른 방식으로 운영하면 매우 특성이 다른 뉴 메이크를 생산할 수 있고, 이것을 숙성해서 기존의 표준 메이크와 혼합할 수 있다. 매시에 새로운 곡물을 추가하거나 새로운 피트 훈연 수준을 추가하거나 다른 효모를 혼합하면 새로운 위스키가 된다. 가장 파급력이 큰 결정 중 하나는 창고를 어디에서 어떤 디자인으로 지을 것인지다. 그곳에서 200년 이상 동안 위스키가 숙성될 수 있으니. 매일 풍미에 결정적인 영향을 미치는 결정이다.

창고 관리자는 새 위스키가 가능한지 즉시 알 수 있다. 그들은 숙성에 사용되는 모든 창고를 드나드는 배럴의 흐름을 손안에 꿰고 있다. "맛의 50% 이상이 배럴에서 나온다"라는 진부한 표현에는 그 일부가 개별 배럴만이 아님을 암묵적으로 내포하고 있다. 내부의 기후의 영향은 무시할 수 없다. 미국에 있는 대부분의 배럴은 그을려 까맣게 태운 새 백참나무여서 매우 유사하지만, 숙성 위치는 엄청난 차이를 만들 수 있다.

크고 다양한 스카치 증류소에서 숙성창고 관리자가 하는 일은 그저 놀랍다. 새로운 싱글 몰트만 만든다고 해도 크기가 다른 버번 배럴, 셰리 캐스크, 포트 파이프, 마데이라 드럼, 럼 캐스크가 있을 수 있고, 퍼스트필인지 리필인지도 구분해야 한다. 블렌디드 위스키나 블렌디드 몰트 위스키를 만든다면 경우의 수는 훨씬 방대하다. 숙성창고 관리자는 모든 것이 어디에 있고 어떤 상태에 있는지를 알며, 그 지식은 블렌더의 일에 매우 중요하다.

라이언 말로니, 훌리오의 주류 상점(매사추세츠 웨스트버러 소재)의 주인

블렌더는 위스키의 풍미에 엄청난 영향을 미칠 수 있다. 마케팅 담당자가 프로필을 제공하더라도, 이를 가능하게 하거나 미묘하게 바꾸는 것이 블렌더의 역할이다. 숙련된 블렌더는 증류소의 一때로는 여러 증류소의一 모든 잠재적인 풍미 구성 요소를 알고 있으며 배럴을 모아서 서로 다른 특성과 질감, 신선도 또는 숙성도를 가진 위스키를 만들 수 있다. 나도 블렌딩을 잠깐 흉내 내본 경험이 있는데, 이 작업이 얼마나 어려운지 분명히 알 수 있었다.

블렌더가 수십 년 동안 같은 회사에 있으면 그 위스키 브랜드의 모양과 전반적인 성격에 깊은 개인적 영향을 미친다. 40년 이상 윌리엄그랜트앤선즈의 몰트 마스터인 데이비드 스튜어트는 글렌피딕과 발베니의 풍미를 형성했고, 이 위스키들은 엄청난 인기를 얻었다. 리차드 패터슨은 특정 셰리 캐스크에 대한 사랑으로 달모어에 유사한 영향을 미쳤다. 배리 크로켓의 아이리시 위스키와 싱글 포트 스틸 타입에 대한 감각은 아이리시 디스틸러스의 전체 제품군에 지대한 영향을 미쳤다.

돈 리버모어 박사는 분명히 J. P. 와이저에서 이와 비슷한 영향력을 행사하는 길을 걷고 있다. 파커 빔은 2017년에 사망했지만 그 후에도 오래 지속되는 헤븐힐 위스키의 풍미 프로필을 만들었다.

위스키를 만드는 사람들이 맛을 만든다. 그들은 무작위적으로 일어나는 효과로부터 그 풍미를 보호하고, 일관된 목표로 새로운 위스키를 만들기로 결정했을 때, 즉시 그렇게 할 수 있는 도구를 가지고 있다. 그들은 풍미를 창조하는 핵심 팀이다.

파커스 헤리티지 블렌드 오브 매시빌 2012

Parker's Heritage Blend of Mashbills 2012

호밀과 밀 매시빌 버번의 블렌드다. 달콤하고 약간 꽃향이 있다. 알코올 도수 65%를 초과하지만 향이 뜨겁지 않다. 결핍되어 있고 가죽 같고, 은은히 달콤하다. 끝맛은 아주 길다. 지울 수 없는 파커 빔의 맛이다.

맛의 전달

위스키를 실제로 만드는 사람들은 맛에 엄청난 영향을 미친다. "그들이 모든 일을 다 하니까 그들이 만든 위스키죠!" 같은 의미론적 왜곡이 아니다.

나는 여러분을 놀리고 싶지 않다. 위스키를 오크통에서 쏟아내고, 혼합하고, 통에 담고, 도수를 맞추어 병에 담고, 이렇게 향미 생성은 끝난다. 병이 아무리 좋아 보이든, 패키징이 어떻든, 위스키의 이야기를 어떻게 배우든 맛은 정해져 있다.

거의 다 정해져 있다고 해야겠다. 맛은 언제나 주관적이니 말이다. 나는 똑같은 병의 동일한 싱글 몰트를 두 가지 다른 환경에서 마시면 맛도 크게 달라진다는 것을 경험했다. 온도, 날씨, 주변의 향기, 그리고 아마도 회사의 조합이었다. 한 환경은 위스키의 셰리 캐스크 숙성을 전면에 부각시켰고, 다른 환경은 소금기와 피트에 대해 다시 생각하게 해주었다.

우리는 순간에 느끼는 것을 맛보는 인간이다. 달모어의 증류기사가 자동화의 상대적 장점에 대해 논의하면서 잠깐 자신을 표현했듯, 우리는 "기계 속에 고기"다.

따라서 우리의 미각과 쾌락 감각은 순수한 관능적 감각이 아닌 다른 요인의 영향을 받을 수 있다. 이것을 부정하려고 하면 이 인간적인 음료, 이 진정한 인간적 성취의 즐거움 중 일부를 스스로 부정하게 된다. 위스키 시음을 이렇게 부정하려거든 흰색 유리 칸막이에서 손에 펜을 들고 혼자 있을 때 조용히 집중하며 마시기 바란다. 때때로 뇌보다는 혀를 가로지르는 맛을 느껴보면 어떨까?

패키지, 병, 라벨, 병이 들어 있는 모든 종류의 상자 디자인도 위스키의 맛에 영향을 줄 수 있다. 솔직히 말해서 위스키 가격도 영향을 미칠 것이다. 여러분이 읽은 리뷰어의 댓글도 영향을 미칠 수 있다. 바텐더나 상점 판매자는 우리의 기대치를 한 방향으로 또는 다른 방향으로 설정하게끔 위스키에 대한 정보를 알려줄 수 있다. 그들은 위스키를 상상하는 완전히 새로운 방법을 보여줄 수도 있다. 나에게도 그 일이 일어났고, 나는 그들과 이야기하고 배우는 데 몇 시간을 보냈다.

브랜드 홍보대사는 한 잔의 위스키에서 그 위스키의 역사, 햇볕에 데운 곡물, 해변 창고의 부서지는 파도를 기대하게 만든다. 여러 위스키를 시음해볼 수 있게 안내해줄지도 모른다. 물론 위스키를 팔기 위해서다. 그러나 내가 만난 모든 브랜드 홍보대사는 ―나는 그들의 명함으로 가득 찬 상자가 있다.― 모두 진정한 위스키 애호가였으며, 그들은 진심으로 그 열정을 공유하고 싶어 하고 우리도 위스키를 좋아하길 진심으로 바라는 사람들이었다.

한 번도 만난 적 없는 판매원이나 한 번도 본 적 없는 다른 매장 구매자도 위스키 맛에 영향을 미친다. 결국 위스키가 선반에 없고 잔에 따르고 있지 않다면 영업 담당자가 판매를 못 해서 그런 것이고, 그렇다면 아무런 맛도 모를 테니 말이다.

위스키는 그냥 생기는 것이 아니다. 위스키 제조 과정에 참여하는 모든 사람은 잔에 담긴 위스키의 풍미를 결정짓는 중요한 요소다. 과정의 어느 시점에서, 때로는 위스키가 만들어지면서 때로는 몇 년 전에 내려진 결정으로 위스키의 풍미가 바뀐다. 그것은 아주 큰 차이일 수도 있다. 혹은 꿀벌의 날개처럼 가벼울 수도 있다. 하지만 우리는 위스키 한 잔에서 그들의 결정을 맛볼 수 있다. 다음에 위스키 한 잔을 즐길 때 이런 것들을 기억해보자.

제 15 장

보이지
않는 것들

분명히 이번 장의 제목을 '말도 안 되는 소리' '믿거나 말거나' '헛소리' 같은 것으로 바꾸고 싶어 하는 사람들이 있을 것이다. 이 장은 수치로 나타낼 수는 없지만 위스키의 풍미를 더하거나 빼는 것들에 관한 내용이다. 과학자들은 측정하거나 기록할 수 없다면 존재하지 않는 것으로 여긴다.

그러나 위스키를 블렌딩하는 것은 과학자가 아니다. 아니, 과학자인 블렌더라 해도 고성능 액체 크로마토그래피나 질량 분석기로는 블렌딩하지 않는다. 위스키는 손과 코로, 미각과 기억으로, 블렌더의 인간적 인식으로 블렌딩된다. 이러한 도구와 기계로 측정할 수는 있지만 복제할 수는 없다. 적어도 아직까지는.

일단 위스키가 만들어지고, 블렌딩되고, 병에 담기고 나면, 그 맛에 대한 명확한 숫자나 단어가 아직까지는 없다. 이보다 더 주관적인 것이 몇 없기 때문이다. 이에 관한 로마 시대로 거슬러 올라가는 속담도 있다. "De gustibus non disputandum est." 문자 그대로 '맛에 대해서는 논쟁할 수 없다'는 뜻이다. 오늘날 언어로는 "취향에는 정답이 없다" 정도로 말할 수 있겠다. 인터넷의 여러 위스키 토론 포럼에서 이런 대화를 언제나 볼 수 있다. 누군가가 어떤 위스키를 칭찬하면 필연적으로 다른 사람은 그 위스키는 쓰레기라고 말한다. 그 반대도 마찬가지다.

무엇이 이것을 그렇게 만드는가? 그것의 대부분은 개인적인 취향이고, 취향은 수많은 흥미롭고 기이한 방식으로 생겨난다. 나는 몇 년 동안 올드 포레스터를 마시지 않았다. 11세 때 처음으로 마셔본 위스키였고, 그때 충격을 받았기 때문이다. 나는 그 이후로 오랫동안 '그 망할 늙은 포레스터'를 피해 다니다가, 어느 날 다른 작가의 권유로 다시 마셔보게 되었고, 이 훌륭한 위스키를 마실 기회를 지난 몇 년 동안 낭비한 나 자신이 바보처럼 느껴졌다. 맛 취향이 어떻게 발전하는지는 설명하기 어렵다.

어떤 위스키를 좋아하고 어떤 것을 싫어하는 지는 개인의 취향이고, 취향은 그 특성상 형체가 없다. 만질 수도, 제대로 설명할 수도 없다. 그렇다면 보이지 않는 것에서 나오는 풍미에 대해 왜 믿기 어려울까?

마음을 열고 보이지 않는 요소들의 세계로 뛰어들어보자. 그곳의 하늘은 어떤가? 탁한가? 맑은가? 존재하긴 하는가?

떼루아

와인 영역에서도 약간 논란이 있는 주제부터 시작해보자.

떼루아terroir는 포도가 자란 장소가 와인의 풍미에 영향을 미친다는 생각에서 나온 개념이다. 토양, 지형, 위도, 기후, 우세한 바람, 아마도 지역 동식물까지 모두 포함된다.

이를 정량화하기 어려운 것은 와인도 마찬가지다. 그래서 위스키 쪽에서도 논쟁의 여지가 있다. 이 개념은 더 공정 지향적이고 더 많은 단계를 포함한다. 재료가 재배되는 장소에 관해서는, 대부분의 증류소에서 재료로 쓰는 곡물은 10마일(16.1km) 밖에서 재배된다. 일부 그런 경우도 있지만 대부분은 그렇지 않다. 지방 농부나 같은 주 안의 농부에게서 구매하는데, 이런 경우는 어느 지역의 떼루아를 따져야 할까?

곡물이 자라는 곳만 해당되는 것도 아니다. 위스키는 확실히 곡물주이지만, 위스키의 향미에는 배럴을 만든 나무의 영향도 있고, 분명히 숙성창고의 영향도 있다. 9장에서 논의한 바와 같이 참나무의 종류와 서식지는 위스키의 풍미에 확실히 영향을 미친다. 와인은 오크통에서 1~2년 정도만 숙성되지만, 위스키는 대체로 그보다 훨씬 더 오래 숙성된다. 따라서 참나무의 '떼루아'를 따진다면 어느 정도 합리적으로 고려한다고 할 수 있겠다. 숙성창고의 위치와 주변 지형이 배럴의 온도 변화 주기에 미치는 영향은 또 다른 요인이다.

떼루아에 대한 프랑스 와인 제조업자들과 미국 와인 제조업자들의 이해가 다르다는 점도 흥미롭다. 프랑스 사람들은 수십 년과 수 세기에 걸쳐 확립된 지역 전통을 떼루아에 포함한다. 포도의 천연 효모 ─ 그리고 포도나무의 가루받이를 돕는 말벌의 배 속 ─ 포도나무가 자라는 형태 등이 그렇다. 미국인들은 더 엄격하게 해석하는 편이다. 오직 자연적인 것만 포함되고, 인공적이거나 인간의 손으로 바꾼 것은 해당되지 않는다.

미국에 가까운 해석에 집착하는 사람들은 위스키에는 떼루아가 없다고 주장한다. 위스키는 와인보다 더 인공적이고 더 많이 가공한다. 곡물은 발아, 제분, 수화·조리 과정을 거친다. 그런 다음 냉각시키고, 걸러내고(또는 하지 않고) 조심스럽게 손질한 효모로 발효시킨 후 증류를 거쳐 고도의 휘발성 물질만을 남기고 나머지는 모두 제거한다. 그러고 나서는 오랜 숙성 기간을 거친다. 어떻게 여기에 토양의 영향이 있을 수 있단 말인가?

이에 반대 주장을 하는 사람들도 있다. 그들은 와인과 위스키의 특성이 다르기는 하지만, 위스키에도 지역에 따라 달라지는 무언가가 있다고 주장한다. 와인 업계에서 말하는 그 '땅의 맛'이다. 와인과 위스키는 다른 점이 많기 때문에 어쩌면 위스키의 향미에 대한 지역적 영향을 가리키는 다른 용어가 있어야 할지 모르겠다. 어쩌면 떼루아가 없는 것이 아니라, 우리가 그 효과를 구분하지 못하는 것일 수도 있다. 사실 아주 최근까지만 해도 대부분의 현대의 위스키 제조업체들은 규모가 너무 커서 떼루아가 나타내는 미시적 효과를 분리해서 표현할 수 없었다.

위스키의 풍미에 영향을 줄 수 있는 요소들에 대한 열린 자세를 가졌던 걸로 유명했던 고故 데이브 피커렐 디스틸러는 뉴욕의 허드슨 밸리에 있는 힐록 에스테이트 증류소 주변 들판에서 자란 호밀로 만든 증류주의 풍미가 눈에 띄게 다르다고 확신했다. 그는 소규모 배치 증류가 최근에야 시작되었기 때문에 이런 미시적 차이를 이제야 인식하기 시작했을 뿐이라고 믿었다. 그는 현장에서 맥아를 훈연하기 위해 현지에서 수확한 피트를 사용했을 때 나올 수 있는 잠재적 차이들을 발견하고 싶어 했다.

나는 정답을 모른다. '위스키 떼루아'에 곡물, 참나무, 숙성창고가 있는 지역의 영향이 있는지 없는지도, 있다면 이것들의 조합을 지칭할 다른 용어를 제안할 만한 아이디어도 없다. 그게 바로 이 장을 '보이지 않는 것들의 영향'이라고 한 이유다. 하지만 크래프트 위스키 증류소 관계자들에게는 깊이 조사할 만한 흥미롭고 유망한 길인 것 같다.

힐록 에스테이트 더블 캐스크 라이
Hillrock Estate Double Cask Rye

증류소 농장에서 유기농으로 재배된 호밀로 만든다. 호밀 향미가 지배적이다. 코에 시나몬이 박힌 민트 캔디 향이 나고, 혀에는 기름진 어린 호밀이 톡톡 터지며, 참나무에서 나는 바닐라 향이 받쳐준다. 데이브 피커렐 디스틸러는 이 호밀에는 여기 들판에서 나오는 특별한 민트 특성이 있다고 말했다.

연륜 그리고 젊음

나도 점점 나이가 들면서 항상 내 발꿈치를 깨물려 드는 젊은 작가들과 치열히 경쟁해야 한다. ─사실은 그렇지 않지만, 서사에 딱 맞아서 해봤다. 너그러이 웃어주길 바란다.

그럴 때면 나는 직접 얻은 경험이 젊음의 활력보다 낫다고 나 자신에게 말해준다. 때로는 그것이 사실이기도 하다. 그래서 나는 단순히 완벽한 맥주를 원할 때는 프라하, 브뤼셀, 또는 바이에른으로 향한다. 첫 모금부터 입맛에 맞는 위스키를 원하는 날은, 적어도 50년 동안은 운영해온 증류소에서 나오는 위스키를 고른다. 이런 날에는 반전은 싫다.

경험과 일관성의 소중함에 대해서는 할 수 있는 말이 많다. 특히 최고 수준의 위스키를 만드는 일에는 더욱 그렇다. 때로는 그 축복이 어마어마한 양의 아주 철저히도 평범한 물건을 만드는 데 낭비되기도 한다. 그것도 수요가 있으니까 말이다. 하지만 적당한 양주 소매점만 가더라도 내 갈증을 충족시켜줄 것이라 100% 망설임 없이 확신할 수 있는 위스키가 항상 있다.

세계 5대 위스키 생산지는 이러한 경험이 풍부하다. 이곳의 증류소는 대부분 여러분이 위스키를 마신 햇수보다 더 오래 거기서 일하는 사람들이 있다. 나는 완전 초짜는 아니지만 내가 살아온 세월보다도 더 오래 위스키 업계에 몸담은 사람이 한두 명 있다. 이러한 제도적 기억과 경험의 깊이는 위스키의 풍미에 영향을 미친다. 이러한 풍미를 표현할 때 '완벽함'으로 끌어올릴 것이 아니라면, '일관성'보다 더 흥미로운 표현은 없다. 하지만 그러지 않는 것이 좋을 것 같다. 어느 디스틸러가 나에게 윙크하면서 말했듯이, 이 업계 정상에 있는 사람들은 항상 '더 완벽하게' 만들 여지가 있음을 알고 있다.

그렇다면 크래프트 위스키 증류소는 50년이 지나기 전까지 모두 뒤처져 있다는 뜻일까? 절대 그렇지 않다. 한 가지 예로, 일부 크래프트 증류소는 경험 많은 사람들을 다른 곳에서 스카우트하거나 은퇴한 전문가들을 영입했다. 앞서 언급한 데이브 피커렐은 메이커스 마크의 마스터 디스틸러였다가, 이후 컨설팅 디스틸러로 새로운 경력을 시작했으며, 맛의 길에서 꽤 많은 새로운 옷을 입었다. 짐 맥이완은 보모어 증류소와 브룩라디 증류소에서 오랜 경력을 쌓았고, 둘 중 한 군데 경력만 봐도 마스터라 불리기에 손색없다. 그리고 지금까지도 스카치 위스키 업계에서 은퇴하지 못하고 있다.

다른 하나는 크래프트 맥주 양조자들이 취하는 것과 같은 방법이다. 왜 항상 지금껏 해오던 방식으로만 해야 할까? 버번이든 몰트 위스키든 싱글 포트 위스키든, 기존 증류소와 같은 방식으로는 이길 수 없다. 앞서 말한 경험의 차이 때문에 똑같이 따라 하기도 어려운 일이지만, 할 수 있다고 해도 이미 알려진 큰 증류소는 규모의 경제가 있고, 자본 비용이 적게 들며, 자본 부채도 낮기 때문에, 같은 가격으로는 거의 절대 할 수 없다.

가장 현명한 방안은 차별화를 하는 것이다. 바로 여기에서 젊음의 활력이 샘솟는다. 앞서 다른 장에서 이미 언급한 것만 해도 증류기 종류, 혁신적인 매시빌, 야생 효모, 다양한 배럴, 헤리티지 곡물 품종 등이 있다. 이 모두 어느 누군가가 "이거 아무도 해본 적 없는 것 같은데, 우리가 해 볼까?"라고 말하고 행동한 결과다.

뉴욕 하이드 파크 근처에 있는 코퍼시 증류소의 매니저인 크리스토퍼 윌리엄스는 그들이 만든 그린 몰트 위스키에 대해 나에게 이렇게 말했다. "우리는 오래된 스코틀랜드 증류법 문헌을 발견했습니다. … 그 문헌에는 솥에 굽지 않은 신선한 맥아로 위스키를 만드는 방법이 언급되어 있었습니다. 고기 분쇄기에서 반죽을 갈아서 만듭니다. 그 글에는 쉽게 말하자면 '따라 하지 말 것. 맛은 있지만 정말

러셀 부자가 숙성창고 안에서 와일드 터키를 시음하고 있다.

어려움'이라고 쓰여 있었습니다. 그것이 바로 우리에게 필요한 말이었습니다." 나는 아직도 그 위스키를 기억한다. 마치 마법의 물약처럼, 엘프의 보석 플라스크에서 홀짝이며, 풀과 허브 봄의 신선함을 층층이 쌓아 올렸던 그 맛을 기억한다.

솔직히 말해서, 그다음 배치도 마셔봤는데 그다지 좋지 않았다. 그런 것이 격렬하게 실험적인 크래프트 증류 디자인의 한 부분이기도 하다. 별을 따려고 손을 뻗으면 닿지 못할 때도 있는 법이다. 가끔 맛보는 일상적인 현실에서 완전히 꺼내어진 것 같은 느낌을 주는 것들이 다른 모든 것을 가치 있게 만들어준

다. 활력은 위스키의 풍미에 무엇을 더할까? 그 무엇이든 가능하다.

와이오밍 배럴 스트랭스 버번
Wyoming Barrel Strength Bourbon

버번 명예의 전당에 오른 스티브 낼리와 마스터 블렌더 낸시 프레일리의 증류 경험이 이 스타트업의 항해를 시작하게 했다. 숙성창고, 옥수수, 참나무, 버번의 향이다. 맛은 생동감 넘치고 단단하며, 민트와 단단한 옥수수 맛이 풀 사이즈 참나무에 둘러싸여 있다.

"인식이 곧 현실이다"

리 앳워터는 뛰어난 미국 정치 전략가였다. 그의 정치적 성향이나 동료들에 대한 견해는 사람마다 다를 수 있지만, 그와 무관하게 이것 하나는 인정해야 한다. 앳워터는 젊은 나이에 사망했지만, 정치적 지혜의 유산을 남겼다. 그리고 아마도 그가 남긴 보물 중 가장 빛나는 보석은 이 문구가 아닐까. "인식이 곧 현실이다."

그것이 의미하는 바는 간단하지만 깊다. 앳워터는 진실이나 현실이 뭔지는 중요하지 않다고 말했다. 중요한 것은 사람들이 어떻게 생각하는지. 정치 사기꾼의 속임수라고 치부하기 전에, 의학에서도 플라세보 효과를 인정한다는 것을 기억하자. 설탕 알약으로 된 가짜를 받아도, 그게 진짜 효과 있는 약이라고

믿기 때문에 효과가 나타난다. 그러니 위스키라고 다를까?

고급스러운 포장과 그럴듯한 말들, 혹은 최상위급 가격표가 달려 있으면, 풍미에 영향이 있을까? 위스키의 가격 인식 관련해 여러 연구 결과를 보면 거의 확실히 그런 것 같다. 사

람들이 포장을 통해 가치를 인식하면 위스키를 맛보기도 전에 위스키에 대해 더 나은 평가를 내릴 수 있다.

나는 이 현상이 주류 판매점에서 일어나는 것을 봤다. 어떤 업계 사람은 포장을 다시 해서 내놓은 리패키징 상품의 판매량이 ─그리고 긍정적인 평가도─ 증가한 이야기를 내게 해주기도 했다. 새로운 위스키를 출시할 때 이미 평판이 좋은 같은 종류의 위스키와 같은 가격대로 출시하면 그 자체만으로 인정받을 가능성이 높아진다.

수집가들이 특히 희귀하거나 아름답게 포장된 위스키병을 경매에서 터무니없는 가격을 주고 사면, 전반적으로 가격이 올라가는 것을 볼 수 있다. 해당 브랜드의 전체 라인에 대한 가격이 올라가거나, 싱글 몰트 카테고리 전체가 전반적으로 가격이 오를 수도 있다. 범위의 상단에 있는 뛰어난 상품의 평판(또는 가격)이 모든 가격을 끌어올리는 '후광 효과' 역할을 한다.

그러나 가격 책정과 관련해 재미있는 점은 크래프트 위스키에 대해서는 전혀 다른 룰이 있는 것으로 보인다는 점이다. 규모의 경제 부족, 긴급한 부채 상환 요구, 또는 전기요금을 밀리지 않고 내기 위한 고군분투 때문인지, 12년 버번 위스키나 15년 싱글 몰트와 가격이 동일한 2년 또는 그 이하 크래프트 위스키를 볼 수 있다. 크래프트 위스키는 맛이 훨씬 더 어리고, 어쩌면 그 맛이 뜨겁고, 1차원적이며, 작은 통의 영향으로 참나무 향미가 지나칠 수 있지만, 그래도 팔린다.

나는 여기에 작용하는 몇 가지 다른 요소가 있다고 생각한다. 모두 상대적으로 형체가 없는 것들이다. 첫째, 크래프트 위스키는 술이나 위스키를 처음 접하는 사람들에게 인기가 더 많다. 그들은 위스키의 맛에 대해 선입견이 거의 없는 '순진한 손님들'이라고 하자. 이런 손님들은 새 위스키를 시음하고 자기가 좋아하는 맛이면 그 제품을 계속 마신다.

'로컬 히어로' 요소도 있다. 요즘은 지역 생산자들이 많이 나오고 있다. 나도 이런 추세는 환영한다. 내가 사는 지역이나 가까운 동네에서 만든 위스키면 한 번 더 고려하게 된다. 그 위스키를 좋아하게 되고, 아마 비평을 할 때도 최대한 이해하려는 태도로 나오게 된다.

크래프트 증류소가 더 많은 경험을 쌓고 위스키를 더 잘 만들고 더 오래 숙성할 수 있게 되면서 시대가 바뀌고 있다. 기존 증류소의 위스키보다 2배도 안 되는 가격에 판매되는 좋은 크래프트 증류소의 보세 병입 4년 버번도 있다. 이런 추세가 계속되기를 바란다.

패키징도 또 다른 보이지 않는 요인이다. 병이 무거운 위스키가 더 맛있다고 생각하는가? 잘 만든 스크류 캡이 마개 용도로 더 우수한데도 왜 코르크를 이렇게나 많이 쓸까? 스크류 캡은 저렴해 보인다는 인식 때문이다. 한 위스키 제조사는 "좋은 위스키에는 항상 코르크가 달려 있습니다"라고 말했다. 모두가 '좋은 위스키'로 보이고 싶어 하는 것 같다.

이러한 신호를 주는 종류는 다양하다. 일부 위스키에는 마분지 또는 금속으로 된 튜브가 있어 병이 마치 발사 준비를 완료한 어뢰에 장착된 것처럼 놓여 있다. 물결 모양으로 만들어진 병은 위스키가 일부 싱글 몰트에서 소중히 여기는 짠맛과 같은 '바다' 특성이 있음을 암시할 수 있다. 일본의 히비키에는 일본 달력의 24절기에서 영감을 받아 만든 24면이 있는 무거운 병이 있다. 조니 워커는 단순히 포장만 된 것이 아니라 색상도 구분되어 있다. 일상적인 빨간색에서 야심 찬 파란색까지 다양한 색상, 스토퍼, 트림 레벨이 있다.

이런 것들로 인해 어떤 풍미가 더해질까? 포장, 기타 시각적·촉각적 단서는 위스키 맛을 '더 좋게' 만든다. 나조차도 때때로 그것에 이끌린다.

이게 모두 진짜일까? 그럴 수도 있다. 비싸고, 희귀하고, 고급스럽게 포장되어 있거나, 특히 오래된 위스키를 접할 때 기대치가 생기는 것은 자연스러운 일이다.

객관성에 의존할 수도 있고, 블라인드 시음에 —다음 장에서 자세히 설명하겠다.— 의존할 수도 있고, 단순히 그저 위스키를 즐길 수도 있다. 결국, 이 모든 것들이 합쳐져서 위스키를 더 맛있게 느낄 수 있게 한다면, 누구도 손해볼 것은 없지 않은가.

반대편의 모습

이 모든 것은 물론 반대 방향으로도 작용한다. 좋은 위스키를 그저 그런 포장에 담으면 마니아들에게 많은 사랑을 받지 못할 가능성이 크다. 그런데 왜 굳이 그렇게 하고 싶어 할까?

이유는 다양하다. 마케팅 상의 이유로 한 증류소에서 모든 가격대마다 상품을 내놓고 싶어 하는 경우가 많다. 위스키를 더 낮은 가격대로 판매하는 방법 중 하나는 플라스틱 스크류 캡을 씌우는 것이다. 아예 플라스틱 병에 넣을 수도, 간단히 인쇄된 라벨을 붙일 수도 있다.

이렇게 포장한 위스키는 비평가들에게 많은 사랑을 받지는 못하겠지만, 확실히 일상적으로 위스키를 마시는 평범한 사람들과는 친해질 수 있다. 나도 고백할 것이 있다. 사실 나도 자주 이렇게 패키징된 버번과 라이 위스키를 마신다. 아이리시 위스키도 마찬가지다. 캐나디안 위스키와 생강을 좋아한다면 이 분야에 선택의 폭이 넓다. 재패니즈 위스키 제조사들도 있지만, 해외 시장에서는 찾기 어려울 수 있다.

어째서 위스키를 '전문적으로' 마시는 사람이 상점 선반 맨 아래에 있는 제품을 마시는지 궁금한가? 나는 여름에 고기를 구우며 파티를 할 때 라이 위스키와 생강으로 톨 하이볼을 마시는 것을 좋아하고, 내 친구들도 나와 취향이 같기 때문이다. '그냥 한잔할' 때 마시는 위스크로는 이만한 것이 없다. 그리고 이것은 내가 진지한 애호가에게서 —또는 자신을 너무 진지하게 받아들이는 애호가에게서 — 발견한 문제에 대한 해결책이다.

어떤 사람들은 술을 마실 때마다 매번 위스키에만 집중할 필요는 없다는 것을 깨닫지 못하는 것 같다. 나의 '첫 독자'인 샘 콤레닉은 종종 새로운 위스키를 가지고 우리 집에 온다. 나도 내 위스키를 꺼내어 준다. 우리는 위스키를 맛보고, 비교하고, 토론한다. 그리고 그 시간이 끝나면 우리는 위스키를 한 잔씩 따른다. 그리고 대화 주제는 즉시 지역, 정치, 역사, 음식으로 넘어간다.

내가 강아지와 함께 현관에 앉아 하루가 지나가는 것을 지켜볼 때, 혹은 시원한 밤에 책을 읽을 때, 내 옆을 보면 아마 스크류 캡 위스키 병이 있을 것이다. 더운 날이라면 얼음 양동이도 같이 있을 것이다. 스크류 캡 위스키도 맛이 제법 괜찮다. 때로는 환상적이기도 하다. 이 정도면 완벽하다. 지금 난 다른 생각할 거리가 있으니까.

J. W. 단트 본디드

J. W. Dant Bonded

스크류 캡 뚜껑이 달린 플라스틱 병을 따 잔에 따른다. 올스파이스, 계피, 티베리 향이 난다. 옥수수, 참나무, 티베리-민트가 느껴진다. 끝맛은 단단한 열로 마무리된다.

진실

보이지 않는 방식으로 위스키의 풍미에 영향을 미치는 것이 또 있다. 바로 진실이다. 위스키가 어디에서 만들어지는지에 대한 진실 말이다. 그런데 이것이 간단해 보이지만 꼭 그렇지만은 않다.

'소싱된' 위스키*는 아주 오랫동안 위스키 사업의 일부였다. 누군가가 위스키 아이디어, 특정 풍미 프로파일, 또는 좋은 이름과 브랜드 스토리 아이디어가 있으면, 증류소나 브로커에게 가서 그 위스키를 만들기 위해 어떤 배럴을 사야 하는지 알아낸다. 이것이 팔리거나 혹은 사전 주문할 만큼 낙관적이라면 같은 종류의 배럴을 더 많이 구한다. 그러면 정말로 증류소가 없는 브랜드 위스키가 탄생한다.

대부분의 블렌디드 스카치 위스키는 이름 있는 증류소 하나가 아닌 여러 증류소에서 들여온다. 일본 블렌드는 한 회사 내에서 만든 여러 위스키로 구성되지만, 스코틀랜드나 아일랜드에서 수입한 벌크 위스키로 만들 수도 있다. 주의사항은 이 사실을 라벨에 표기해야 한다는 법적 규정이 현재 없다는 것이다. 자체 증류소가 없는 메이저 캐나다 브랜드도 있다. 아주 최근까지만 해도 툴라모어 듀에는 증류소가 없었다. 적어도 1950년대 이후로는 없었다. 마찬가지로 불릿은 증류소를 짓기 수년 전에 브랜드를 먼저 만들었다. 이러한 브랜드는 일반적으로 브랜드의 기원에 대해 잘 알려주지 않는 편이다.

하지만 다 그런 것이 아니다. 하이 웨스트, 블럼 브라더스, 벨 미드, 스무스 앰블러 등은 이런 점에 있어 꽤 개방적이다. 불릿은 라이 위스키를 다른 곳에서 사 온다고 공개적으로 인정하고 있다. 다른 많은 브랜드와 마찬가지로 인디애나에 있는 MGP 시설이다. 옛 속담처럼 그들은 진실을 말하고 악마를 부끄럽게 만든다.**

그래서 그것이 뭐가 중요한가? 위스키의 원산지를 알면 맛이 달라지는가? 열성 애호가들은 투명성을 원한다고 말한다. 그 말의 의미는 "이 위스키를 어떻게 만들었는지 세세한 부분까지 모두 알고 싶어요"인 경우도 있지만, 대부분은 자세한 제조 방법보다는 누가, 어디서 만들었는지만을 궁금해 한다.

몇몇 사람들의 말을 들어보면 이 질문에 대한 진실이 그 어떤 것보다 맛에 더 큰 영향을 미치는 것 같다. 그들은 위스키가 자기가 알던 것과 다르다는 것을 알게 되면 갑자기 맛이 나

---

* 위스키 원액을 다른 곳에서 사와서 만든 위스키. - 감수자
** 감추어야 할 특별한 이유가 있는 상황이어도 진실을 말해야 한다는 의미의 영어 속담. - 옮긴이

빠지고 가격이 너무 비싸다는 생각이 들고, 다시는 그 위스키와 엮이고 싶지 않아 한다.

나는 내가 마시는 위스키에 대해 모든 것을 알지 않아도 된다. 어디에서 왔는지도 알 필요도 없다. 소싱 위스키에 내가 바라는 것은 단 하나, 기원과 스토리에 대해 거짓말만 하지 않으면 된다. 위스키 브랜드가 지속해서 누가 어디에서 만들었는지, 위스키에 라벨을 붙이는 사람들이 실제 위스키에 풍미를 넣는 작업과 어떻게 관련이 있었는지에 대해 지속해서 일관적으로 거짓말을 하거나 사실과 다르게 오해하도록 만든다면, 내게 느껴지는 맛이 달라진다. 그 위스키에서는 거짓말과 실망의 맛이 난다. 그리고 나는 아마 다른 브랜드를 찾아 나설 것이다. 아무리 그동안 좋아했던 브랜드였다 해도 말이다.

진실은 아마도 위스키에 들어가는 그 어떤 것보다 눈에 보이지 않는 요인일 것이다. 하지만 그 중요성은 부정할 수 없다. 우리 모두 진실에 충실해지자.

조지 디켈 라이

George Dickel Rye

디켈은 인디애나주의 MGP에서 라이 위스키를 공급받는다고 공개하고 있다. 참나무에 둘러싸인 강력하고 달콤한 향. 그리고 혀에도 바로 그 맛이 난다. 진실은 의심의 여지를 남기지 않는다.

제 16 장

시음

드디어 위스키가 완성되었다. 배럴과 숙성창고의 막대한 기여부터 매시 수화, 곡물 제분의 작은 조정에 이르기까지, 풍미를 만들 수 있는 모든 입력 요소들을 다루었다. 모두 여러분 앞에 있는 병 안에 담겨 풀어주기를 기다리고 있다. 많은 사람과 장소와 기계의 공헌으로 수년간의 작업이 여기에 담겼다.

무엇을 기다리고 있는가? 어서 꺼내서 마셔보자.

간단히 편하게 한잔을 즐기고 싶다면, 아마 하루 끝에 작은 잔에 따라 마실 것이다. 승리를 축하하는 자리라면 뚜껑을 열고 유리잔에 넉넉한 양을 부은 다음 휴식을 취해도 좋다. 가까운 파트너나 친구와 함께 편안한 의자에 앉아 즐기자. 좋은 위스키다. 음악을 켜고 긴장을 풀어보자.

하지만 정말 이 위스키에서 맛볼 수 있는 모든 맛을 다 얻고 싶다면 지금 이 순간에 약간의 노력이 필요하다. 다른 모든 사람이 이 위스키를 만들기 위해 기울인 노력에 비교하면 그렇게 큰 요구는 아니다. 일단 한 번 해보면 미래에 혜택을 누릴 수 있다. 집중하고 제비꽃 또는 타르 밧줄 뒤에 숨어 있는 감초의 작은 힌트를 찾으면, 다음에 이 병을 다시 열 때 그들이 기다리고 있다가 반겨줄 것이다.

시음을 하기 전에
준비할 것들

위스키를 최대한 활용하려면 준비해야 할 것이 있다. 그중 일부는 물리적 준비다. 먼저 입과 손에서 나는 음식이나 요리 냄새를 없애고, 그러한 냄새가 없는 곳에서 시음을 해야 한다. 어떤 마스터 블렌더는 위스키를 시음하기 이틀 전까지 마늘을 곁들인 음식을 입에 대지 않는다. 우리 같은 평범한 사람들은 그렇게까진 안 해도 된다.

다음으로 감각을 산만하게 하는 모든 것들을 제거한다. 휴대전화를 무음으로 설정하고, 라디오나 텔레비전을 끄자. 혹시 음악이 다른 일에 집중하는 데 도움이 된다면 들어도 좋다. 음악을 틀어 둘 때 노래를 따라 부르게 된다면 잠시 꺼두는 것이 좋다. 이렇게 해서 위스키가 더 '나은 맛'을 낼 것이기 때문이다.

이제 유리잔을 가져오자. 다음에 몇 가지 제안사항을 적어두었다.

블라인드 시음을 할 수 있다면 매우 좋다. 무엇을 맛보고 있는지 모를 때 감각이 엄청나게 집중되는 것을 경험할 수 있다. 하지만 블라인드 시음이 어렵다면 오픈 라벨 시음도 괜찮다. 맥락과 비교 포인트가 있다는 이점이 있다. 시음 방법에 대해서는 크게 걱정하지 않아도 된다.

블라인드 시음 VS 공개 시음

블라인드 시음을 할 때 눈가리개는 필요하지 않지만 조수가 한 명 필요하다. 시음을 하려면 최소한 두 가지 위스키가 필요하다. 많을수록 좋다. 그리고 위스키를 무작위로 골라 따라줄 사람이 필요하다. 여러 위스키를 따르는 경우에는 어느 위스키인지 구별할 수 있도록 잔에 표시도 해두어야 한다. 그런 다음 각 위스키에서 무엇을 느꼈는지 시음하고 기록하고 나서 조수가 각 잔에 무엇이 들어 있는지 공개하게 한다.

왜 이렇게 할까? 여러분은 자신이 편견 없이 위스키를 맛볼 수 있다고 생각할 수도 있지만, 그렇지 않다. 여러분의 두뇌가 너무 강력하기 때문이다. 라벨이나 독특한 병 모양을 보고 그 위스키가 무엇인지 알게 되면 뇌는 이미 기대치를 높이고 있다. "비싼 위스키네, 훌륭한 맛일 거야" 혹은 "싸구려 위스키네, 시시하겠군" 혹은 "아, 내가 제일 좋아하는 위스키네"라고 생각할 것이다. 이런 생각은 이미 맛에 영향을 미쳤고, 자신이 새로운 경험을 할 기회를 빼앗는다.

이와 다른 차원에서, 혹시 여러분이 어느 대회의 심사위원으로서 시음평을 해야 하는 상황이라면, 아무리 작은 지역 신문의 '우리 동네 최고 위스키!' 같은 기사라 할지라도, 심사위원의 개인적 취향이 시음 결과에 영향을 미치지 않도록 각별히 주의하는 것이 좋다. 내가 겪은 슬픈 경험에서 우러나오는 조언이다. 시음회는 모두 조작된 거라고 생각하는 사람이 항상 있다. 블라인드 시음회를 하면 결과에 대한 신뢰도가 상당히 올라간다.

특히 객관적으로 하고 싶으면 삼각 테스트를 할 수 있다. 여기 여러분의 조수가 세 가지 다른 위스키와 잔 세 개를 가지고 있다. 조수가 위스키를 세 잔에 따라서 가져오면 재미있는 일이 시작된다. 이 세 가지는 다른 샘플일까? 아니면 A 위스키 두 잔과 C 위스키 한 잔일까? 아니면 B 위스키만 세 잔? 나는 삼각 테스트 중 위스키 두 잔과 브랜디 한 잔을 받은 적이 있다. 이런 것은 예상 밖이었다. '흠, 이건 셰리 캐스크의 영향이 좀 많은 것 같은데? 위스키에 왜 이렇게 과일 증기가 많이 있는 거지?'

블라인드 시음의 요점은 여러분이 오직 냄새와 맛에만 집중하도록 하는 것이다. 위스키의 이름이나 평판, 제조 방법, 숙성된 위치에 관한 정보, 또는 개인 취향은 고려하지 않는다. 다른 어떤 것도 보이지 않는 상태로 그저 향과 맛과 위스키의 끝맛에만 집중한다.

파란색 유리잔을 사서 위스키의 색상조차 영향을 미치지 않게 할 수도 있다.

혹은 정반대로 오픈 라벨 시음을 할 수도 있다. 제조 장소와 제조 방법, 이전에 시도한 상품들에 대한 정보, 이 위스키를 차별화하는 요소 등 이 위스키에 대한 모든 정보를 준비한다. 블라인드 시음보다 풍부한 경험이 될 수 있다. 알고 있는 것들을 찾을 수 있다. 내가 생각한 그 맛이 거기 있나? 생각한 것과 상당히 맛이 다른가?

새로운 위스키를 같은 제조사 또는 다른 제조사의 친숙한 위스키와 비교하는 탠덤 오픈 라벨tandem open label 시음도 할 수 있다.

나에게는 이러한 시음이 매우 도움이 된다. 모든 차이점을 알아내려고 모든 신경을 곤두세우기 때문에 블라인드 시음을 할 때만큼이나 감각이 날카로워져서 오픈 라벨임에도 거의 객관적이게 된다. 혼자서도 쉽게 할 수 있는 보람 있는 시음 방법이다.

글렌리벳 에니그마 2019
The Glenlivet Enigma 2019

이 위스키에 대한 자세한 내용은 내가 이 글을 쓰는 시점에서는 아직 밝혀지지 않았다. 이름은 글렌리벳이지만 숙성연도, 캐스크, 끝맛 등 다른 것은 알려지지 않았다. 맥아, 구운 옥수수, 딱딱한 사탕 향이 날카롭다. 상당히 달콤하고 코코아 맛이 난다. 셰리 캐스크의 흔적이 좀 있는 것 같다. 어서 정체를 알게 될 날이 빨리 왔으면 좋겠다.

어떤 사람들은 아직도 시음을 '틀릴'까 봐, '정답'을 찾지 못할까 봐 두려워한다. 걱정할 필요 없다. 전문적으로 시음하는 사람들도 같은 위스키에 대해 제각각 다르게 묘사한다. 그것은 사람이 하는 일의 특성이다. 여러분도 실력이 늘어갈수록 여러분이 맡은 향과 맛의 목록이 다른 사람들과 비슷해질 것이다. 시음하는 사람마다 느끼는 몇 가지 노트가 있지만, 절대 같지는 않다. 그것이 자아의 마법이자 위스키의 마법이다. 맛보고, 메모하고, 내려놓자.

그러기 위해서는 아주 간단한 장비가 필요하다. 텀블러와 약간의 물, 될 수 있으면 차갑지 않은 물을 가져오자. 가능하다면 스포이트로 위스키에 물을 약간 넣을 수도 있다. 플레인 크래커나 바게트처럼 바삭바삭한 빵을 추가한다. 새 위스키를 마시기 전에 미각을 정리하기 위함이다.

메모할 준비를 한다. 펜과 공책, 연필과 패드, 또는 전자 태블릿도 좋다. 메모를 꼭 할 필요는 없지만 집중하는 데 도움이 된다. 마지막으로 흰 종이를 가져와 아무 벽면 같은 곳에 테이프로 붙여 종이가 세로로 서 있게 한다. 위스키를 종이에 대면 어떤 색인지 더 잘 알 수 있다.

위스키를 잔에 따른다. ─블라인드 시음이면 조수에게 따르도록 한다.─ 마음을 진정시킨다. 긴장을 푼다. 이제 위스키의 시간이다.

글렌캐런 글라스

나는 위스키를 마실 때 보통 클래식 칵테일을 만드는 데 사용하는 바닥이 두툼한 낮고 평범한 구식 유리잔을 꺼낸다. 내 손에 무겁고 단단한 느낌, 더운 날 얼음이 들어갈 자리가 있고, 휘발성 향이 피어날 여지도 있다.

하지만 정성과 노력으로 위스키를 맛볼 때면 스코틀랜드의 가족 기업 글렌캐런 크리스탈의 제품인 글렌캐런 글라스로 맛본다. 그 디자인은 마스터 블렌더들과 디스틸러들과 협의하고 시험한 결과이며 업계에서 널리 받아들여지고 있다.

내가 글렌캐런을 사용하는 이유가 궁금한가? 처음에는 그저 많이 있었기 때문이다. 초기에 위스키 축제 대부분 어디를 가나 그 잔이 있었다. 위스키의 향을 맡고 맛을 보는 용도로 특별히 설계된 최초의 유리잔이서 그런 것 같다. 정신을 차려 보니 나는 글렌캐런을 24개 이상 가지고 있었다.

같은 유리잔으로 모든 위스키를 시음하는 것도 좋은 생각이다. 다양한 잔에서 오는 변수를 제거하기 위해서다. 나는 어느 '올바른 잔'을 사용한다고 해서 위스키의 —와인이나 맥주도 마찬가지다.— 맛이 더 좋아진다고 생각하지 않는다. 하지만 유리잔이 맛을 죽이거나 모호하게 할 수는 있다고 생각한다.

그래서 나는 왜 계속 글렌캐런을 사용하고 있나? 쓰기 편하고 적당한 양의 위스키를 담을 수 있기 때문이다. 작은 아래 부분은 잡을 수 있도록 견고하고 위스키의 휘발성 아로마가 떨어져 나와 모이도록 하는 그릇, 그 향기를 코로 직접 전달하는 시그니처 굴뚝이 있다.

글렌캐런 이후 다른 여러 위스키 시음용 잔이 나왔지만 글렌캐런을 수년 동안 잘 써왔고, 다른 것을 써봐도 굳이 바꾸어야 할 이유를 찾지 못했다. 여러분은 다양한 잔들을 직접 써보고 마음에 드는 것을 찾기 바란다.

코와 혀

위스키를 맛보기 전에 먼저 냄새를 맡아봐야 한다. 코는 혀보다 훨씬, 훨씬 더 민감한 기관이기 때문이다.

혀는 짠맛, 단맛, 신맛, 쓴맛, 감칠맛 이렇게 다섯 가지 맛 유형만 —마지막 맛은 일종의 풍성한 맛을 말한다.— 구별할 수 있지만, 코는 잘 훈련하면 수십만 가지의 향을 구분할 수 있다. 바나나 하나만으로도 얼마나 많은 향을 구분하는지 생각해보자. 익은 바나나, 덜 익은 바나나, 과하게 익은 바나나, 조리한 바나나, 탄 바나나, 해동된 바나나, 바나나 껍질 냄새, 바나나 엉덩이 냄새(둘은 같지 않다), 녹색 껍질 냄새. 하나의 과일에 적어도 아홉 가지의 향기가 있다!

우리가 지금까지 논의한 것처럼, 위스키에 향이 만들어지는 방법은 다양하다. 그렇게 만들어진 향은 모두 병에 들어 있다. 이제 그것을 분해하는 것이 여러분의 일이다.

그러니 눈을 감고 긴장을 풀고 잔을 코에 가져다 대보자. 코를 너무 가까이 들이댈 필요는 없다. 그것은 알코올로 후각 신경을 자극하기 좋은 방법이다. 대신 주변을 맴돌면 된다. 잔을 몸쪽으로 기울이면서 입구 위에 코를 대고, 코를 입구의 아래쪽에서 위쪽으로 움직인다. 더 무겁고 달콤한 아로마가 가장자리 위로 미끄러져 올라오다가, 더 가볍고 아마도 견과류 향이나 가벼운 꽃 향이나 신선한 과일 향이 상단에서 빠져나간다.

이해되는가? 좋다. 이제 팔꿈치 안쪽에 코를 대고 깊이 코를 킁킁거려보자. 이것은 오래된 시음 팁이다. 자기 자신의 냄새를 맡는 것이나 마찬가지다. 땀, 향수, 세탁 세제 향 등 여러분이 온종일 맡은 배경 냄새, 이것이 여러분의 기준선이다. 그런 냄새를 맡으면 코에 있는 재설정 버튼을 누르고 처음 기본 상태로 돌아가는 것이나 마찬가지다.

이제 다시 위스키 냄새를 맡아보자. 이번에는 편히 맡아도 된다. 여러분의 주의를 집중시키는 것에 관해 이야기했지만, 지금은 그냥 편하게 있으면 된다. 유명한 범죄 드라마 <더 와이어>에 이와 관련된 에피소드가 있다. 이 에피소드에서는 범죄 현장을 '편안한 눈'으로 바라보라고 이야기한다. 즉, 긴장을 풀고 의도적으로 주의를 흐트러뜨려서 긴장하거나 집중했을 때 보지 못하는 이상한 점이나 패턴을 발견하는 방법이다. 여러분은 '편안한 코'로 새로운 위스키에 접근해야 한다. 특별히 무언가를 찾지 말고, 그것들이 알아서 찾아오도록 가만히 있자.

그렇게 하면 당밀, 오렌지, 디젤 연기와 같이 바로 익숙한 냄새가 날 것이다. 아니면 정확히는 모르지만 과일 향, 단 향, '매운 향'같이 거의 알아챌 수 있을 것 같은 냄새가 날 수도 있다. 이것을 계속 생각하면서 해결이 되는지 지켜본다. 인터넷에서 구할 수 있는 아로마휠 중 하나를 찾아 무화과, 단풍나무, 톱밥과 같은 설명 목록 중에 해당하는 향이 있는지 확인한다.

냄새를 너무 오래 맡거나 너무 깊이 맡지는 않기 바란다. 감각에 과부하가 걸릴 수 있다. 잠시 멈추고 생각한다. 그리고 다시 냄새를 맡는다. 이번에는 입을 벌리고 코와 입으로 숨을 쉰다. 이렇게 하면 연결 통로의 수용체가 작용하면서 더 많은 향기가 주의를 끌게 된다.

이제 한 모금 할 시간입니다. 작게 한 모금만 마시고, 혀 위에 펴고, 삼킨다. 첫 번째는 실제로 혀를 설정하는 것이다. 물을 좀 마시자. 그리고 한 모금을 조금 더 마시고 몇 초 동안 혀에 두자. 그것을 혀에서 굴려 위스키를 '씹고', 입 안에서 움직여 모든 부분에 닿도록 하면서, 오므린 입술로 부드럽게 숨을 들이마신다. 단지 맛을 보는 것뿐 아니라 입안의 모든 따뜻한 피부에 위스키를 퍼뜨려 뜨겁게 하고 휘발성 물질을 끌어내는 작용을 한다. 입안에서 그 풍미와 알코올의 열기를 느끼고, 크리미함, 탄닌의 그립감, 참나무의 드라이함을 느껴보자.

이 시점에서 여러분은 단지 맛만 느끼고 있는 것이 아니다. 휘발성 물질이 입 뒤쪽을 통해 올라오고 코 뒤쪽의 후각 수용체에 닿으며 냄새도 느끼게 된다. 이것은 미각, 촉각, 후각을 결합해 가장 풍성하고 효과적으로 위스키를 경험할 수 있는 방법이다. 18세기 프랑스 미식가 장 앙텔름 브리야샤바랭은 이렇게 말했

다. "미각과 후각은 하나의 감각을 형성한다. 그중 입은 실험실이고 코는 굴뚝이다."

위스키에 담긴 모든 맛과 향이 바로 앞에 있지만, 여전히 맛을 느끼지 못할 수도 있다. 13장에서 프루핑에 대해 이야기한 것을 기억한다면 때때로 위스키에 들어 있는 물의 양이 맛을 숨기거나 드러낼 수 있다는 것이 떠오를 것이다. 스포이트를 가져와서 —스포이트가 없으면 주전자로 조심스럽게— 약간의 물을 위스키에 떨어뜨려보자. 한 번 젓고 다시 한 번 더 냄새를 맡고 한 모금 마신다. 이제 위스키의 맛이 다르게 느껴질 것이다. 일부 아로마는 뒤로 물러나거나 사라지고, 다른 아로마는 전면에 나타난다. 열감이 덜하고, 삼킨 후 혀에 남아 있는 향미를 가리키는 '피니시(여운, 끝맛)'도 변했을 수 있다.

메모를 하고 몇 모금 더 마시고 인상을 더욱 구체화하자. 원한다면 위스키를 20분 동안 그대로 두었다가 다시 마신다. 잔에 있는 산소와 상호 작용하면서 위스키가 다시 변한다.

여러분은 위스키를 맛보고 오랜 시간 동안 위스키의 모든 향미를 파악하고 정리했다. 이제 이 위스키병을 다시 열 때마다 다시 느낄 수 있을 것이다.

모든 것을 맛보다

위스키의 모든 것을 맛보고 싶다면 전해줄 몇 가지 조언이 있다. 와인 수입업자인 ―훌륭한 책 『Adventures on the Wine Route』를 집필한 작가이기도 한― 커밋 린치와의 인터뷰에서 나온 조언이다. 몇 년 동안 사본을 보관했지만, 현재는 정확한 텍스트가 없다. 구글 검색으로도 찾지 못했다.

린치는 와인을 선택하고 와인에 대해 가능한 모든 것을 배워야 한다고 말했다. 와인이 만들어진 곳, 그 시골이 어떤 곳인지. 포도를 맛보고, 누가 와인을 만들고 어떻게 만들었는지, 어떤 와인을 만들고 어떤 다른 와인을 만드는지, 그곳에서 얼마나 오랫동안 와인이 만들어졌는지, 그 지역의 다른 와인은 어떤지 물어본다. 그러면 당신은 단순히 주스 한 잔을 마시는 것보다 더 자세히 그 와인과 그 와인의 진정한 맛을 알 수 있을 것이다.

위스키에 대해 할 수 있는 모든 것을 배우자. 좋은 질문을 하고 답변을 주의 깊게 듣는다. 그것이 만들어지는 곳으로 여행하고, 땅을 걷고, 들어오는 곡물을 보고, 먼지투성이의 단맛이 퍼지는 담요의 냄새를 맡는다. 가능하면 창고에 들어가 배럴에 손을 얹어본다. 깊이 숨을 쉬고 창고의 풍부함이나 피트 냄새를 맡는다. 스페이사이드의 매시룸에서 뜨겁고 신선한 맥아의 냄새를 맡아보자. 버번 매시를 발효시키는 달콤한 악취를 맡아보자. 미들턴에서 싱글 포트 스틸 워시를 만들 때 나는 양조장의 이상하고 신선한 향을 맡아보자. 고요한 방에서 더위를 느껴보자. 여러 샘에서 물이 솟아오르는 소리를 들어보자. 그것을 만드

는 사람들과 이야기하자. 그들의 이야기를 들어보자.

이런 경험과 지식은 위스키의 향미와 직접적인 상관은 없다. 하지만 위스키를 즐기는 기쁨과는 매우 큰 관련이 있다.

최고의 위스키를 즐기는 방법

최고의 위스키를 찾고 싶다면 방법은 간단하다. 다양한 위스키를 마셔보고 취향을 찾아가면 된다.

다른 방법은 없다. 내게 개인적으로 물어도 해결해줄 수 없다. ―나조차도 제일 좋아하는 위스키를 꼽을 수 없다.― 잡지나 온라인의 평점도 소용없고, 소셜미디어에서 물어봐도 정답을 찾을 수 없다. 이 세상에 존재하는 위스키의 종류보다 더 많은 의견이 존재하고, 심지어 서로 상충하기도 한다.

너무 일찍 취향을 정하지는 않기 바란다. 그러면 한정된 테두리 안에 자신을 가두는 꼴이다. 누군가가 "저는 이 위스키만 마셔요. 이게 최고의 위스키에요"라고 주장해도 흔들리지 마라. 세상에는 다양한 가격대의 수많은 위스키가 존재한다. 다만 오늘날에는 가장 좋아하는 위스키를 고를 때 가격도 고려해야 하는 요소가 되었다. 1990년대 후반에 내가 위스키를 마시는 일을 본업으로 시작했을 때만 해도 ―그리고 나는 당시에는 향미에 대해 훨씬 진지한 자세로 임했다.― 위스키는 전반적으로 지금보다 상당히 저렴한 편이었다. 이것은 어떻게 해결할 수 있는 문제도 아니니 그저 옛 시절을 추억하며 그리워할 뿐이지만 말이다.

온라인에서 전문가 행세를 하며 거침없이 의견을 말하는 사람들의 말을 지나치게 믿는 오류를 범하지도 않는 것이 좋다. 그들의 말을 들으면 돈을 많이 써야 좋은 위스키를 고를 수 있고, 대중에게 인기가 많은 위스키는 쓰레기고, 구하기 힘든 위스키를 늘 사냥하듯 찾아다녀야 할 것만 같다. 이런 일을 직업으로 삼고 있는 사람으로서 나는 이것만 말하겠다. 나는 전 세계의 희귀한 위스키와 훌륭한 위스키를 수도 없이 마셔보았는데, 그런 나도 정작 자주 손이 가는 위스키는 모두 50달러 미만이고 대부분 30달러도 되지 않는다. 처음에는 대중적으로 인기가 많은 위스키부터 마셔보고 그 이후에 천천히 다른 이들의 말을 참고하면 된다. 첫 운전 연습을 페라리로 할 필요는 없지 않은가.

시음할 기회가 있으면 활용하면 좋다. 바마다 종종 시음회를 열기도 하는데, 적은 양이지만 한 잔을 주문할 때보다 저렴한 가격으로 다양한 위스키를 마셔볼 기회다. 위스키 클럽 모임 중에는 비싼 고급 위스키 한 병을 여러 회원이 공동구매해서 공유하기도 하고, 어떤 모임은 회원 중에 귀하고 비싼 위스키를 사서 평생 마셔보지 못할 사람들에게 조금씩 나누어주며 맛보게 하는 것을 즐기는 사람들도 있다. 증류소에서도 시음회가 있다. 증류소의 홈페이지에서 홍보 메일 수신을 신청하면, 다음 행사가 있을 때 안내받을 수 있다.

마음에 드는 위스키를 발견하면 그 위스키를 즐겁고 편안히 마시는 기쁨을 만끽하자. 특별한 날을 위해 아껴두지 말고, 그 위스키를 마셔서 그 순간을 특별한 이벤트로 만들면 된다. 마시는 방법에 대해서도 너무 신경 쓰지 말고 편하게 생각하면 된다. 물을 타거나 얼음 한두 조각을 넣고 싶으면 그렇게 하면 된다. ―개인적으로는 위스키 스톤은 추천하지 않는다. 치아에 닿으면 매우 딱딱하고 위스키 잔이 깨진 적도 있다.― 여름에(혹은 겨울이라도) 하이볼을 즐기고 싶으면 탄산음료를 꺼내 바로 만들어 마시면 된다. 여러분의 위스키이니 여러분이 원하는 방식으로 즐기고 누리면 그만이다.

물론 위스키를 가장 잘 마시는 방법은 니트로 마시는 것도, 얼음을 넣어 마시는 것도 칵테일로 마시는 것도 아닌, 좋아하는 사람들과 함께 마시는 것이다. 새로 사귄 친구도 오랜 벗도 좋다. 위스키는 나누면 즐거움이 두 배가 된다. 그리고 위스키를 함께 마시면 마치 동지들끼리 모여 무슨 일을 꾸미고 있는 것 같은 좋은 의미의 유대감이 생기기도 한다.

내가 위스키 업계에서 제일 좋아하는 사람 중 한 명인 와일드 터키 디스틸링 컴퍼니의 전설적인 마스터 디스틸러 지미 러셀은 오래전에 나에게 이렇게 웃으며 말했다. ―물론 나 말고도 많은 이들에게 같은 말을 했을 것이다. 내가 다른 사람들에게 이 말을 전한 것처럼

말이다. "우리는 당신이 위스키를 어떻게 마시는지는 상관하지 않습니다. 그저 마시기만 한다면요."

나는 그의 말에 동의하지만 이보다 더 좋아하는 말이 있다. 누가 한 말인지 정확히는 기억나지 않는데 아마 글렌모랜지의 초창기 브랜드 홍보대사였던 앤서니 버넷과 나눈 대화였던 것 같다. 위스키를 수집하는 사람들에 관한 이야기가 나오자 그가 고개를 저으며 이렇게 말했다. "왜 선반 위에 모셔두는지 모르겠습니다. 우리는 마시라고 만들었는데."

그것이 내가 여러분에게 마지막으로 하고 싶은 말이다. 증류소에서 위스키를 만드는 이유, 그리고 여러분 집에 위스키가 있는 이유는 오직 하나, 마시기 위해서다. 그러니 위스키를 잔에 따르고, 다양한 방법으로 만들어진 풍미 하나하나를 음미하고 즐겨보자.

건배!

지은이
루 브라이슨

1995년부터 전업 작가로 맥주와 증류주에 대해 글을 쓰고 있다. 1996년부터 2015년까지 〈Whisky Advocate〉의 편집장을 역임했다. 현재는 〈Daily Beast〉의 수석 음료 작가이며 ScotchWhisky.com, 〈Artisan Spirit〉, 〈Bourbon+〉에도 글을 기고하고 있다.

세계 위스키의 역사와 제조에 대해 광범위하게 조사한 『Tasting Whiskey』의 저자다. Stackpole Books에서 출판한 지역 맥주 양조장 가이드북 4권을 저술했다. 『Pennsylvania Breweries』, 『New York Breweries』, 『Virginia, Maryland & Delaware Breweries』, 『New Jersey Breweries』(공동 저자 마크 헤이니).

2008년 'Michael Jackson Beer Journalism Award'(Trade and Specialty Beer Media)의 수상자로 선정되었고, 'American Craft Spirits Association'와 'Great American Beer Festival'의 심사위원을 역임했다.

현재 아내와 웰시코기 두 마리와 함께 필라델피아 북부에 거주하고 있다.

옮긴이
김노경

서던캘리포니아 대학교 졸업 후 한국외국어대학교 통번역대학원 한영과를 졸업했다. 다년간 금융 감독원과 질병관리청 등 다양한 번역과 통역을 했다. 현재 번역에이전시 엔터스코리아에서 전문 번역가로 활동 중이다.

감수자
유성운

락희옥을 운영하고 있는 락희앤컴퍼니의 이사다. 세계적으로 인정받는 국제 증류품평회인 스피릿셀렉션의 심사위원으로 활동하고 있으며, 국내에서는 대한민국 주류대상의 위스키 증류주 심사위원으로 1회부터 참여하고 있다. 한편으로는 한국양조증류아카데미 사무국장직을 수행하며 한국 양조, 증류 산업의 발전에 이바지하고자 노력하고 있다. 『싱글몰트 위스키 바이블』의 저 자이기도 하다.